Erich Heller

Die Reise der Kunst ins Innere und andere Essays

1966

Suhrkamp Verlag

Titel der amerikanischen Originalausgabe:
»The Artist's Journey into the Interior
and Other Essays«
Random House, New York 1965

Erstes bis viertes Tausend 1966

Printed in Germany. Satz und Druck in Linotype Garamond Antiqua von MZ-Verlagsdruckerei GmbH, Memmingen. Einband Hans Klotz, Augsburg

Für Anthony Thorlby

Caspar David Friedrich, Wanderer über dem Nebelmeer
(Privatbesitz)

Andrea del Castagno, David mit dem Haupt des Goliath
(National Gallery of Art, Washington, D. C.)

Vorwort

Vor etlichen Jahren wies mich Sir Isaiah Berlin auf einen obskuren Ausspruch des griechischen Dichters Archilochos hin (einen Aphorismus, dem Sir Isaiah später den Titel seines Essays über Tolstoj und de Maistre entnahm): »Der Fuchs weiß von vielerlei, der Igel aber nur von einer einzigen großen Sache.« Wie nachher in seinem Buch, so meinte Sir Isaiah schon damals, daß diese geheimnisvolle Bemerkung als Grundlage für eine Art von intellektueller Typologie dienen könnte, nämlich für eine Unterscheidung zwischen »monotheistischen« und »polytheistischen« Geistesverfassungen, zwischen »monogamen« und »polygamen« Verhaltungsweisen der Menschen im Umgang mit Ideen. Ich wußte sogleich, daß ich ein Igel war, und hoffte nur leise (denn es war mir im Leben so mancher schwerfällige und stachelige Fuchs begegnet), daß mich dies nicht notwendigerweise dazu verurteilte, ein Langweiler zu sein, dem jegliche Behendigkeit des Geistes abgeht. Keineswegs notwendigerweise, sagte Sir Isaiah. Wie denn auch: sind doch Plato, Nietzsche und Proust mehr oder weniger Igel. Langweilen sie uns deshalb unweigerlich? Gewiß nicht, obgleich vielleicht zugegeben werden muß, daß Shakespeare, der Fuchs, im großen und ganzen unterhaltsamer ist.

Nun, es ist zweifellos eine Igel-Eigenschaft, die den Anspruch der folgenden Essays rechtfertigen mag, ein Buch zu bilden. Ob der Anlaß dieser Essays Goethe oder Schiller ist, Hegel oder Nietzsche, Hamlet oder Wittgenstein, die Romantik oder der Realismus: sie sind alle – hoffentlich auf nicht allzu monotone Weise – Variationen auf dasselbe Thema. Dieses Thema im Vorwort zu benennen, hieße, noch eine Eule oder auch nur ein Käuzchen nach Athen zu tragen. Auch so wie es ist, ist das Buch schon kauzig genug. Möge es wenigstens nicht ganz unberührt sein vom Segen der Athene! Sollte es sich solchen Segens ein klein wenig würdig erweisen, so wäre dies gewiß dem hartnäckigen, wenn auch vielleicht erfolglosen Werben um ein Quäntchen Weisheit zuzuschreiben, dem ein Autor oblag, der, wie das Zeitalter, in welches er geboren wurde (wie wahrscheinlich jedes Zeitalter, in welchem irgendeiner zur Welt kam), sich unablässig von der Narrheit verführen läßt.

Mein Dank gebührt meinen Studenten, ohne deren intellektuelle Ansprüche, kritische Neugier und liebenswerte Aufnahmefreudigkeit mir es an Inspiration gebräche; meiner Universität, ohne deren Großzügigkeit ich die Ruhe und Anregung zur Arbeit nicht hätte; meinen Freunden und Kollegen, ohne deren Ermutigung und Kritik dieses Buch noch unzulänglicher wäre als es ist; und jenen anonymen und wohlwollenden Fügungen, die ein paar Orte in dieser lärmenden Welt – so weit von einander entfernt wie Lake Michigan, der Golf von Mexico und die Dolomiten – als Zufluchtsstätten der Stille, der Freundschaft und der Kontemplation bewahrten. Die Widmungen einiger Essays nennen diejenigen, denen ich viel schulde. Viele andere Schulden, deren ich mir nicht weniger dankbar bewußt bin, blieben »im Inneren« aufgezeichnet. Joachim Beug, mein Assistent, leistete mir wertvollste Hilfe bei der Redaktion dieses Buches. Seine freundschaftlichen, verständigen und unermüdlichen Dienste verdanke ich der Unterstützung, welche Northwestern University meinen Bemühungen angedeihen läßt.

*

Das lästige Problem von Fußnoten und Quellenhinweisen habe ich dadurch zu lösen versucht, daß ich diese von jenen trennte. Fußnoten sind durch Sternchen gekennzeichnet, Quellenhinweise durch Ziffern. Die Ziffern beziehen sich auf den Anhang, der keinerlei Erklärungen oder Zusätze enthält, sondern eben nur die Quellen der Zitate. Den Leser, der sich für diese nicht interessiert, sollen die Ziffern im Text nicht bei der Lektüre stören.

E. H.

Im Juli 1965
Northwestern University
Evanston, Illinois

I

Fausts Verdammnis

Die Ethik des Wissens

Für John U. Nef

I

Abenteuerlicher als die Abenteurergeschichte selbst ist die Geschichte der Sinndeutungen, welche die Sage von Dr. Faustus im Wandel der Zeiten erfuhr, seit dieser unersättliche Spekulierer und Experimentierer zum ersten Mal in der Literatur erschien: 1587 im lutherischen Deutschland. Damals druckte ein gewisser Johann Spies in Frankfurt am Main den katastrophalen Bericht von den Taten und Untaten des gelehrten Mannes Faustus, dem, wie es heißt, der Sinn danach stand, »das zu lieben, was nicht zu lieben war, dem trachtet er Tag und Nacht nach, nahm an sich Adlersflügel und wollte alle Gründ am Himmel und Erden erforschen«; »Fürwitz, Frechheit und Leichtfertigkeit also stachen und reizten ihn, daß er ... etliche zauberische *vocabula, figuras, characteres* und *coniurationes* ins Werk zu setzen und zu probieren sich vornahm, damit er den Teufel vor sich möchte fördern« [1]; und war »sein Abfall nichts anderes denn sein stolzer Hochmut, seine Verzweiflung, Verwegung und Vermessenheit, wie sie den Riesen eigneten, davon die Poeten dichten, daß sie die Berg zusammentragen und wider Gott kriegen wollten, ja wie dem bösen Engel, der sich wider Gott setzte, darum er von wegen seiner Hoffahrt und seinem Übermut von Gott verstoßen wurde« [2].

Mit Hilfe seiner zauberischen Vokabeln, Figuren und

Beschwörungen erfuhr Faustus genug von des Teufels Wesen, um erfolgreich Handel mit ihm zu treiben. Der Gelehrte muß wohl eine besonders kostbare Seele besessen haben, denn er verkaufte sie zu einem hohen Preis. Ehe er zur Hölle fuhr, sollte er sich vierundzwanzig Jahre lang großen Forscherglücks erfreuen, wenn er nur »absage allen denen, so da leben, allem himmlischen Heer, und allen Menschen, und das muß sein«[3].

Der Text des Pakts, den Dr. Faustus mit seinem Blut unterzeichnete, lautete wie folgt:

> »Ich, Dr. Johannes Faustus, bekenne mit meiner eigenen Hand öffentlich: ... Nachdem ich mir vorgenommen, die *elementa* zu spekulieren, und aber aus den Gaben, so mir von oben herab bescheret und gnädig mitgeteilt worden, solche Geschicklichkeit in meinem Kopf sich nicht findet, und ich solches von den Menschen nicht erlernen kann, so hab ich mich gegenwärtigem gesandten Geist, der sich Mephistopheles nennt, Diener des höllischen Prinzen im Orient, untergeben, und denselben, mich solches zu lehren, mir erwählt; auch hat er mir versprochen, mir in allem untertänig und gehorsam zu sein.«[4]

Diese grimmig lehrhafte und erbarmungslos fromme Geschichte bewegte die Phantasie der Epoche wie kein anderes Erzeugnis deutscher Schriftstellerei – Luthers Bibel ausgenommen; und wie diese spielte sie auf der Klaviatur des Zeitalters mit jener Sicherheit des Anschlags, die sich nur einstellt, wenn ein Spieler von einigem Genie einer vom Zeitgeist eingegebenen Komposition dient. Gewiß, die Erzählung von Dr. Faustus war eine große Erfindung. Immer wieder wurde sie behandelt, und zwar auf jedem nur möglichen Niveau von Ernst und düsterer Scherzhaftigkeit. Zwei Tübinger Studenten schrieben sie in Versen auf, Maler und Zeichner fanden immer wieder Gefallen daran, sie zu illustrieren, und bald wurde sie des Puppentheaters langlebiger Erfolg. Sie wurde in fremde Sprachen übersetzt und geriet auch nach England, wo einer, der sich P. F., *Gent.* nannte, eine Übersetzung veröffentlichte, die sich brüstete, in einigem noch besser zu sein als das Original. »Die Geschichte des der Verdammnis anheimgegebenen Lebens und wohlverdienten Todes von Dr. Johannes Faust, neu gedruckt und dann und wann mißratene Stellen verbessert: gemäß dem ersten zu Frankfurt gedruckten Text« – so hieß es auf dem Titelblatt. Das Datum ist ungewiß; jedoch muß die Übersetzung dem Original auf dem Fuß gefolgt sein, denn sie wurde von Marlowe, der im Jahre 1593 in einer Wirtshausschlägerei umkam, gelesen und allsogleich ins Hochpoetische und Hochdramatische der elisabethanischen Bühne gewendet.

Johann Spies, der Frankfurter Verleger, hatte eine sehr glückliche Hand. Er brachte das bescheidene Bändchen eines bescheiden anonymen Autors unter die Leute, und es wurde zum Buch der Epoche – ja vieler Epochen. Wenn je ein Buch Literaturgeschichte gemacht hat, dieses tat es. Marlowe, Lessing, Goethe, Heine, Grabbe, Valéry, Thomas Mann – dies ist eine Liste allein seiner berühmtesten Schuldner. Jedoch war die Faszination, die das Büchlein ausübte, nicht allein literarischer Art. Die Spies'sche Publikation war ein moralischer Traktat für die Zeit. Sie verabschiedete ihre Leser mit dem Warnruf des heiligen Petrus: »Seid nüchtern und wachet, denn euer Widersacher, der Teufel, geht umher wie ein brüllender Löwe und sucht, welchen er verschlinge ...«[5] und ließ sie keineswegs im Ungewissen darüber, wo zu jener Stunde der Löwe am heißhungrigsten brüllte: tief drinnen im Geist der Menschen, die sich anschickten, an der kirchlichen Lehre über das Wesen der Welt und die menschliche Bestimmung im Gefüge des Seins zu zweifeln, und neugierig entschlossen waren, an verbotene Geheimnisse zu rühren. – Jene Zeit ist vorübergegangen, der Menschengeist hat sich seine Freiheit erobert, und die Bestie hat uns noch nicht verschlungen. Nach Jahrhunderten aber des freien Denkens, der freien Wissenschaft, des freien Probierens und Tiefen-Spekulierens stand ein Doktor der Kernphysik in einer amerikanischen Wüste, sah die erste Versuchsexplosion seiner Atombombe und sagte, daß er zum ersten Mal begriffen habe, was Sünde sei. Der Geschichte, die Johann Spies im Jahre 1587 in Frankfurt am Main in Umlauf setzte, war weiß Gott ein langes Leben bestimmt, ein Leben, das weit über den Augenblick hinaus währen sollte, da Marlowes Faustus am Ende seines zweiten Monologs verkündete:

> *Yea, stranger engines for the brunt of war,*
> *Than was the fiery keel of Antwerp's bridge,*
> *I'll make my servile spirits to invent.*

Welche »mißratenen Stellen« im deutschen Original waren es, die der englische Übersetzer P. F., *Gent.* zu verbessern sich berufen fühlte? War dieser elisabethanische Gentleman ein Herr von so entwickeltem literarischen Feingefühl, daß er sich an den lutherischen Grobheiten des ursprünglichen Textes stieß? Nein, es war gewiß nicht ästhetische Verfeinerung, was ihn bewog, das Urteil, welches der erste Verfasser über Fausts Motive fällte: »Fürwitz, Frechheit und Leichtfertigkeit stachen und reizten ihn also ...«, durch die Erklärung aufzuheben: »... denn sein Spekulieren war so wundervoll«[6]; oder was ihn den reuevollen Ausruf des deutschen Faust: »... hätte ich gottselige Gedanken gehabt!« in das viel weniger bußfertige Englisch »... hätte ich nur nicht so viel zu wissen begehrt!«[7] verwandeln ließ. Solche Vergleiche würden ergeben, daß die »Verbesserungen« keineswegs auf literarische Eleganz bedacht waren. Freilich waren sie eine Sache des Stils; aber der Stil, der sie zu fordern schien, war nicht einfach ein Schreibestil, sondern ein umfänglicher Stil des Denkens, Fühlens und Glaubens. Zwischen den ruchlosen, wollüstigen, verkommenen, gotteslästerlichen Unternehmungen des deutschen Magikers und dem »wundervollen Spekulieren« von P. F.'s kühnem Scholaren beginnt sich eine neue und umstürzlerische Sensibilität zu regen. Der Textveränderungen waren nicht viele, aber ihr spezifisches Gewicht war beträchtlich. Es war mehr historischer Zwang als literarische Absicht am Werk, als P. F., *Gent.* den moralischen Stand seines Dr. Faustus ein wenig erhöhte. Denn so war es um den Kalender und die Geographie der Epoche bestellt, daß der böse deutsche Zauberer von gestern den englischen Kanal überquerte und dort als Anwärter auf den Ruhm des nächsten Geschichtstages empfangen wurde. Nur im englischen und nicht im deutschen Text immatrikulierte der schurkische Scholar an der Universität von Padua als »Dr. Faustus, der unersättliche Spekulierer«[8].

Um den dramatischen Umsturz zu zeigen, der sich in der Einschätzung von Fausts Seele vollzog, als Marlowe sich ihrer annahm, bedarf es keiner Textexegese; es genügt, den Titel des deutschen Volksbuchs »Historia von D. Johann Fausten, dem weltbeschreiten Zauberer und Schwarzkünstler, ... allen hochtragenden, fürwitzigen und gottlosen Menschen zum schrecklichen Beispiel, abscheulichen Exempel und treuherziger Warnung zusammengezogen und in Druck verfertigt« mit dem Titel von Marlowes Drama zu vergleichen: *Die tragische Geschichte von Dr. Faustus:* Abgang – und zwar auf immer – des verächtlichen und verworfenen Schurken, und Auftritt des tragischen Helden. Zwar bleibt es vorerst noch bei der Verdammnis; doch geht es dabei eher wie beim Himmelssturz eines Prometheus zu als bei der Höllenheimkehr einer niederträchtigen Kreatur. So wenigstens ist es in der Fülle von Marlowes dramatischer Konzeption und trotz manchem Leerlauf in der dramatischen Ausführung; und selbst wenn keine Gerüchte von Marlowes zweifelhafter Orthodoxie auf uns gekommen wären, selbst wenn wir nicht wüßten, daß sein Lehrer in Cambridge als Ketzer verbrannt wurde, so könnte uns doch der Krieg nicht entgehen, den die Poesie seines Dr. Faustus gegen die Handlung des Dramas führt: immer wieder kündigt die Sensibilität des Dichters der Tendenz der Fabel die Gefolgschaft auf. Die religiöse Rechthaberei der Handlung wird von der Wahrheit der dichtenden Phantasie Lügen gestraft, und die lyrische Verherrlichung des Helden spottet der Hölle, die fühllos auf dem theologisch gebotenen Ausgang besteht. Mag sich das Parterre des Theaters an den Teufelsschwänken von Fausts »Fürwitz, Frechheit und Leichtfertigkeit« weiden; in den Rängen weiß man, daß sein »Spekulieren« »so wundervoll« ist – oder mit Marlowes eigenen Worten »Faustus, marter Dein Hirn, daß ein Gott du werdest!«[9]. Wie sollte das auch anders sein bei einem Dichter, der kurz vorher in seinem *Tamburlaine* die berühmten Verse geschrieben hatte, die wie ein Neujahrssegen der Dichtung über dem Zeitalter stehen, das damals anbrach und später einmal das faustische genannt werden sollte – jene Verse, welche die Natur dafür preisen, daß sie uns den immer strebend bemühten Geist gegeben und

Die Kraft der Seele, die's vermag,
Den wundersamen Bau der Welt zu fassen,
Zu messen jedes Wandelsternes Bahn,
Sich steigert zu unendlichem Erkennen
Und gleich dem Tanz der Sphären niemals ruht ...[10]

Dem Dichtergott, dem Marlowe nachsagte, daß er »nicht an einem Orte weilt, der nennbar wär'«, sondern

Einströmen läßt in jeden Teil der Welt
Den wunderbaren Stoff der heil'gen Macht –,[11]

einem solchen Gott mußte es wahrhaftig schwer werden, über Fausts Seele jenes Schreckensurteil zu fällen, dem die Marlowe'sche Poesie zu widerstreben scheint, wenn auch die Marlowe'sche Handlung es noch unabdingbar gebietet. Denn noch darf der Dichter seinen Faust nicht erlösen; noch fällt er der Verdammnis anheim, er, der sich an der Erkenntnis einer Welt versucht, so tief,

Daß ihr manch dreister Geist verfällt
und mehr erforscht, als Gott gefällt –

Whose deepness doth entice such forward wits
To practise more than heavenly power permits –[12]

wie Marlowe nicht umhin kann, schlecht zu reimen. Wie schal und flach sind diese Verse, diese eilige Konzession an einen Gott, der ungehalten ist über die Profundität, mit welcher Er selber die Welt und den Menschensinn ausgestattet hat! Marlowe dichtete besser, als er die Fähigkeit der Seele feierte, den wundersamen Bau der Welt zu fassen, oder den Gott, dessen heilige Macht allgegenwärtig ist in jedem Teil seiner Schöpfung. Der lutherische Prosaschreiber des deutschen Volksbuchs verstand sich besser darauf, seinen Faust zu verurteilen, als es Marlowe mit jenem dünnen Reimgeklingel tat: »Die herrliche Gabe deines Verstandes hast du mißbraucht!« [13] schrieb der Deutsche und Faust war gerichtet gemäß dem als gültig empfundenen Gesetz der Kirche und der Sprache.

Nach dem Richtspruch der dichterischen Sprache aber geht der verdammte Held aus dem Marlowe'schen Drama als unvergleichlich göttlicher hervor als der rächende Gott, der, weit davon entfernt, den wunderbaren Stoff seiner heiligen Macht in jeden Teil der Schöpfung einströmen zu lassen, im Gegenteil damit beschäftigt zu sein scheint, überall theologische Pedanterie zu verbreiten, ganz zu schweigen von den kleinlichen Dämonen, denen Er gestattet, mit albernen Provokationen zu hausieren – und so stellen sie denn dem Doktor nach, diese ruchlosen *agents provocateurs*, um, wie Mephisto Fausten verkündet, »habhaft zu werden seiner hohen Seele« [14]. In dieser Inkongruenz von Sprache und Handlung liegt, wie das Urteil der Literaturkritik wohl lauten muß, das dramatische Versagen von Marlowes *Dr. Faustus*. Jedoch würde die Literaturkritik – diese zeitgemäße zweite Besetzung für die indisponierte Theologie – damit nur sagen, daß Marlowes Sensibilität dem Dogma vom Sündenfall poetisch nicht gerecht werden konnte. Genau dies hätte er können müssen, um den Fauststoff dramatisch völlig zu meistern; in seinem Unvermögen aber bestärkte ihn die Sensibilität der Epoche. Dem Dichter des *Hamlet* wäre ein Faust-Drama vielleicht geglückt: Shakespeare überließ sich der Strömung der Zeit weniger vertrauensselig. Immer wieder stemmte er sich dagegen. Marlowe tat nichts dergleichen. Seine intellektuelle Grundstimmung war mehr wie diejenige Francis Bacons; und Bacon glaubte ja sogar, die Menschheit werde das Paradies wiedergewinnen, indem sie mit empirischer Resolutheit die höchsten Äste des Baumes der Erkenntnis erkletterte, des selben Baumes, den der Autor des deutschen Faustbuchs in die Mitte seiner Geschichte gepflanzt hatte, wobei Faustus ein zweiter Adam war, Mephisto seine alte Schlangenrolle spielte und die Homerische Helena als eine etwas schattenhafte Eva erschien. Mit Marlowe aber war es Frühling geworden um jenen Baum, der einst in seiner mythologischen Robustheit immun schien gegen den Wechsel der Jahreszeiten. Plötzlich stand er in voller Blüte; und in der Abwesenheit von reifen Äpfeln gefiel es Eva-Helena, wie es bei Marlowe heißt, tausend Schiffe in See stechen zu lassen, alle bemannt mit Entdeckern von unsäglich verlockenden neuen Welten. Ist noch von Fausts Sünde die Rede? In der Handlung des Dramas; nicht aber in des Dramas Poesie.

Es war das abenteuerliche Unterfangen der folgenden Jahrhunderte, die dichterische Wahrheit des *Dr. Faustus* in die Prosa der Wissenschaft zu übersetzen und sich dabei von allen theologischen Hemmungen zu befreien, auf welchen die Moral der alten Faustischen Handlung, die Moral des Baums der Erkenntnis, so eifervoll bestand. Nun jagte man die Schlange aus seinem Gezweig und der Baum, der keine sündhaften Früchte mehr trug, wurde heiliggesprochen von der neuen Zeit. Der forschende

Geist und die ruhelose Phantasie wurden sakrosankt. Es war eine stupende Revolution, herrlich und absurd. Ihre Herrlichkeiten bedürfen der Aufzählung nicht: noch liegen sie aufgebahrt in unseren Universitäten, unseren Theatern und unseren Museen der Kunst und Wissenschaft. Ihre absurden Folgen aber bedrängen uns mit größerer Lebhaftigkeit. Denn der einst siegreiche und nun ausgeartete faustische Geist nährt uns noch immer und wird uns bald töten. Zwar ist er zur Mediokrität geschrumpft, ist aber wie alles Mittelständige in dieser Zeit nur immer mächtiger geworden. Er beherrscht die Welt des Denkens. Wo immer er eines neuen Weges gewahr wird, geht er ihn auch schon, ob er gleich zu einer Trivialität führt oder zu einem Unheil; wo immer sich ihm ein neuer Prospekt eröffnet, eilt er Hals über Kopf darauf los, gleichgültig gegen die Verödung, die er zurückläßt. Ohne jeden Sinn dafür, was gewußt werden soll, hält er sich an einen schwachsinnigen Aberglauben: alles, was gewußt werden *kann*, ist auch wissens*wert* – einschließlich des offenkundig Wertlosen. Schon sehen wir den Wald nicht mehr vor lauter Bäumen der Erkenntnis; und auch den Dschungel nicht. Wir sind Galeerensklaven des ziellosen Geruders der freien Forschung. Die ungehemmte Neugier, dieses bedenkliche Symptom der spirituellen Langeweile, halten wir für Leidenschaft der Erkenntnis. Das meiste von dem, was heutzutage als »Wissenschaft« floriert, sagte Kierkegaard, ist nicht Wissenschaft, sondern Indiskretion; und er und Nietzsche sagten, daß es die Naturwissenschaften insgeheim auf unsere Vernichtung abgesehen haben.

Jedoch steckte schon vom glänzenden Anbeginn her ein Quäntchen dreisten Übermuts im faustischen Unternehmen, den menschlichen Geist in seiner Selbstherrlichkeit der wachsamen Aufsicht des sittlichen Urteils zu entziehen. Wer hört nicht den Unterton hysterischen Trotzes in der Verkündigung, daß unter allen Gaben, die dem Menschen wurden, der göttlichste Verlaß gerade auf diejenige sei, die vor allen anderen zu fürchten Adam gelehrt worden war – das Erkenntnisvermögen? Das Kind der Sünde aber wurde nun im Glauben auferzogen, daß es stets im Recht sei; und ehe ein paar Jahrhunderte ins Land gegangen, war Faust auch schon der Hölle geraubt und von Dichtern ins Himmelreich gebracht – zur Belohnung für seines Geistes Ruhelosigkeit.

Dr. Faustus – ist er verdammt oder ist er erlöst? Wer kann sich des Verdachts erwehren, daß die Frage sinnlos geworden sei? Haben solche Worte noch irgendeine Bedeutung für unsere unfromme Denkungsart? Klingen sie unseren Ohren nicht wie ein bloßes Echo von überlebten theologischen Feierlichkeiten, raunend von vagen Verheißungen und nicht ganz so vagen Einschüchterungen? – Wenn heutzutage vom Höllenfeuer die Rede ist, so denkt man mit banaler Unvermeidlichkeit – denn die Götter schlagen diejenigen, die sie verderben wollen, mit dem Sinn für die Banalität des Anlasses – gewiß nicht an eine Ewigkeit der Seelenqual, sondern an das berüchtigte Ding, das allen Dingen den Garaus zu machen vermag, das schale, mörderische, unausdenkbare, unsägliche, banale Ding, die Bombe, die, ob sie nun ihr Werk tun wird oder nicht, ihr Werk bereits getan hat: ihr Dasein schon vereitelt das Denken, der Gedanke an sie korrumpiert den Geist. Gewiß ja, man denkt an die Bombe, aber nicht ganz so bereitwillig an ihre Geschichte, die mit den Adlersflügeln anhebt, welche Faust sich umtat, um alle Gründe am Himmel und auf der Erde zu erforschen, und was die Welt im Innersten zusammenhält, und um schließlich alles und jedes der wankelmütigen Macht des Menschen zu unterstellen, seiner unverbesserlichen Launenhaftigkeit und Narrheit. Ein Geschöpf, das nach dem unwiderlegbaren Zeugnis seiner Geschichte sich selbst nicht beherrschen kann, aber jetzt ausgestattet ist mit Herrschergewalt über alles Leben auf Erden: -- der faustische Leonardo da Vinci hatte eine Vorahnung dieser wissenschaftlich-technischen Hölle, als er zögerte, seine Erfindung zu veröffentlichen, wie man auf lange Zeit unter Wasser bleiben kann; denn, so schrieb er, die Menschen würden sie zum Bau von Maschinen verwenden, mit welchen sie ihr böses Trachten und Morden bis auf den Grund der Meere trügen[15].

Solche zeitgemäßen Betrachtungen geben aber noch immer keine Antwort auf unsere Frage. Denn es wäre voreilig, der atomischen Heimsuchung – Heim-suchung? – den uralten Sinn der Verdammnis zu geben. Im Gegenteil, sie wäre nichts als der letzte Vollzug der Sinnlosigkeit. Zwar mag es sein, daß diese Sinnlosigkeit auf dem Wege von den Laboratorien der Wissenschaft zu den Arsenalen der Macht dämonische Eigenschaften erwarb; jedoch wurde dadurch der stolzen theologischen Sinnlosigkeit jener wissenschaftlichen »Wahrheiten«, die den Dämon zeugten, kein Abbruch getan. Denn Dr. Faustus, der sich in seiner ersten Existenz so schlimm verbrannt hatte, fand bald ein Mittel, die Scheu vor dem Feuer zu überwinden. Wo einst Himmel und Hölle miteinander im Kampf lagen, erklärte er sich nun neutral und bestand darauf, daß die Werke seines Geistes das theologische Wesen und Schicksal der menschlichen Seele ganz und gar unberührt ließen. Er wurde zum »objektiven Beobachter« der Schöpfung und schließlich seiner selbst. Aber der Genius des Erfindens, von dem er besessen war, spielte ihm einen schlimmen Streich. Ob er wollte oder nicht, erfand er eine neue Art von Hölle: das kalte Inferno einer Welt ohne Bedeutung für die Seele, einer Welt, die erbarmungslos analysiert wird von der emanzipierten Intelligenz und verwirrt erlitten vom überflüssigen Herzen. Hatte Dr. Faustus einst seine Seele dem Teufel verkauft und die großzügigste Forschungshilfe dafür eingehandelt, so versuchte er jetzt, den Handel für ungültig zu erklären. War er doch ein Mann der Wissenschaft, der, während er der Wahrheit nachforscht, keine Seele hat. Der Teufel aber ließ sich nicht betrügen. Als die Stunde schlug, bewies er, daß diese Forschung, hinter dem Rücken der Seele betrieben, zu einer Wahrheit geführt hatte, welche die Hölle war.

Wenn unsere Fauste des Wissens, Denkens und Schreibens laut gegen die Bombe protestieren, muß es ja nicht gleich der Teufel sein, der ihre Entrüstung mit der Frage behelligt: Wie steht es um ihre eigenen Werke? Legen sie damit etwa Zeugnis ab für den unendlichen Wert und die unantastbare Heiligkeit des Lebens? Von welcher Art sind die Erkenntnisse, die sie verbreiten, die Bilder, die sie malen, die Bücher, die sie schreiben? Fühlt sich von ihnen blasphemischer Torheit beschuldigt, wer etwa glaubte, dieses Dasein sei so wohlfeil, gemein und sinnlos, daß es wert ist, zu Grunde zu gehen? Oder ist es nicht gerade die unverschämte Nichtigkeit des Lebens, was sie in so vielen ihrer Werke stets von neuem, und oft ohne es zu wissen oder zu wollen, demonstrieren? Und es muß ja nicht gleich der Teufel sein, der sagt: Blind ist, wer die Zusammenhänge nicht sieht zwischen der allmächtigen Bombe und dem allmächtigen Nichts, in welches das Auge des Zeitgeists so lange schon starrt, zwischen dem drohenden Selbstmord der Menschheit und Fausts neuentdeckter Verdammnis: nämlich einem Universum, das – nach den Worten eines Philosophen, der seine Wissenschaft kannte – »herzenslangweilig« ist, »nichts als Stoff, der dahineilt, endlos, sinnlos«. »Verhülle man es, so gut man kann«, schrieb Whitehead, »aber dies ist der praktische Schluß der charakteristischen Wissenschaftsphilosophie, mit welcher das siebzehnte Jahrhundert zu Ende ging« [16]. Wird des Dr. Faustus witzige List, den Teufel zu überlisten, indem er sich seine eigene Hölle schuf, im zwanzigsten Jahrhundert zu einem noch praktischeren Höllenschluß führen?

Verdammnis oder Erlösung – hat also die theologische Alternative des Dr. Faustus noch irgendeine Bedeutung? Es scheint wohl so zu sein, und es wäre kaum pervers, sondern nur schockierend, wenn etwa einer sagte, daß Erlösung und Verdammnis, wenngleich in unmythologischem Gewand, ins Zentrum der philosophischen Spekulation der Epoche gerückt sind, ganz zu schweigen von den überschäumenden Depressionen und alle Farben spielenden Verzweiflungen unserer Kunst und Literatur. Auch ist der Versuchung kaum zu widerstehen, die fintenreichen Absurditäten unserer neueren Physik mit den Augen eines Dr. Faustus zu sehen, der sich am Ende seiner Reise noch einmal in äußerster metaphysischer Verlegenheit befindet. Wie immer dem sei, so war es zweifellos ein quasi-theologisches Kopfschütteln, mit welchem der greise Einstein die nach-Einstein'schen Theorien in der Physik zur Kenntnis nahm, obgleich ja seine eigenen Entdeckungen sie zu ihren Amokläufen gegen alle überlieferten Zwänge der Logik und gegen alle sinnfälligen Bilder der von uns bewohnten Welt angeregt haben. Beschränken wir uns aber auf das philosophische Denken der Zeit, auf Heideggers Philosophie des Seins, Jaspers' oder Heideggers oder Sartres Philosophie der Existenz, oder Wittgensteins Philosophie der Sprache, so wird uns die Dringlichkeit nicht entgehen, mit welcher allenthalben die Sorge am Werk ist, wie das Menschenwesen sich zu dem verhält, was wahrhaftig *ist.* Ist der Mensch, so wird gefragt, auch nur durch eine der ihm eingeborenen Anlagen und Fähigkeiten, sei es durch sein Denken, sein Fühlen, seine Intuition, seinen Willen oder seine Sprache, sinnvoll in die Natur des Seins gefügt, oder trifft er absurderweise stets ins Leere, wenn er um solches Einverständnis sich müht? Oder beruht sein Begehren nach einem sinnvollen Seinsbezug am Ende gar auf einer Täuschung der Sprache, die ihm weismachen will, daß er in einer Welt »ist«, deren Sinnordnung demjenigen der Logik, der Grammatik, der Syntax entspricht? Hatte Nietzsche vielleicht recht mit seinem Argwohn, daß nur die Opfer eines von der Sprache verübten Betrugs Sinn und Bedeutung vom Dasein erwarten? »Ich fürchte«, schrieb er, »wir werden Gott nicht los, weil wir noch an die Grammatik glauben ...« [17].

Wie weit ist es von solchen Anfälligkeiten des Geistes zu der Frage von Erlösung und Verdammnis? Vielleicht nicht weiter als von einem Schock zu einer Einsicht. Jene Sorgen der Philosophen sind schwer vom Gewicht der letzten Bestimmung des Menschenwesens. Denn was ist Erlösung, sie sei denn die Erfüllung eines Schicksals in der Integrität des Seins; was Verdammnis, sie sei denn die Agonie eines schicksallosen, »ungeschickten« Geschöpfs, das in seiner ungeheuerlichen Vereinzelung ohne Ahnung ist von einer über alle Maßen rechten Ordnung, und in seinem kurzen, ungewissen, ängstlichen und vergänglichen Leben nichts erfährt von Dauer, Gewißheit, heiterer Zuversicht und Unverderblichkeit? Und lebt er in diesem Sinn auf eine mögliche Erlösung hin, in welcher seiner vielen verschiedenartigen und widerstreitenden Fähigkeiten findet er den Grund zur Hoffnung? Wo und wann und wie *ist* er?

In den christlichen Jahrhunderten, die dem Erscheinen des ersten Faustbuchs vorangingen, stand die Antwort kaum in Zweifel. Die Hoffnung des Menschen gründete sich auf den glaubenden und liebenden Gehorsam gegen den offenbaren Willen des Schöpfers. Und die Vernunft? Jawohl, auch auf die Vernunft; und manche der Doktoren der Kirche glaubten sogar – fast wie Sokrates –, daß es in der Natur der Vernunft, im Wesen der ihr innewohnenden Logik lag, die Existenz eines höchsten Bürgen für die Sinnfülle des Lebens zu beweisen – die Existenz Gottes. Aber die Vernunft, welche die Kirchenväter meinten, hatte auch dies mit der Vernunft, von welcher Sokrates sprach, gemein, daß sie wie die Liebe der eifersüchtigen Wachsamkeit gegen die stets gegenwärtige Gefahr des Verrats, der Verderbnis und der Sünde bedurfte. Denn wie die Liebe vermochte auch die Vernunft zur Dirne zu werden, wie zum Beispiel Nikolaus Cusanus warnte [18] – zwei Jahrhunderte vor dem Physiker Pascal, der auf der Höhe der »wissenschaftlichen Revolution« der wissenschaftlichen, der »hübschen Vernunft« nachsagte, sie habe alles mit ihrer eigenen Korruption korrumpiert [19]; und mehr als ein Jahrhundert, ehe der deutsche Faustus dem Teufel zurief: »So will ich wissen, oder ich will nicht leben, du mußt mir es sagen!« [20]

2

Seit Marlowe den schurkischen Dr. Faustus in den Rang eines tragischen Helden erhoben hatte, verflüchtigte sich allmählich der Begriff einer möglichen Versündigung des Geistes. Vor allem darin war die neue Zeit neu. Was einst als satanische Versuchung empfunden wurde, war nun der Köder Gottes; denn Segen lag auf dem Menschengeist in seinem ganzen Umfang. Durch seine Vernunft war es dem Menschen verbürgt, daß er im Zustand der prästabilierten Harmonie mit jener göttlichen Intelligenz existierte, welche die Welt erschaffen hatte: Je mehr der Mensch wußte, desto besser erkannte er Gott. Dies war die revolutionäre Theologie der großen wissenschaftlichen Entdecker des sechzehnten und siebzehnten Jahrhunderts. Es mag wohl sein, daß die Astronomen von damals mit ihren theologischen Verkündigungen ein wenig auf diplomatische Selbstverteidigung bedacht waren; dennoch glaubten sie, was sie sagten. Wollten sie auch das Gewissen der Kirche auf ihre Seite bringen, so war es doch die Gewißheit des Zeitalters, die aus ihnen sprach. »... ich sage Dir Dank, Schöpfer, Gott, weil Du mir Freude gegeben hast an dem, was Du gemacht hast, und ich frohlocke über die Werke Deiner Hände. Siehe, ich habe jetzt das Werk vollendet, zu dem ich berufen ward. Ich habe dabei alle die Kräfte meines Geistes genutzt, die Du mir verliehen hast, und habe die Herrlichkeit Deiner Werke den Menschen geoffenbart, soviel von ihrem unendlichen Reichtum mein enger Verstand hat erfassen können.« So war es Kepler zu Mute, als er das neunte Kapitel des fünften Buches seiner *Harmonices mundi* beschloß. Denn das Cartesianische Zeitalter des *Cogito ergo sum* war angebrochen. Im Denken, im Gebrauch der

Vernunft und aller ihrer Gaben war es dem Menschen unverbrüchlich zugesagt, daß er wahrhaftig existiert, wahrhaftig *ist*, geborgen im *Esse*, in der Wirklichkeit des Seins.

Die Größe eines Philosophen beruht nicht allein auf der Schönheit und Folgerichtigkeit seines Denkens. Findet sein Körnchen Wahrheit nicht den Acker, den die Jahreszeit der Geschichte zur Empfängnis bereit gemacht, so wächst es, wenn es überhaupt wächst, in blasser Verborgenheit. Descartes' Denken aber war von Gnaden eines heraufkommenden Sommers; und deshalb dachte er so groß, so kühn und so wirkungsvoll, unbekümmert um die Makel, die allem großen, kühnen und wirkungsvollen Denken anmerkbar sind, sobald erst einmal die Ernte unter Fach und Dach ist. Descartes verkündete, daß Gott kein Betrüger sei. Gott gab uns die Vernunft und den unabweislichen Instinkt, in der Vernunft ein Werkzeug der Wahrheit zu sehen. Kann es sein Wille gewesen sein, uns durch unsere Rationalität in die Irre zu führen? Ist es glaubhaft, daß Er uns so skandalös betrog? Es war die Geschichte, es war die Disposition und rationale Glaubensbereitschaft der Epoche, und nicht die reine Vernunft, der das Cartesianische Argument seine Überzeugungskraft verdankte. Denn die reine Vernunft würde ja doch wohl einwenden, daß dieser Gott der Philosophen, der es so ehrlich meinte, indem er uns Vernunft gab und Descartes, uns aufs schlimmste zum besten hielt, als er in unsere Seele die Leidenschaften legte und in unser Herz das Verlangen nach einem Frieden, der über alle Vernunft ist. Solche Ketzereien gegen die Vernunftphilosophie wurden sogar zur damaligen Zeit geäußert: von Pascal. Der ehrliche Schöpfer des Descartes hatte nämlich kapriziöserweise auch den Mann erschaffen, der nicht an den Gott der Philosophen glauben wollte und sich in diesem

Unglauben auf den Gott Abrahams, Isaaks und Jakobs berief. Der Protest Pascals aber verhallte am Ohr des Zeitgeists, der auf die Stimme der Vernunft gestimmt war. »*Cette belle raison corrompue a tout corrompu*«[21], schrieb Pascal; aber wer ließ sich weismachen, daß die schöne Vernunft, der Cartesianische Anker des Seins, korrupt war und alles korrumpierte mit ihrer Korruption? Um Dr. Faustus war es geschehen: um die Fabel nämlich; der Mann war gerettet. Denn mit seinem Willen zum Wissen war er verwurzelt im Grunde alles Seins: im Geiste Gottes. *Cogito ergo sum:* es ließe sich übersetzen mit »So will ich wissen, oder ich will nicht leben, du mußt mir es sagen!« – des ersten Dr. Faustus' teuflisches Verlangen.

Die Geschichte der Literatur war zu Scherz und Schabernack aufgelegt, als sie zur Blütezeit des Cartesianischen Imperiums der Vernunft, in der Mitte des achtzehnten Jahrhunderts, Lessing dazu anhielt, sich am Fauststoff zu versuchen. Wie weit ihm das Unternehmen gedieh, weiß man so genau nicht. Es heißt, er habe das vollendete Manuskript einem Fuhrmann anvertraut, der es nur leider niemals bei dem Adressaten ablieferte. Wahrscheinlich stand er in den Diensten Satans. Denn Lessings Faust war nach dem Bericht von Zeitgenossen der erste, welcher, wie zu erwarten stand, mit der Niederlage des Teufels und Fausts Erlösung endete. Eine der Szenen ist erhalten. Darin hält Faust einen Geschwindigkeitswettbewerb unter sieben Geistern der Hölle. Sieger ist das Dämönchen, das sich brüstete, so schnell zu sein wie der Übergang von Gut zu Böse[22]. Die Szene ergäbe einen besseren Sinn, wenn die Verwandlung umgekehrt vonstatten ginge: von Böse zu Gut. Denn nach dem Bericht der Freunde soll Lessing den schlimmen Faust des Volksbuchs zu einem bloßen Phantom reduziert haben, mit welchem der liebe Gott den Teufel neckte. Der wirkliche Faust war frei von jeglicher menschlichen Schwäche und wußte von keiner Leidenschaft außer einer: einem unauslöschlichen Durst nach Wissen und Wissenschaft; und so war es denn gewiß keine Überraschung für das Zeitalter der Aufklärung, daß in demselben Augenblick, da die Höllenknechte sich daran machten, den Phantom-Faust der Hölle einzuhändigen, eine Stimme vom Himmel die Teufel über die göttliche Täuschung aufklärte. »Triumphiert nicht!«, soll es von oben gerufen haben, »ihr habt nicht über Menschheit und Wissenschaft gesiegt; die Gottheit hat dem Menschen nicht den edelsten der Triebe gegeben, um ihn ewig unglücklich zu machen; was ihr sahet, und jetzt zu besitzen glaubt, war nichts als ein Phantom«[23].

Der unverläßliche Fuhrmann war vielleicht doch ein wohlwollender Mensch. Jedenfalls ist es unwahrscheinlich, daß seine sonderbare Veruntreuung dem Ruf Lessings als Dramatiker abträglich war. Schon Marlowe hatte seine Schwierigkeiten, mit dem Fauststoff zu Rande zu kommen; ihn aber in die Gußform der Aufklärung umzugießen, war etwa so, als hätte die Französische Revolution *Macbeth* der Überzeugung anpassen wollen, daß es sehr empfehlenswert sei, Monarchen umzubringen. Lessing scheint dies später selbst erkannt zu haben. Als Maler Müller die Absicht äußerte, sich an einen *Faust* zu wagen, riet er ihm ab: »Wer heutzutage … diesen Stoff für eine Vorstellung von Wahrscheinlichkeit auffassen wollte«, sagte er, »um … ernstliche Überzeugung und Glauben an die Sache selbst zu erwecken, würde immer einen Mißgriff wagen und seinen Zweck verfehlen«[24].

Das war im Jahre 1777; aber mehr als ein halbes Jahrhundert später, im Jahre 1831, setzte der zweiundachtzigjährige Goethe den lange hingehaltenen Schlußpunkt hinter ein also gewagtes Werk. Er versiegelte ein Paket, das den endlich beendeten zweiten Teil seines *Faust* enthielt. Das »Hauptgeschäft« – wie er diese Arbeit während der letzten Jahre zu nennen pflegte – war getan; oder richtiger: er beschloß, daß es getan sei. Das Siegel sollte es vor allem gegen seine eigensinnig beharrlichen Skrupel und Unzufriedenheiten schützen. Da sein Leben zur Neige ging, sollte sein Sorgenkind endlich auf sich selbst gestellt sein. Auch durfte das Bündel fürs erste nicht geöffnet werden, weil, wie er fünf Tage vor seinem Tode schrieb, »der Tag wirklich so absurd und konfus« war, daß er sich überzeugte, seine »redlichen, lange verfolgten Bemühungen um dieses seltsame Gebäu würden schlecht belohnt«; es würde, »an den Strand getrieben, wie ein Wrack in Trümmern daliegen und von dem Dünenschutt der Stunden zunächst überschüttet werden«[25]. Einmal aber hatte er selber das Siegel gebrochen, um seiner geliebten Schwiegertochter aus dem Manuskript vorzulesen; und nachher vertraute er seinem Tagebuch an, daß die Lektüre ihm »neue Aufregung« gebracht habe, und zwar »in Rücksicht größerer Ausführung der Hauptmotive, die ich, um fertig zu werden, allzu lakonisch behandelt hatte«[26]. Rührende Worte! Goethe fürchtete, er habe sich zu sehr beeilt bei dem Hauptgeschäft, auf welches er mehr als sechzig Jahre verwendet hatte. Vielleicht hatte Lessing doch recht, als er meinte, mit dem Fauststoff könne kein moderner Mensch fertig werden. Auch waren Goethes Sorgen nicht unbegründet. Weder verstand die »absurde und konfuse« Zeit den zweiten Teil seines *Faust*, noch war Goethes »Ausführung der Hauptmotive« an der Konfusion unschuldig.

In manchem Brief der letzten Monate warnte er seine Freunde, von dem ihnen vorenthaltenen Manuskript nicht zu viel zu erwarten, vor allem keine Lösung und keinen letzten »Aufschluß«. Er sprach von »diesen ernsten Scherzen« und sagte, daß seine Dichtung der Welt- und Menschengeschichte darin gleiche, daß »das zuletzt aufgelöste Problem immer wieder ein neues aufzulösendes« hervorbringe[27]. Wer wollte ihm das abstreiten, wenn der Vorhang sich über Fausts Entelechie senkt, seinem unsterblichen Ich, das Gnade fand vor der Gottheit, weil es immer strebend sich bemüht hatte und in keinem Augenblick seines Erdendaseins zufrieden war?

Hat aber Faust die berühmte Klausel der Erlösung wirklich erfüllt? Nicht ganz, wenn wir uns an die Handlung halten; denn dort hat es den Anschein, als würde Faust wie kostbare Konterbande in den Himmel geschmuggelt, und zwar von schönen Engelsknaben, die dem Teufel, dem rechtmäßigen Sieger, die Faustische Seele unter der Nase wegstehlen, während sie seine Aufmerksamkeit auf ihre eigenen verführerischen Reize ablenken. Vergessen wir aber über den Himmelsklängen der Poesie den Buchstaben der Wette, so scheint es, als hätte sich Faust ein Sündenleben lang nur vergeblich bemüht, seiner prädestinierten Erlösung ledig zu werden. Mag er gleich die fatalen Worte des »Verweile doch!« äußern, welche gemäß der mephistophelischen Abmachung seine Seele der ewigen Verdammnis anheimgeben; mag er sich gleich zufrieden erklären mit dem letzten Geschenk des Teufels, der magischen Verwandlung verpesteter Sümpfe ins Fruchtland der freien Republik – wie immer er es treibt, er kann die höchsten Stellen nicht dazu bewegen, ihn zum Teufel gehen zu lassen. Der Teufel glaubt rechtens, gewonnen zu haben, als er die herrlichen

Verse hört, mit welchen Faust – im *Vor*gefühl zwar der kommenden irdischen Glückseligkeit, aber eben doch *jetzt* – seinen höchsten Augenblick preist; im Himmel aber stellt man sich taub. Dort oben will man wissen, daß er nichtsdestoweniger ewig unzufrieden war und ewig weiterstreben würde, und befindet daher, daß er mit einer kleinen Zutat von Gnade der Erlösung wert sei.

Gewiß ja, so reden heißt herzlos und blasphemisch reden. Man spricht so nicht von Goethes *Faust,* der mit bestem poetischem Recht alle Widersprüche der Handlung als eine der größten dichterischen Schöpfungen der Welt überlebt hat. Doch darf man so von dem *dramatischen* und *theologischen* Anspruch der Dichtung sprechen – einem Anspruch, den zwar der Dichter selbst nicht erhebt, aber trotzdem die Natur und das Wesen seines Werks. Der zweite Teil dieses Werks ist in keinem Sinn ein Drama; und Goethes immer wieder arg gehemmte Entschlossenheit, es zu einem dramatischen und theologischen Abschluß zu bringen, war von quixotisch-heroischer Art. Dramatisch und theologisch hätte es Lessing bei seinem unmöglichen und vereitelten *Faust* leichter gehabt. Sein Held war nur einem Sinn ergeben: dem Wissenstrieb, und diente so aufs frömmste dem Gott der Philosophen.

Aber Goethes Faust? Die Wirrnisse seines sittlichen Charakters sind unauflösbar. Er ist ein unbeherrschbares theologisches Sorgenkind, das es dem Goethe'schen Gott mit Gut und Böse selbst dann äußerst schwer machen würde, wenn dieser nicht so weit davon entfernt wäre, der Gott der Philosophen zu sein. So wenig ist Er das, daß Er über sich selbst so recht nicht Bescheid weiß. Der Teufel, der ihn doch kennen muß, spricht manchmal so von diesem Gott, als wäre dieser Gott Lessing. Er hält auf das Rationale und scheint nicht abgeneigt, diejenigen zu verstoßen, die es in diesem Punkt anders halten:

> Verachte nur Vernunft und Wissenschaft,
> Des Menschen allerhöchste Kraft,

so läßt sich Mephistopheles vor Faust vernehmen und freut sich auf die leichte Besitzergreifung des also Gottverlassenen:

> So hab ich dich schon unbedingt –[28]

Aber ist es denn wahr, daß Faust Vernunft und Wissenschaft verachtet? Erfahren wir nicht aus seinem ersten Monolog, daß er nur aus Verzweiflung über die Grenzen menschlichen Wissens, aber aus unendlichem Wissensdrang die Magie zur Hilfe gerufen hat:

> Daß ich erkenne, was die Welt
> Im Innersten zusammenhält – ?[29]

An anderen Stellen freilich ist es dann wieder, als hätte Faust allem Wissen und Erkennen aufgesagt, und zwar weil es Gott, im Gegensatz zu des Teufels aufgeklärtem Begriff von Ihm, gefällig ist, daß sein Knecht, der Dr. Faust, sich des Urquells nicht entwöhne, der seinen fühlenden und fühlend ruhelosen Geist nährt, ihm verbietet, im Logos den Anfang und Grund der Welt zu sehen, in ihm das Verlangen erweckt, von allem Wissensdrang geheilt zu sein, und ihn aus der Enge seiner Studierstube in die Arme der turbulenten Welt treibt, ja in die dionysische Vermählung mit ihr. Zwar empfangen ihn, da er in den Himmel kommt, die himmlischen Knaben als ihren Lehrer –

Doch dieser hat gelernt,
Er wird uns lehren –,[30]

aber der Gedanke an den Unterricht, den er den gebenedeiten Kindern wird angedeihen lassen, erweckt einige Besorgnis um ihren himmlischen Frieden.

Trotz all seiner inneren Widersprüche aber ist Goethes *Faust* dem ursprünglichen Faustbuch unvergleichlich näher, als es der Lessing'sche je hätte sein können. Trotz der Widersprüche? Dank ihrer! Denn Lessings *Faust* wäre die radikale, generöse und wohlmeinend einfältige Umkehrung der lutherischen Moralität des Wissens gewesen: die Verdammnis des sechzehnten Jahrhunderts war die Erlösung des achtzehnten. Der Teufel? Schwarze Magie? Bizarre Reiseandenken, welche die weltreisende Vernunft an irgendeinem unsauberen exotischen Ort erstand. Goethe war solcher Aufklärung unfähig. Seine Ethik des Wissens war unendlich subtiler. Sie war eins mit seiner Intuition, daß der Mensch Sünden der Erkenntnis zu begehen vermag. Goethe wußte von »Wahrheiten«, mit denen der Mensch sich sündhaft und zerstörerisch an seinem wahren Wesen und am wahren Wesen der Welt vergeht; von »Erkenntnissen«, die der Ordnung des erschaffenen Seins ein Leid zufügen. Diese Einsicht ist derjenigen verwandt, welche der alten Sage vom Dr. Faustus zu Grunde liegt. Goethe hatte die historische Impertinenz, Newton zu widersprechen, und suchte zu beweisen, daß die Newton'sche Farbenlehre falsch sei. Was er wirklich meinte, war, daß die Physik Newtons falsch ist gegen die Natur des Menschen; und das sagte er auch, wenn er nicht stolz und manchmal schlecht beraten den Physikern auf ihrem eigenen Feld entgegentrat. Wahrheit war für ihn, was dem Menschen zu wissen *gemäß* ist; und er war überzeugt, daß die herrschenden Methoden der naturwissenschaftlichen Forschung dem Menschen unbekömmlich waren. Sie gefährdeten die Gesundheit und Integrität seines Geistes, weil sie die Phänomene der Natur auf ein System von Abstraktionen reduzierten, in welchem sich ihr wahres Sein verflüchtigte. Was sie dem Menschen einbrachten, war leere intellektuelle Macht über eine spirituell leere Welt, eine Macht, die seine Seele verderben mußte. Und also sagte Goethe skandalöserweise: »In der Naturforschung bedarf es eines kategorischen Imperativs so gut als im Sittlichen ...«[31]. Er hatte sogar den Mut, den Kauz zu spielen, indem er von Mikroskopen und Fernrohren meinte, sie »verwirren eigentlich den reinen Menschensinn«[32]; und da sein Wilhelm Meister zum ersten Mal durch ein Teleskop blickt, warnt er die Astronomen, in deren Gesellschaft er sich befindet, »daß diese Mittel, wodurch wir unsern Sinnen zu Hilfe kommen, keine sittlich günstige Wirkung auf den Menschen ausüben«[33].

3

Die Verwirrungen und Fragwürdigkeiten von Goethes *Faust* habe zwei Ursachen: einerseits entstammen sie Goethes Unvermögen, das Problem des Erkennens von der Ganzheit der menschlichen Natur zu trennen, und den Anspruch der Vernunft von der Bestimmung der Seele loszulösen (einem Unvermögen, das er mit dem Verfasser des Faustbuchs aus dem sechzehnten Jahrhundert teilt); und anderseits haben sie ihren Grund in Goethes Unfähigkeit, diesen Vernunftanspruch und diese Seelenbestimmung klar zu nennen oder deutend zu beschreiben (einer Unfähigkeit, die er mit seiner eigenen Zeit gemeinsam hat). Daher schwankt er unentwegt zwischen einem unbestimmbaren Streben und einer unbestimmbaren Entsagung, schickt seinen Faust einmal auf die verzweifelte Suche nach Erkenntnis, läßt ihn ein anderes Mal allem Wissen fluchen, weil es der leidenschaftlich erlebten Fülle des Lebens Abbruch tut, und gibt ihm dann wieder seinen höchsten Augenblick im Verzicht auf das Wissen sowohl wie die passionierte Selbsterfüllung: in der entsagungsvollen und doch auch wieder titanischen Hinnahme seiner Pflicht gegen das Gemeinwesen. Weil Goethe der profundeste Geist einer Epoche war, der es an gültigen Worten fehlte, das menschliche Sein zu bestimmen, war er zwei überwältigenden und paradoxen Eingebungen ausgeliefert: daß es die Bestimmung des Menschen sei, in immerwährendem Streben das zu *werden,* was zu *sein* ihm zugedacht ist; und daß seine ungeduldige und stürmische Unwissenheit über die Natur seines Seins ihn, der also strebt, der Gefahr aussetzt, sich ganz und gar zu verlieren.

Daher war Fausts Seele ein ungeeignetes Objekt für einen eindeutig ausbedungenen Handel, und der teuflische Kaufvertrag des ersten Faustbuchs mußte durch eine Wette ersetzt werden, die den Ausgang ungewiß ließ. Wenn Faust zu streben aufhörte, wäre er verdammt; aber verdammt wäre er wohl auch, wenn er in seinem endlosen Streben nach sich selbst und seiner Welt das undefinierbare Maß seiner Menschlichkeit verletzte. Dem Dramatiker aber blieb nichts anderes übrig, als ihn entweder zu verdammen oder zu erlösen. So schickte sich Goethe denn in die dramatische Absurdität einer Erlösung, die sich Faust sowohl durch seine unendliche Reise ins Ungewisse wie auch durch seine Ankunft an einem ungewissen Ziel verdient. Einem ungewissen Ziel: denn der Faust, der da am Ziel steht, ist ein blinder und betrogener Mann, der seine Totengräber für die Bauleute einer großen Zukunft hält. Es ist, als wäre Goethe zuletzt von der wunderbaren Präzision seiner poetischen Phantasie dazu vermocht worden, die Ungenauigkeit seiner dramatischen Handlung zu verleugnen. Diese Handlung wurde einst von einem prometheischen Jüngling vage konzipiert und kam am Ende doch nicht ganz ohne die Gnade Gottes aus. Wäre aber der ganze Faust das Geschäft des alten Dichters gewesen, so wäre Fausts Verdammnis vielleicht nicht hintanzuhalten gewesen. Denn es war der Greis von zweiundachtzig Jahren, der, als wollte er den Rädern der Erlösung in die Arme fallen, die Szenen schrieb, in welchen die von Faust geübte satanische Kunst zum ersten Mal wirklich schwarz und satanisch ist: die Szenen, in welchen sein irrwitziges Gelüst nach Macht und Größe sich mörderisch an der Unschuld des Lebens vergeht, diesmal aber ohne die leiseste Spur jener rettenden Liebe, die ihm vor langer Zeit in seinem Verrat an Gretchen doch noch ein wenig Hoffnung auf schließliches Verzeihen lassen mochte.

Wenn nach all dem phantasmagorischen Aufwand an Reichspolitik und Hochfinanz, wissenschaftlichen Laboratorien, klassischen Beschwörungen und mystischen Einweihungen, die den größten Teil des zweiten *Faust* ausmachen, der letzte Akt beginnt, scheinen wir unerwarteterweise wieder in der Welt Gretchens zu sein: im Schatten von Lindenbäumen, vor dem Haus und dem Kapellchen des uralten Ehepaares Philemon und Baucis, die zufrieden auf einem kleinen Stück Erde leben, hart an der Grenze von Fausts neuem Rittergut. Bei ihnen zu Gast ist der geheimnisvolle Wanderer, der vor vielen Jahren in den nahen Untiefen Schiffbruch erlitten hatte und dem die beiden damals hilfreich beigestanden waren – ein in jedem Sinn weitläufiger Verwandter jener Götter und Gottesboten, die in den Metamorphosen des Ovid bei Philemon und Baucis Unterkunft finden, und in der Apostelgeschichte (Kapitel XIV) den Einwohnern von Ikonion und Lystra predigen. Nun kam der Wanderer zurück, um noch einmal den zwei Alten zu danken. Mit dieser Szene betreten wir das Reich der unausschöpflichen Ambiguität, in welcher Fausts Ende und Transfiguration vonstatten gehen wird. Die Nachbarschaft der Alteleutehütte hat durch Fausts Kolonisieren ungemein gewonnen. Wo einst der Fremdling an den Strand geworfen wurde, erstreckt sich jetzt fruchtbar grünendes Land. Alles scheint aufs beste bestellt zu sein, und Philemon, der Gatte, preist die Verwandlung voll lyrischen Bewunderns; der Frau jedoch ist sie nicht geheuer. Wenn es ein Wunder war, so war es eines, das in Gottlosigkeit gewirkt wurde:

> Menschenopfer mußten bluten,
> Nachts erscholl des Jammers Qual;
> Meerab flossen Feuergluten,
> Morgens war es ein Kanal.

Ängstlich stimmt es sie auch, daß Faust, der mächtige Herr des umliegenden Landes, es nun auch noch auf ihr kleines Lindenhöfchen abgesehen hat; und so betreten sie denn die Kapelle, knien nieder und beten. Und da Faust, lustwandelnd im Ziergarten seines Palastes, das Glockengeläute hört – denselben »Silberlaut«, der einst dem schiffbrüchigen Wanderer die Nähe seiner Retter verkündet hatte (und es waren, wie man sich bei dieser

Stelle erinnern sollte, die »Himmelstöne« von Kirchenglocken, welche an einem gewissen Ostermorgen Faust vor dem Selbstmord bewahrten) – da Faust nun den frommen Klang vernimmt, verflucht er ihn, weil er ihn an die Grenzen gemahnt, die seiner Macht gesetzt sind:

> Mein Hochsitz, er ist nicht rein,
> Der Lindenraum, die braune Baute,
> Das morsche Kirchlein ist nicht mein

und befiehlt Mephistopheles in sinnloser Wut, die beiden Alten an einen anderen Ort zu schaffen. Die Ausführung dieses Befehls kostet ihnen und ihrem Gast das Leben, und Hütte und Kirchlein gehen in Flammen auf.

Während aber Fausts verdammenswertestes Verbrechen begangen wird, wandelt sich die Szene zum Turm seines Palastes, wo Lynkeus der Türmer das Lied anstimmt, das zu den schönsten lyrischen Schöpfungen Goethes gehört:

> Zum Sehen geboren,
> Zum Schauen bestellt ...

und seine ekstatischste Weltbejahung ist:

> Ihr glücklichen Augen,
> Was je ihr gesehn,
> Es sei, wie es wolle,
> Es war doch so schön!

Poetische Ironie hat niemals tiefere Tiefen erreicht als in diesem Wechsel der Szene vom absolut Bösen zur absoluten Bejahung. Und ein Weltreich der Ironie ist in die

Klammern zusammengedrängt, welche Goethe nach diesem Hohelied auf die Schönheit des Lebens setzte, eine Schönheit, der kein Böses etwas anhaben kann. »Pause« steht zwischen diesen beiden Klammern geschrieben. Pause, man sollte wohl meinen! Denn des Türmers Gesang fährt mit der Feststellung fort, daß seine Turmespflichten nicht rein ästhetischer Art seien; und allsogleich bemerkt er »das greuliche Entsetzen«, das da »aus der finstern Welt« droht, nämlich aus jener, wo Mephistopheles, im Vollzug der größenwahnsinnigen Anweisungen seines Meisters, den Gedanken der Liebe, des Erbarmens und des Friedens ungedacht macht und die lichte Sphäre zerschellt, aus welcher nach Goethes symbolisierender Absicht der auf Erden schiffbrüchige Fremdling kam. Es ist, als ob das »Es sei, wie es wolle« jener unbedingten Bejahung das Übel einer von der schwarzen Kunst gottloser Macht verwüsteten Welt nicht einschließen sollte. Und da aus den Rauchschwaden, die von dem brennenden Haus herüberziehen, die Dämonen menschlichen Versagens sich bilden – wie Rachegöttinnen auf Geheiß des ermordeten Wanderers –, und da die eine der vier, die Sorge, an Faust herantritt, um mit Blindheit zu schlagen ihn, der blind durchs Leben gerannt war, da wird er endlich sehend; und was er spricht, ist keine magische Beschwörung mehr, sondern fast ein Gebet:

> Könnt' ich Magie von meinem Pfad entfernen,
> Die Zaubersprüche ganz und gar verlernen ...

In der gedrängten Reihe dieser Szenen, gedichtet vom Zweiundachtzigjährigen, ist mehr von folgerichtigem Drama und tragischer Ironie zu finden als sonst im ganzen Gedicht, und auch mehr dramatischer Anlaß, entweder Faust für seine magischen Missetaten zu verdammen oder ihn zu erlösen für sein Verlangen, sich wie Prospero der schlimmen Kunst zu entwinden[34].

Man mag wohl fragen, wie es kam, daß der weltweise Goethe sich ein Leben lang mit einem Gegenstand abgab, der unablösbar mit der Schwarzkunst verbunden ist. Man sehe darin keinen Zufall und sage nicht, man könne bei der Betrachtung seines *Faust* ebenso gut davon absehen, daß der Held sich der Magie ergeben hat. Im Gegenteil: durch das Thema der bösen Zauberei geht Goethes Ethik der Erkenntnis in sein Hauptwerk ein. Fausts schwarze Magie ist das poetisch-phantastische Spielfeld für Goethes Glauben, daß jegliches Wissen und Tun der Menschen, welches ihr Sein übersteigt, von Übel ist. Einer Freiheit des Denkens zuzustreben, welche nur in einem Raum jenseits der konkreten, daseienden Anschauung erfüllbar ist; Macht zu suchen über das Leben durch intellektuelle Unternehmungen, die weit über die Reichweite der Seele hinausreichen; eine Virtuosität des Könnens zu üben, die keine gemäße Entsprechung mehr hat in der *»virtus«*, im substantiellen Sein – das ist Goethes Begriff der Hybris und ist das Wesen der schwarzen Magie. »Unbedingte Tätigkeit«, sagte er – Tätigkeit also, welche der Bedingungen des Menschseins nicht achtet –, »macht zuletzt bankerott« [35]; und »alles, was unsern Geist befreit, ohne uns die Herrschaft über uns selbst zu geben, ist verderblich« [36]. In jeder Form des Wissens oder Könnens, das nicht verwurzelt ist in der heilen Substanz, witterte er des Zauberlehrlings zerstörerischen Unfug.

Die Schwarzkunst seines Faust wirkt fast stets das schauerliche Wunder solcher Desubstantiation. Ob Faust den Erdgeist heraufbeschwört, nur um vernichtet zu erkennen, daß er ihn nicht erträgt; ob der Staat verzaubert wird, indem substanzloses Papier sich den Kredit anmaßt, der allein dem substantiellen Gold zukäme; ob in einer Retorte der Homunkulus erzeugt wird, das synthetische Zwerglein, dessen Gehirn agiler ist als die Gehirne, die ihn ausgedacht, die Kreatur, die fähig ist, ihren Schöpfer zu versklaven; oder ob die magisch ihrer mythologischen Vergangenheit entrissene Helena dem Magiker das ätherische Kind Euphorion schenkt, welches das Zeug zum Existieren nicht hat und in seiner Sehnsucht nach dem Sublimen untergeht – immer wieder überläßt sich Goethes denkende Phantasie der Faszination, dem Zauber und dem Schrecken des Schauspiels, in welchem der Menschengeist sich über die Wirklichkeit seines Seins erhebt und es zerstört in dieser dunklen Transzendenz.

Dies also ist die Bedeutung der schwarzen Magie für Goethe: sie fördert fürchterlich die Disparität zwischen Wissen und Sein, Macht und Substanz, Virtuosität und Charakter, Können und – Kunst; sie ist das Handwerk des Abgrunds, in welchem die Maschinen jenes Herstellens und Vernichtens sausen, das gegen alle Vernunft und Weisheit ist.

4

In den jüngsten zwei Faust-Werken der Literaturgeschichte, denjenigen von Valéry und Thomas Mann, ist die von Goethe so sehr gescheute Kluft zwischen dem heillosen Wissen und dem heilen Sein, zwischen der Virtuosität des Könnens und der Substanz der Kunst so ungeheuer, daß sogar der Teufel darin verloren scheint. Hat er doch seit eh und je seinen Lebensunterhalt allein in der Jagd auf die Menschenseele gefunden; diese aber ist nun im Zustand äußerster Unterernährung, während anderseits die Intelligenz im größten Wohlstand lebt und keiner Anleihen von der Hölle bedarf, um sich ihre ehrgeizigsten Wünsche zu erfüllen.

Valéry nannte seine Variationen auf das alte Thema *Mon Faust;* und sein Faust ist denn auch mehr der seine, als er des Teufels ist; ist weniger von der Hölle besessen als von dem Dichter, der den frigiden Urtypus der modernen ästhetischen Intellektualität, Monsieur Teste, erschaffen hat. Dies aber trägt nichts zur Verbesserung von Fausts spirituellen Aussichten bei: sie sind so düster wie einst bei Spies. Verliert er seine Seele nicht, so nur deshalb, weil er keine zu verlieren hat. Im Überfluß seiner intellektuellen Reichtümer *ist* er die verlorene Seele, so wie Mephistopheles der verlorene Teufel ist in einer Welt, prangend mit selbsterzeugten Gütern von der Art, wie sie vor Zeiten das Monopol der Hölle war. Wer fragt noch infernalischen Adlersflügeln nach? Wie vor ihm Ivan Karamasoff, beteuert Valérys Faust seinem Beelzebub, daß er ein beelzebübischer Anachronismus sei. Seine ganze Existenz war auf den Aberglauben gegründet, »daß die Menschen nicht klug genug sind, sich durch ihre eigenen Künste in die Verdammnis zu manövrieren«[37]. Damit aber ist es vorbei: »Jene Ordnung«, sagt Valérys Faust zu Mephistopheles, »deren Stützpunkt du warst, ist zerbröckelt und zerfallen. Gesteh doch, daß du dich nicht mehr recht zuhause fühlst unter diesen neuen Menschenmengen, die das Böse tun, ohne es zu wissen oder sich darum zu scheren, die keine Ahnung von der Ewigkeit haben und zehnmal täglich ihr Leben aufs Spiel setzen, indem sie mit ihren neuen Maschinen spielen. Sie haben zahllose Wunder gewirkt, von denen sich deine Magie nichts träumen ließ, und legten sie in die Hände eines jeden Kindskopfes und Narren ...«[38]. Aber selbst wenn Mephistopheles nicht drauf und dran wäre, aus Mangel an menschlichen Seelen den Hungertod zu sterben, gewönne dieser Faust rein nichts bei einem Pakt mit ihm. Fausts Intelligenz ist so gut wie sie nur sein könnte, und er weiß, was er sagt, wenn er seinen höllischen Besucher mit den Worten abtut: »Du bist nichts als ein Intellekt«[39], und daher: »Warum denn nicht, wir könnten Rolle tauschen«[40]. Es ist, als sagte er: *»Cogito ergo sum in profundis«* – »Ich denke, und also bin ich in der Hölle«; oder »Ich weiß, und also will ich nicht leben« – die unheimlichste Aufhebung des ersten Faustbuchs sowohl wie der Cartesianischen Ontologie. Und die Leidenschaft, mit der Goethes Faust sich ins innerste Geheimnis der Welt drängte, ist bei Valéry zum *ennui* zerronnen, zur gelangweilten Erwartung einer leeren Präzisionsantwort, die demnächst irgendein elektronischer Homunkulus auf die ewige Frage geben wird.

Wenn Valérys Mephisto, der reine Intellekt, in einer Gesellschaft von satten Geistern und ausgemergelten Seelen zum Versucher nicht mehr taugt, so hat ihm Thomas Mann eine Rolle zugedacht, mit welcher die Literaturgeschichte des Dr. Faustus ihr perverses Ende zu finden scheint: der Teufel schenkt der Seelenlosigkeit eine Seele. Ein faustisches Genie, dessen Sein und Seele erfroren war in der Kälte des *cogitare,* im Eis der intellektuellen Abstraktion, und dessen Kunst daher nichts war als das Können einer rein spekulativen Virtuosität, verdankt schließlich der Hölle das Erwachen des Gefühls im Werk und die gestaltete Intensität der Leidenschaft. Der Musiker Adrian Leverkühn, Thomas Manns Dr.

Faustus, hat, wie die Epoche, deren Musik er komponiert, jeglichen Glauben an die Möglichkeit einer prästabilierten Harmonie zwischen dem Geist des Menschen und der Wahrheit der Welt verloren. Er haust in der Verzweiflung. Aus ist es für ihn mit der Musik der »harmonischen Subjektivität«, der Musik von Geistern, die in der metaphysischen Gewißheit existieren, daß sie in ihren Tiefen die ewigen und erhabenen Gesetze der Schöpfung spiegeln. Für Leverkühn ist das Dasein von seinem innersten Kern, das heißt, von seiner innersten Leere her, absurd und chaotisch; und wenn der menschliche Sinn mit absurder Hartnäckigkeit dennoch auf dem Schein von Ordnung besteht, so muß die abstrakte Imagination ihn aus dem Nichts konstruieren. Also spiegelt sich im Werk nur diese Imagination selbst und nicht die schönen Bilder kosmischer Harmonien. Beethoven war im Irrtum; und so verkündet Adrian Leverkühn sein desperates Vorhaben, »D. Fausti Weheklag« zu komponieren, ein Chorwerk, das die Neunte Symphonie, die höchste unter den Rühmungen der harmonischen Subjektivität, »zurücknehmen« würde; denn die Neunte Symphonie »darf nicht sein«, weil sie nicht mehr wahr ist. Ist sie aber nicht wahr, dann ist es auch Goethes *Faust* nicht, der wie Beethovens Chorsymphonie ein Erzeugnis der harmonischen Subjektivität ist; und wie Thomas Manns Tonsetzer die Neunte Symphonie zurücknimmt, so widerruft er selber Goethes *Faust*, indem er das Buch von Fausts Verdammnis schreibt. Zwar ist Goethes Dichtung von Zweifeln und Zweideutigkeiten geplagt und hält die Erlösung so lange zurück, verwirrt und erschwert sie so sehr, daß sie sich schließlich nur gegen einen Aufruhr poetischer Widersprüche durchzusetzen vermag; dennoch ist dieses Gedicht das schöne Kind des Glaubens, daß

Faust, daß die Menschheit der Erlösung gewiß ist. Denn Faust strebt nach jener Selbstverwirklichung, durch die er mit metaphysischer Notwendigkeit den Willen, die Ordnung und den letzten Zweck der Schöpfung treu in sich vollzieht. Es liegt im Wesen der harmonischen Subjektivität beschlossen, daß Fausts unendlicher Enthusiasmus am Ende über den ironischen, kalten und logischen Geist des Teufels triumphiert – jenen radikal distanzierten Geist des großen Widersachers, der im Abfall von Gott seine Distanziertheit erwarb, indem er den Sinn des Seins verneinte.

Dem Komponisten Leverkühn eignet genau so ein Geist; daher ist die Musik, die er schreibt, distanziert, ironisch, kalt und logisch, komponiert nach einem mathematisch strengen System, das mit großer Erfindungskraft auskalkuliert wurde, um das Chaos drinnen und draußen zu verbergen, zu übersteigen oder zu zähmen. Denn der subjektiven Dissonanz, die an die Stelle der harmonischen Subjektivität getreten, ist nur mit der rigorosesten Ordnung gedient. Hochgescheit und ohne Seele: so ist die Musik Leverkühns; und es ist die skandalöseste Idee in Thomas Manns skandalös profundem Buch, daß diese Musik zuletzt vom Teufel ihre Beseelung empfängt. Da Mephisto beim Komponisten erscheint, um den Teufelspakt zu ratifizieren, den Leverkühn eingegangen, als er sich bei *hetaera esmeralda* die geniale Krankheit holte, bemerkt der Höllengast: »Ich glaube gar, der Teufel gilt für den Mann zersetzender Kritik?« Er hat dies von Goethe gehört, der ihn als den zynisch stets verneinenden Geist porträtierte, den zersetzenden Kritiker von Fausts enthusiastischen Ambitionen. Emphatisch berichtigt der Teufel nun die üble Nachrede, die ihm der Dichter hielt: »Verleumdung ... Was [der Teufel] will und spendet, das ist gerade ... die prangende Unbedenklichkeit!«[41] Und er erfüllt, was er verspricht. »D. Fausti Weheklag«, die Vertonung des ersten Faustbuchs, Leverkühns letztes und größtes Werk, geschrieben am Rande des Wahnsinns, ist von noch strengerer Form und noch ausgepichter in der Konstruktion als die vorhergehenden Werke; und dennoch ist es – als die einzige unter Leverkühns Schöpfungen – hemmungsloser Ausdruck des Gefühls, eine Ekstase der Verzweiflung, ein Dithyrambus des innigen Abgrunds. Die harmonische Subjektivität, die verlorene Seele der Musik, ist wiedererstanden: und ist eine Seele ohne Hoffnung. Denn die neue, die re-stabilierte Harmonie waltet jetzt zwischen dem Subjekt und dem Verhängnis seiner Unerlösbarkeit. »Sein« ist zum »Tun« zurückgekehrt, und Substanz zur Virtuosität; aber das Sein ist das Verdammtsein und die Substanz ist Höllenzeug. Diese Musik ist die mystische Konsumation der ihrer selbst gewissen Gottlosigkeit: eine Seele wird geboren aus der Alchemie ihrer Abschwörung. »Wem willst du theologische Existenz zuerkennen, wenn nicht mir?« fragt Thomas Manns Teufel den Komponisten. Denn was das Theologische betrifft, bin »ich doch nachgerade der Einzige, der's konserviert!«[42]

So endet die abenteuerliche Geschichte, welche von Fausts Verdammnis über seine Erlösung zu seiner Verdammnis führt. Goethe wollte ihr in der Mitte ihrer Reise Halt gebieten, indem er die unersättlichen Spekulierer seine Ethik der Erkenntnis lehrte. Seine vergebliche Mühe ist der aufmerksamsten Beachtung wert.

Goethe hätte gewiß die Erzählung gern gehört, die, vor 2500 Jahren geschrieben, von einem chinesischen Weisen handelt, welcher einmal einen noch weiseren armen Bauern traf. Der Bauer war damit beschäftigt, sein Feld auf die denkbar umständlichste Weise zu bewässern; der Weise sah ihm zu und fragte nach einer Weile: »Weißt du denn nicht, daß es eine Erfindung gibt, die man Ziehbrunnen nennt, eine Art von Maschine, die es dir gestatten würde, an einem Tag hundert Felder mit Wasser zu versorgen?« Und der Bauer antwortete: »Ich habe meinen Lehrer sagen hören: Wer sich der Maschinen bedient, wird alle seine Geschäfte bald wie eine Maschine verrichten. Wer alle seine Geschäfte wie eine Maschine verrichtet, wird bald das Herz einer Maschine haben. Wer das Herz einer Maschine hat, wird bald aller Gewißheiten des Geistes verlustig sein. Wer aller Gewißheiten des Geistes verlustig ist, wird sich bald unvermeidlich gegen den Sinn des Lebens versündigen. Ja, ich weiß von den Maschinen, die du mir empfiehlst; aber ich weiß auch, warum ich sie nicht verwende.«

Zweifellos hätte Goethe seine Freude an der Weisheit dieser Geschichte gehabt. Jedoch hätte der »moderne Mensch« in ihm zugleich gewußt, daß es sich nicht danach leben ließe. Wie denn auch, da er sich doch zum Beispiel für die Pläne zum Bau des Panama-Kanals sehr interessierte, und für Fausts Befreiung von der schwarzen Magie kein besseres Symbol fand als die Rolle eines Wohlfahrtsingenieurs? Die Widersprüchlichkeiten seiner Faust-Dichtung zeigen die Tiefe und Dauer seines Dilemmas an, eines Dilemmas, mit dem auch wir uns noch abfinden müssen. Wer sich aber weigerte, dieses Dilemma jenseits aller banalen Zwänge von Wissenschaft, Technik und Politik zu betrachten und zu erwägen, gäbe jene wesentliche Geistesfreiheit preis, aus der allein uns die Kraft kommen mag, die Spannung – nein, nicht zu lösen, sondern zu ertragen, ohne zu verzweifeln. Wenn der Mensch, wie auch Goethes *Faust* uns lehren mag, die

Gnade sich nicht verdienen kann, so soll er sich doch mühen, wenigstens der Hoffnung würdig zu sein. Goethes Intuition eines »kategorischen Imperativs«, dessen die Wissenschaften bedürften, ist gewiß von orakelhafter Ungenauigkeit. Das aber ist kein Grund, sich für den genauen Prospekt zu entscheiden, den die wissenschaftliche Ernsthaftigkeit und sittliche Unberatenheit eröffnen, indem sie von der vagen Ethik der Erkenntnis nichts hören wollen. Denn jener genaue Prospekt ist ungeheuerlich in seiner Genauigkeit: er läßt eine Rasse von Zauberlehrlingen sehen, die dabei sind, umzukommen in den von der Zauberformel gerufenen Fluten; oder eine Horde von Troglodyten, die, pauperisiert in der Seele von Maschinen und panischer Hilflosigkeit, in ihren Höhlen Unterschlupf suchen vor den Produkten ihrer titanisch überlegenen Hirne.

Die Vision ist des ersten Faustbuchs: Dr. Faustus fuhr zur Hölle, wo er für seine Vielwisserei büßt; was aber sein Erdenhaus betrifft, so liest man im Buch: »Es ward darin forthin so unheimlich, daß niemand darinnen wohnen konnte«[43].

II

Geteilter Meinung über Schiller

I *

Der Name Friedrich Schiller bezeichnet ein poetisches Mißgeschick in der Geschichte der deutschen Literatur, welches jedoch, wie es bei Mißgeschicken im Weltgeschehen manchmal zu gehen pflegt, großen Glanz ausstrahlt. Sein Werk, auf das er mit unbeirrbarer Hingabe, beträchtlichem Genie und vollkommener sittlicher Integrität sein Leben verwendete, ist ein hohes Beispiel für eine

* Die beiden Teile dieses Essays wurden zu verschiedenen Zeiten geschrieben und gesondert (in England) veröffentlicht: der erste Teil fast zehn Jahre vor dem zweiten. Als ich während der Vorbereitung des englischen Originals dieses Buches den ersten Teil wiederlas, war ich einigermaßen verblüfft von meinem polemischen Animus (den man gewiß auch mit einem unfreundlicheren Wort bezeichnen könnte). Dennoch beschloß ich, ihn so zu lassen, wie er kurz nach dem zweiten Weltkrieg geschrieben wurde. Er ist gewiß nicht frei von Ungerechtigkeiten gegen Schiller, ein Übel, dem, wie ich glaube, der zweite Teil einigermaßen abhilft — jener zweite Teil, den ich versucht bin, den »zweiten Satz« zu nennen, und nicht nur deshalb, weil er Motive und Zitate des ersten in eigenem Zusammenhang und in anderer Stimmung wiederholt. Darf ich darauf hoffen, daß es dem Leser gelingt, das, was ihm als polemisches Übermaß erscheinen mag, als die Reaktion auf den historischen Anlaß zu sehen, unter dessen unmittelbarer Einwirkung der erste Teil verfaßt wurde? Goethe sagte im Jahre 1826: »Es ist nun schon bald zwanzig Jahre, daß die Deutschen sämtlich transzendieren. Wenn sie es einmal gewahr werden, müssen sie sich wunderlich vorkommen.« Auch noch während seiner Freundschaft mit Schiller, ja sogar noch nach dem vielbeklagten Tod des Freundes, gab es Augenblicke, da er stirnrunzelnd meinte, der jüngere Dichter habe in all der aristokratischen Unschuld seines Geistes einigen Anteil am Herauf-

Katastrophe des europäischen Geistes: die Überlastung des ästhetischen Vermögens durch religiös-ethische Ansprüche, die keine Religion mehr befriedigt. Schiller ist einer der Größten unter denjenigen, welche, ihrer theologischen Heimat beraubt, ein prekäres Asyl im Reich der Kunst fanden.

Sein Haus steht an der Wegkreuzung sämtlicher Philosophien, die den deutschen Idealismus begründen oder davon ausgehen. Schillers Geist, sowohl aufnahmefreudiger Lehrling bei dem Meisterphilosophen seiner Zeit wie auch ahnungsvoller Vordenker zukünftiger Gedanken, ist mit allen philosophischen Wassern gewaschen, die dort so reichlich zu fließen begannen, wo die protestantische Theologie versiegte. Die Allmacht von Fichtes Ich und die erstaunliche Regsamkeit des Hegel'schen Weltgeists, gerade damals, so schien es, im Begriffe, sich welterlösend in Freiheit und Harmonie zu entfalten; die über alle Willenszwecke erhabene, idealisch reine Kontemplation Schopenhauers und die tragische Zelebrierung des Willens von Nietzsche'schem Gepräge: all dies hat sein Rendez-vous in Schillers dramatischem und philosophischem Denken; und seine gesammelte Gedankenlyrik ergibt ein luxuriöses Gesangbuch für sämtliche Konfessionen des deutschen Idealismus.

Wie alle Denker der idealistischen Transzendenz emp-

kommen des »transzendentalen« Unheils gehabt. Wenn bereits Goethe in seiner historischen — oder auch unhistorischen — Entferntheit von der Konsumation der Katastrophe das unterirdische Zittern spürte, das ihr Kommen verkündigte, ist es gewiß verständlich und vielleicht unvermeidlich, daß ein späterer Augenzeuge des schlimmen Ausgangs dem intellektuellen Ärger über eine Tradition nachgab, in welcher, wie Nietzsche richtig erkannte, Schiller eine historisch viel wirksamere Rolle spielte als Goethe, der zwar, nach Nietzsche, eine ganze »Kultur« war, aber »ein Zwischenfall ohne Folgen«.

fing auch Schiller die philosophische Taufe von Immanuel Kant. Es ist ein bedeutungsvoller Zufall, daß seine *Räuber* im selben Jahr erschienen wie die *Kritik der reinen Vernunft*. Die von Gelehrten der Literatur so oft erwogene Frage, ob die Beschäftigung mit Kant dem Dichter förderlich war, oder ob er nicht besser daran getan hätte, sich seine philosophische Unschuld zu bewahren, verrät den pursten Unverstand gegenüber dem Wesen intellektueller Erfahrung. Denn was man gemeinhin »Einfluß« nennt, wirkt bei größeren Geistern nach dem Gesetz der Wahlverwandtschaften. Ein bedeutender geistiger Charakter »empfängt« seine Erziehung nicht. Er findet seine Lehrer, wie er von ihnen gefunden wird, sucht seine Bildner, wie er von ihnen heimgesucht wird; und Schiller war ein Kantianer, ehe er noch eine Zeile von Kant gelesen hatte, und blieb auch dann noch einer, als ihm sein Umgang mit Goethe die Augen dafür öffnete, wie unbekömmlich diese Philosophie dem Dichter sein mochte. Gewiß, zu Zeiten wollte es scheinen, daß er sich Goethes Abneigung gegen alle Transzendentalspekulationen ganz zu eigen gemacht hatte. Dann sprach fast Goethes Stimme aus ihm, wie etwa in jenem Brief an Goethe (20. Januar 1802), in welchem er, verärgert durch eine Kritik, die ein Schüler Schellings an der *Jungfrau von Orleans* geübt hatte, beklagt, wie ratlos der transzendental abstrahierende Verstand im Angesicht eines besonderen Kunstwerks sei: »Aber es ist mir dabei sehr fühlbar geworden, daß von der transzendentalen Philosophie zu dem wirklichen Faktum noch eine Brücke fehlt, indem die Prinzipien der Einen gegen das Wirkliche eines gegebenen Falles sich gar sonderbar ausnehmen und ihn entweder vernichten oder dadurch vernichtet werden.« Nur die »noch fehlende Brücke« läßt erkennen, daß nicht Goethe selbst diesen Satz geschrieben hat. Keinen Zweifel aber kann es über die Autorschaft des folgenden geben: »Man sieht aber daraus, daß die Philosophie und die Kunst sich noch gar nicht ergriffen und wechselseitig durchdrungen haben, und vermißt mehr als jemals ein Organon, wodurch beide vermittelt werden können.« Goethe wußte nichts von solchem Bedauern. Er teilte die Erwartung nicht, daß es je zu einer solchen, für beide Disziplinen ersprießlichen Vereinigung von Philosophie und Kunst kommen könnte – eine Erwartung übrigens, die nicht nur von Schiller gehegt, sondern auch und vor allem von Friedrich Schlegel und den frühen Romantikern unentwegt genährt wurde; auch hoffte Goethe auf keinen Brückenbau, der den Landen auf beiden Seiten neue Reichtümer brächte. Schiller jedoch, der Kantianer und Dichter, glaubte, eine Brücke würde dem gegenwärtigen Mißstand abhelfen, daß »das Allgemeingesagte hohl und leer und das Besondere platt und unbedeutend ausfällt«.

Am 23. August 1794 schrieb Schiller seinen ersten ganz persönlichen Brief an Goethe. Damit überwand er die von Goethe bisher geübte Zurückhaltung und überzeugte den Älteren, daß er an Schiller einen verständnisvollen Freund haben könnte, der ihm die Bürde der geistigen Einsamkeit, an der er seit seiner Rückkehr aus Italien litt, zu tragen helfen würde. War es ja gerade die Mühsal der dichterischen Existenz, von welcher dieser Brief sprach: Dichter sein zu müssen in einem Klima des Geistes, dem es an der Wärme gebricht von der Sonne Homers, und alles von innen heraus und »durch Nachhilfe der Denkkraft« zu erschaffen, was die Griechen einst auf den täglichen Wegen des Geistes fanden – die Gegenstände, die Formen und das Aroma der Poesie.

Muß aber diese beschwerliche Nötigung, in der nordischen Öde die Gärten zu entwerfen, zu bepflanzen und zu pflegen, nach deren ruhiger Betrachtung es den dichterischen Geist verlangt, die Schaffenskräfte nicht verzehren? Welch eine Plage für den Dichter, daß er mit einer Idee der Kunst anstatt mit ihrer lebendigen Anschauung beginnen und die zarten Gebilde der Eingebung mit den gröberen Stützen der Reflexion befestigen muß! »Aber diese logische Richtung, welche der Geist bei der Reflexion zu nehmen genötigt ist, verträgt sich nicht wohl mit der ästhetischen, durch welche allein er bildet.« So schrieb Schiller und fügte hinzu: »Sie haben also eine Arbeit mehr; denn so wie Sie von der Anschauung zur Abstraktion übergingen, so mußten Sie nun rückwärts Begriffe wieder in Intuitionen umwandeln, und Gedanken in Gefühle verwandeln, weil nur durch diese das Genie hervorbringen kann.« Es liegt zu Tage, daß die Diagnose für Goethe nicht stimmt; jedoch stimmt sie genau für Schiller selbst. Daß dem so war, ahnte Schiller. Er endigte, was er »eine Abhandlung« nannte, mit der Bitte ». . . und sollten Sie Ihr Bild in diesem Spiegel nicht erkennen, so bitte ich sehr, fliehen Sie ihn darum nicht«; und was der Spiegel zeigte, wurde bald darauf in Schillers größtem Beitrag zur ästhetischen Philosophie, im Essay »Über naive und sentimentalische Dichtung«, zum Bild des »sentimentalischen« Dichters, also von Schillers eigenem dichterischen Wesen, im Gegensatz zum »naiven« Dichter Goethe.

Die erkennbare Welt, wie Kant, der große Landvermesser der Erkenntnis, sie bestimmte, ist solcher Art, daß die Wissenschaft sich darin des sichersten Bürgerrechts erfreut. Der Kunst aber ergeht es dort leicht nach der Art eines verdächtigen Zugereisten, der im Sold einer fremden Macht stehen mag. Vermittlerin des Unvermittelbaren, Zuträgerin des Unzuträglichen, scheint die Kunst die von Kant erbauten Festungen der puren Immanenz zu bedrohen, indem sie im streng auf sich gestellten Reich der sinnlichen Wahrnehmung geheime Beziehungen zur Transzendenz unterhält. Aber solche ausschweifenden Grenzübergänge erlaubte Kant bedenkenlos allein dem sittlichen Sinn. Mit dem ästhetischen Sinn hatte er seine Müh und Not; nach vielem Hin und Her des Verhandelns und Erwägens mußte dieser sich mit häuslicheren Aufgaben begnügen. So wenigstens verstanden manche Künstler, was Kant lehrte.

So verstanden war es eine Philosophie, die wie ein Frostwind über die künstlerische Imagination strich. Denn was sollte dieser die Welt der Phänomene, wenn sie in ihrer Sichtbarkeit nicht das Geheimnis einer unendlichen Schöpferkraft symbolisch offenbarte? Sie wurde zu einer Versammlung von kalten Petrefakten. Kleist zum Beispiel verzweifelte, als er Kant studierte, und Goethe empfand diese Gefangensetzung der Erkenntnis durch die restriktiven Kategorien des Verstehens als einen Willkürakt und eine Behelligung. Wenn er auch manchmal sehr freundlich über Kant sprach, runzelte er doch meistens die Stirn über seine Philosophie. Das Kant'sche System hielt er sich allezeit zehn Schritt vom Geist. Was sollte ihm auch diese Veranstaltung einer profunden Intelligenz – einer so profunden, daß die kritische Nüchternheit an ihr zur Genialität wurde? Es lief ja dabei doch alles darauf hinaus, daß das »offenbare Geheimnis« sich zum intellektuellen Problem verdunkelte und alle tragische Schuld in moralischer Währung abstattbar wurde. Keiner beschrieb so philosophisch genau wie Kant die Verlegenheit der Religion sowohl wie der Kunst in der neuen Zeit. Goethe aber war nicht verlegen. Verlegen war nur der »sentimentalische« Dichter; und dieser hörte auf Kant.

Doch fand er auch Grund zum Widerspruch; widersprach er aber, so tat er es in der Sprache Kants. Vor allem war es Kants Begriff vom Wesen der Schönheit, der ihm nicht behagte. Es mißfiel dem Künstler in ihm, daß das ästhetische Vermögen dem sittlichen nicht ebenbürtig sein sollte in seinen Beziehungen zur Freiheit und zum Absoluten. Ist es wirklich unmöglich, fragte Schiller, die Schönheit aus dem Netz der Immanenz zu befreien und vor der Willkür des subjektiven Geschmacksurteils zu bewahren? Im Winter des Jahres 1792 verkündete Schiller seinem Freund Gottfried Körner, daß er den »objektiven Begriff des Schönen, der *eo ipso* auch zu einem objektiven Grundsatz des Geschmacks qualifiziert, und an welchem Kant verzweifelt«, gefunden zu haben glaubte[1]. Das Werk, in welchem er diese philosophische Entdeckung darzustellen gedachte (»Kallias, oder über die Schönheit«), blieb ungeschrieben. Eine Reihe von Briefen an Körner aber enthalten den Entwurf dazu. Dieser Entwurf läßt vermuten, daß der »objektive Begriff« des Schönen am Ende doch im Subjektiv-Psychologischen stecken geblieben wäre, obgleich Schiller sich vorgesetzt hatte, ihn über alle bloße »Erfahrung« zu erheben, wo er nach Kant »unvermeidlich« verharren mußte. Mit der Begründung des »Jenseits der Erfahrung«, des Reichs der absoluten Freiheit, wo das Schöne angesiedelt werden sollte, wollte es auch Schiller so recht nicht gelingen. Es wäre wohl beim *Schein* der Freiheit geblieben, mit dem das vollkommen Schöne den Betrachter also bezaubert, daß er zu glauben bereit ist, es sei über alle Bedingungen, Ursachen und subjektiven Fähigkeiten erhaben, die es hervorgebracht haben, und daher frei und nur durch sich selbst bestimmt[2].

In einem der Kallias-Briefe (23. Februar 1793) verweist Schiller auf eine Stelle in Kants *Kritik der Urteilskraft,* die er zwar ihrer »ungemeinen Fruchtbarkeit« wegen rühmt, sie aber doch erst durch seine eigene Theorie so recht befestigen will. Natur, so heißt es bei Kant an jener Stelle, ist schön, wenn sie aussieht wie Kunst; Kunst ist schön, wenn sie aussieht wie Natur. Es leuchtet Schiller ein, daß Natur und Kunst sich so zueinander verhalten. Daher müßte auch die Natur, insofern sie schön ist, wie die Kunst, der es Schiller ja gerade beim Absoluten einzurichten versuchte, an diesem und seiner Freiheit teilhaben und nicht, wie es Kants Meinung war, unter allen ihren Aspekten im unerbittlichen Dienst der Kausalität stehen. Was aber ist schön in der Natur? Jene Pappel zum Beispiel, die Schiller an diesem Punkt dem Grund des Absoluten einpflanzt. Wie sie, *scheinbar* frei von der Last ihrer Erdenschwere, ihre Idee erfüllt, indem sie in aufrechter Schlankheit gegen den Himmel wächst, und wie sie, vom Wind dahin gebeugt und dorthin, doch ihre Freiheit verkündigt im Rhythmus des stets zu der ihr eigenen Form zurückkehrenden Schwankens! Räumt auf diese Weise Schiller dem Schönen der *unfreien* Natur eine kleine Parzelle im Land von Kants transzendentaler Freiheit ein, so erlaubt er andererseits den *freien* Schöpfungen der Kunst ihre gehorsame *Bindung* an Regeln und Gesetze, die jedoch ihrer Freiheit nicht abträglich sind, weil sie aus dem Wesen der Kunst selbst hervorgehen. Dergestalt ist für Schiller das Schöne ganz in die Nähe des Sittlichen gerückt, der einzigen Gabe des Menschen, die ihm nach Kant vom Absoluten beschert ist und ihn dem Absoluten verbindet. Daher ist es von großer Folgerichtigkeit, daß »Kallias«, das Werk, welches vom Schönen allein handeln sollte, Fragment blieb, während Schiller in den folgenden Jahren (1793–95) eine Reihe von Essays beendigte (»Über Anmut und Würde«, »Über das Pathetische«, »Über das Erhabene«, »Über die ästhetische Erziehung des Menschen«), in welchen die ästhetische Frage mit der sittlichen unlösbar verquickt ist.

Sollte jedoch den Anstrengungen des Schönen, die Grenzen, die Kant gezogen hatte, zu transzendieren, auch nur einiger Erfolg beschieden sein, so mußte zuerst die kriegerische Natur seiner Ethik gemildert werden. Denn wie ernst Kant die Trennung des Natürlichen vom Absoluten nahm, zeigt sich an den Hindernissen, welche er seinem einzigen legitimen Botengänger von der einen Sphäre zur andern in den Weg legte: der *sittliche* Mensch mußte sich mit jedem erdenklichen Sieg über die »natürliche Neigung« ausweisen, ehe er die Grenze passieren durfte. War nicht die Kunst zu sanftmütig, zu sehr ins Natürliche verliebt, um es mit einer so »unnatürlichen« Ethik aufzunehmen? Und mußte sich nicht die Idee der Schönheit selbst beleidigt fühlen durch den Anblick einer Sittlichkeit, die unentwegt die Fäuste ballt? Solche Fragen ergaben sich für Schiller aus seiner Lektüre und seinem Verständnis Kants. Eine moralische Handlung, schrieb er an Körner (19. Februar 1793), kann »niemals schön sein, wenn wir der Operation zusehen, wodurch sie der Sinnlichkeit abgeängstigt wird«. Also strebte Schiller eine Versöhnung zwischen Kants zwei Unversöhnlichen an, zwischen Pflicht und natürlicher Neigung, und fand diese beiden aufs glücklichste vereinigt in der »schönen Seele«, deren »natürliche« Impulse von solcher Reinheit sind, daß sie in müheloser Ursprünglichkeit sich auf das sittlich Gute richten. Theologisch betrachtet ist die schöne Seele eine Seele, die im Stand der Gnade lebt.

Man hat viel darüber spekuliert und nachgeforscht, wie weit Schillers Begriff der schönen Seele von Shaftesbury's moralischem »Virtuoso« bestimmt ist, oder wie er sich zu dem Renaissance-Ideal der ästhetischen Zivilität verhält, von welchem Castiglione in *Il Cortegiano* handelt. Das sind müßige Fragen. Denn es liegt in der Natur von Schillers Geist, daß weder Castiglione noch Shaftesbury viel über ihn vermochten – gewiß nicht so viel wie Kant. Denn ließ sich Schiller in seinem Essay »Über Anmut und Würde« auch die Friedensstiftung zwischen dem Ästhetischen und dem Ethischen angelegen sein, so ist doch sein Denken dann erst so recht in seinem Element, wenn es mit dem kurzlebigen Frieden, der offenbar nur für das anmutige Mittelmaß der inneren Erfahrung gilt, wieder zu Ende geht und die Seele den äußersten Grad ihrer Freiheit und Würde erringt, indem sie im Triumph über die Notwendigkeit ihre eigene tragische Niederlage frei auf sich nimmt. Dies ist Schillers Theodizee, sein Buch Hiob; und es war dieser Essay, der Goethe so arg verstimmte, daß er beschloß, Schiller aus dem Weg zu gehen[3]. Ein freundliches Schicksal wollte es, daß es bei diesem Entschluß nicht blieb. Jedoch ist es aufschlußreich, daß Goethe sogar im Schiller der schönen Seele den starren Moralisten zu erkennen glaubte, dem jedes intime Verständnis für die Eigenart seines eigenen künstlerischen Schaffens abgehen mußte.

Wie also kam es, daß er sich später so eng mit Schiller befreundete und dieser Freundschaft so viele belebende Anregungen verdankte? Das »glückliche Ereignis«, wie er es einmal nannte – und bemerkenswerterweise wurde es nicht von der Kunst-, sondern der Naturbetrachtung veranlaßt – war wohl dem »redlichen und so seltenen Ernst« zuzuschreiben, für welchen er Schiller in einem seiner frühesten Briefe pries (27. August 1794), dann der Freiheit und hohen Intelligenz von Schillers kritischem Urteil, und schließlich wohl auch seiner oft erstaunlichen Anpassungsfähigkeit im Umgang mit Goethes überlegener Künstlernatur. So stark wirkte diese Freundschaft auf Schiller ein, daß es ihm einmal gelang, ein Drama hervorzubringen, dem kaum einer der üblichen Schiller'schen Makel anhaftet, und welches mehr als alle übrigen seinen großen Ruf in der Geschichte des Dramas rechtfertigt: *Wallenstein*. Bedenkt man, wie indigniert er einstmals von der artistischen Kälte und Distanziertheit sprach, die Goethe seinem jeweiligen Stoff gegenüber bewahrt, so sind Schillers Berichte über seine Arbeit am *Wallenstein* von großer Ironie. Denn was ihn an Goethe beleidigte, ist nun ganz seine Art: »In Rücksicht auf den Geist, in welchem ich arbeite, werden Sie wahrscheinlich mit mir zufrieden sein«, schreibt er am 28. November 1796 an Goethe. »Es will mir ganz gut gelingen, meinen Stoff außer mir zu halten und nur den Gegenstand zu geben. Beinahe möchte ich sagen, das Sujet interessiert mich gar nicht, und ich habe nie eine solche Kälte für meinen Gegenstand mit einer solchen Wärme für die Arbeit in mir vereinigt. Den Hauptcharakter, sowie die meisten Nebencharaktere, traktiere ich wirklich bis jetzt mit der reinen Liebe des Künstlers . . .«

Schritt für Schritt läßt sich im Briefwechsel der beiden verfolgen, wie die ästhetischen Ideen Schillers sich wandeln und allmählich in die nächste Nähe der Goethe'schen geraten. Einsicht und bewundernde Anerkennung sind hier am Werk, aber wohl auch ein Quäntchen jener fast unbewußten Diplomatie, ohne welche die Liebe zum Natürlich-Überlegenen nun einmal ihr Auskommen nicht findet. Aber auch dann noch macht sich bei Goethe von Zeit zu Zeit eine gewisse Ungeduld bemerkbar – das leise Unbehagen, welches »des Lebens goldener Baum« vielleicht empfindet, wenn die graue Theorie sich an seinen Ästen zu schaffen macht. Was Eckermann (am 23. März 1829) von Goethe gehört haben will, ist gewiß wahr: Schiller »war so wie alle Menschen, die zu sehr von der Idee ausgehen. Auch hatte er keine Ruhe und konnte nie fertig werden, wie Sie an den Briefen über den *Wilhelm Meister* sehen, den er bald so und bald anders haben will. Ich hatte nur immer zu tun, daß ich feststand und seine wie meine Sachen von solchen Einflüssen frei hielt und schützte.«

Im Briefwechsel vorgerückten Datums gibt es einen Austausch von Meinungen (27. März – 6. April 1801), der nahe daran ist, zur Vertauschung zu werden. Was Schiller da über den poetischen Schaffensprozeß sagt, ist unverkennbar Goethe'schen Gepräges und nimmt dazu auch noch T. S. Eliots Begriff des *»objektive correlative«* vorweg. Der Dichter, heißt es hier, fängt »mit dem Bewußtlosen« an, mit einer »dunklen, aber allmächtigen Totalidee, die allem Technischen vorhergeht«, und ohne welche »kein poetisches Werk entstehen« kann; und die dichterische Arbeit muß darauf abzielen, »jenes Bewußtlose aussprechen und mitteilen zu können, d. h. es in ein Objekt überzutragen . . .«. Und mit der Unschuldsmiene, die vermutlich Adam und Eva aufsetzten, als sie nach der Mahlzeit vom Baum der Erkenntnis sich vor dem Herrn im Gebüsch des Gartens verbargen, fährt der Kantianer und Autor der höchstgradig transzendentalen ethisch-ästhetischen Essays fort: »Man hat in den letzten

Jahren über dem Bestreben, der Poesie einen höheren Grad zu geben, ihren Begriff verwirrt.« Der Herr aber verstand keinen Spaß, und Goethe antwortete: »Was die Fragen betrifft, die Ihr letzter Brief enthält, bin ich nicht allein Ihrer Meinung, sondern ich gehe noch weiter. Ich glaube, daß alles, was das Genie als Genie tut, unbewußt geschehe ... Was die großen Anforderungen betrifft, die man jetzt an den Dichter macht, so glaube auch ich, daß sie nicht leicht einen Dichter hervorbringen werden. Die Dichtkunst verlangt im Subjekt, das sie ausüben soll, eine gewisse gutmütige, ins Reale verliebte Beschränktheit, hinter welcher das Absolute verborgen liegt. Die Forderungen von oben herein zerstören jenen unschuldigen produktiven Zustand und setzen, für lauter Poesie, an die Stelle der Poesie, etwas, das nun ein für allemal nicht Poesie ist, wie wir in unseren Tagen leider gewahr werden ... Dies ist mein Glaubensbekenntnis, welches übrigens keine weiteren Ansprüche macht.«

Und Adam, der Apfel- und Erkenntnisdieb, ist gerichtet. Denn es gibt keinen Urteilsspruch über Schillers »sentimentalische« Dichtersünden, der so klar und entschieden ist wie dieser, obgleich es unter Beichtvätern der Brauch nicht sein sollte, den Sündern später so energisch vorzuhalten, was sie früher einmal selbst treuherzig gebeichtet haben. Etliche Jahre vorher, am 31. April 1794, hatte nämlich Schiller an Goethe geschrieben: »Sie bestreben sich, Ihre große Ideenwelt zu simplifizieren, ich suche Varietät für meine kleinen Besitzungen. Sie haben ein Königreich zu regieren, ich nur eine etwas zahlreiche Familie von Begriffen, die ich herzlich gern zu einer kleinen Welt erweitern möchte ... Dies ist es, was mir, besonders in früheren Jahren, sowohl auf dem Felde der Spekulation als der Dichtkunst ein ziemlich linkisches

Aussehen gegeben; denn gewöhnlich übereilte mich der Poet, wo ich philosophieren sollte, und der philosophische Geist, wo ich dichten wollte.«

Die Versuchung ist beträchtlich, unehrerbietig zu fragen, wie Schiller, der nach der Veranlagung seines Geistes das am wenigsten »natürliche« dichterische Genie unter den Berühmten ist, überhaupt zum Dichter wurde; und nicht geringer ist die Versuchung, frivol zu antworten: Weil er nicht Geistlicher werden durfte. Hätte der damalige Herzog von Württemberg sich nicht angemaßt, besser als die Eltern zu wissen, welche Art von Erziehung den Kindern seiner Untertanen frommte, so wäre Schiller, wie er selbst und sein vom herzoglichen Wohlwollen abhängiger Vater es wollten, in einem theologischen Seminar erzogen worden. Da der Herzog anders entschied, machte der junge Mann die Bühne zu seiner Kanzel und die ästhetische Spekulation zu seiner Theologie. Schon der Knabe warf sich die schwarze Schürze seiner Schwester wie einen Talar um, kletterte auf einen Stuhl und predigte; oder er bestieg einen Hügel nahe dem Haus, von welchem er mit unvergeßlich »poetisch-prophetischer Emphase« das eine Dorf segnete und das andere verfluchte[4]. Und mit nicht weniger unvergeßlich poetisch-prophetischer Emphase schrieb der Jüngling sein erstes Drama, *Die Räuber* – sozusagen unter der Bank und hinter dem Rücken der Hüter einer politisch-rigorosen Schuldisziplin. Sein Held war die Güte selber, die von einer nichtswürdigen Gesellschaft in die Sünde, ins Verbrechen und in die Sühne getrieben wird.

Das Thema war gestellt – ein für allemal. Es blieb dabei, gleichviel ob es anfangs in »Shakespeare'scher« Prosa (der manchmal komischen, manchmal pathetischen, und nur selten fruchtbaren Manier, in welcher der deutsche »Sturm und Drang« Shakespeare huldigte) abgehandelt wurde, oder später in den jambischen Gipsabgüssen antiker Marmorbilder (der gravitätischen Imitation des griechischen Altertums, verfertigt in einer monumentalen Freimaurerei). Denn so gut wie alle Dramen Schillers kreisen um Rebellion, Kabale, Verschwörung, die unwiderstehliche und korrumpierende Faszination der Macht, das verfehlte Planen einer hohen Sendung und die sittliche Ambiguität der bedeutenden Tat. Solchen Erregtheiten des Geistes verdankt Schiller seine starken Bühnenwirkungen, und was seinen Geist bewegt, ist mehr der Handlung einverleibt als der den feineren Schwingungen und subtileren Nuancen der Seele ungefügigen Sprache.

Schillers dramatische Kraft, so sagt man gern, ist derjenigen Goethes deshalb überlegen, weil er die »Objektivität« besitze, deren Goethe in seinem Hang zu autobiographischer »Konfession« unfähig ist. Dies aber ist ein Mißverständnis, welches sich daraus erklärt, daß Schillers wahre Biographie allein in seinem Inneren aufgezeichnet ist; in den Umständen und Ereignissen seines Lebens hat dieses kaum seine objektive Entsprechung gefunden. Schillers Biographie ist die eines großen Moralisten, der in die Kunst verschlagen wurde. So erzielt er denn seine Effekte auf dem Theater, indem er – ganz gegen den äußeren Anschein seiner Verse, denen es, wie gesagt, an jeglicher intim-persönlichen Modulation gebricht – seinen innersten Zwiespalt in Bühnenhandlung umsetzt: den Konflikt zwischen dem Moralisten, den es nach makelloser sittlicher Reinheit verlangt, und dem ästhetischen »Machtpolitiker«, der sich, hingegeben an den »Stofftrieb« sowohl wie den »Formtrieb« – des Künstlers Willen zur Herrschaft über die Welt – mit dem sittlichen Ideal zerwirft. Schon sein *Fiesco* übersetzt dieses innere Zerwürfnis in hochdramatische Haupt- und Staatsaktion, und wie erst sein *Wallenstein* und seine *Maria Stuart*, ganz zu schweigen vom *Wilhelm Tell*, wo die Debatte zwischen Macht und Güte, Mord und erhabenem Edelsinn das Drama einmal fast versickern läßt in dialektischer Gesprächigkeit. Das Fragment *Perkin Warbeck* kündigt denselben Widerstreit an, der seinen Höhepunkt in jenem Drama zu erreichen versprach, welches, hätte Schiller lange genug gelebt, um es zu vollenden, vielleicht sein größtes geworden wäre: *Demetrius*. Dort hätte der Held, der in seinem vermeintlich redlichen Anspruch auf den Thron sich wie ein russischer Richmond gebärdet, inmitten seiner kriegerischen Veranstaltungen, dem Recht zum Siege zu verhelfen, plötzlich erfahren, daß er selbst ein Usurpator ist – und hätte den Mann getötet, der ihm das finstere Geheimnis seiner Illegitimität enthüllte. Das Motiv des Mords aber wäre nicht die Angst gewesen, daß die schlimme Kunde allgemein bekannt würde, sondern das perverse Verlangen, die Lüge seines Daseins aus der Welt zu schaffen. »Du hast mir das Herz meines Lebens durchbohrt, du hast mir den Glauben an mich selbst entrissen ... Ich und die Wahrheit sind geschieden auf ewig!«[5]: mit solchen Worten hätte Demetrius, nach Schillers vorbereitenden Aufzeichnungen, zu dem Verkünder seines Unheils gesprochen, ehe er ihn tötete. So redet ein radikaler Moralist, der zugleich dem Willen zur Macht verfallen ist, und so könnte, täte er es weniger dramatisch, einer reden, der die reine Ethik will und doch auch zugleich die Beherrschung von Menschenseelen durch den ästhetischen Zauber des Theaters.

Mit den folgenden Worten beschreibt Schiller den

Charakter, den er seinem Demetrius geben wollte: »Auch das zwitterartige seiner Person, daß er ein Mönch erzogen, und doch von ritterlicher Natur ist, daß er selbst an den Gelehrten von der einen Seite, von der anderen an den Avanturier anstreift, kurz, das barocke, rätselhafte, wunderbare, seines Wesens muß fühlbar gemacht werden.«[6] Man stelle sich solch ein Wesen vor, welches manche der auffallendsten Züge jenes Selbstporträts zeigt, mit welchem Deutschland in nicht allzu weit zurückliegenden Zeiten seine historische Individualität gemalt hat, und man rücke es ins Licht von Schillers Scheinwerfer-Rhetorik; auch schärfe man seinen Blick, daß er in dieser grellen Beleuchtung auch noch der kleinen Lichter gewahr werde, mit denen der deutsche Michel seinen Weg zur Macht in der Welt zu erhellen suchte; und schließlich habe man die feine Nase, im Parfum der heroischen Schminke, das ein entzücktes deutsches Publikum einstmals den Schiller'schen Versen abroch, den dann und wann anheimelnd sich einmengenden Dufthauch aus Kleinbürgerküchen zu erschnuppern – und man begreift die grenzenlose Popularität, deren sich der mißverstandene Schiller bei den Deutschen des neunzehnten Jahrhunderts erfreute. Wie fatal, daß das Werk dieses edlen Rhetorikers, dieses unermüdlichen Sittenhüters des deutschen Theaters und »ästhetischen Erziehers« der Menschen, des »Cherubs mit dem Keim des Abfalls« (wie Jean Paul ihn sah)[7], zum heroischen Vademecum des kleinen deutschen Studienrats wurde. Gewiß, wie fatal und wie sehr gegen alle Intentionen Schillers; aber dennoch nicht ganz ohne sein unschuldiges Zutun! Nein, seine »Meinungen« trugen nichts dazu bei, und nichts seine »Ideen«, die sich in ihrer demokratischen Liberalität und ihrem humanitären Idealismus so sehr von denjenigen Nietzsches unterscheiden, dem späteren großen Mißbrauchten Deutschlands. Schuld aber hatte seine verwirrte und verwirrende poetische Sensibilität, die »zwitterartige«, halb »Mönch« und halb »Avanturier«, deren Widersprüche vom sittlichen Enthusiasmus nicht aufgelöst, sondern nur rhetorisch übertönt wurden.

Diese Sensibilität und die aus ihr entspringende Sprache war es, der es – ganz und gar gegen den Willen des Dichters – bestimmt war, der Mediokrität die pathetische Großsprecherei beizubringen, und der verunreinigten Geistigkeit die ausladenden Gesten der Macht. Die schlimmsten Schmierenkomödianten der politischen Bühne stahlen seinem moralischen Repertoire ihre dummdreisten Rollen, und die Lautsprecher des öffentlichen Geschmacks vertonten den Stimmklang des unmusikalischsten aller Dichter zum Trompetengeschmetter, das die Stadt- und Dorftrottel in Rauschzustände von Selbstbewußtsein versetzte. Es ist gewiß von tragischer Ironie, daß dieser edelgesinnte und hochgestimmte Idealist in der zweiten Hälfte des neunzehnten Jahrhunderts von einem mäßigen Realisten beschuldigt werden konnte, er habe den sittlichen und geschichtlichen Sinn seiner Nation verdorben. »Wie sollen wir Deutschen«, schrieb Otto Ludwig, »zu Moral und zum rechten Verständnis der Geschichte kommen, wenn das moralische Gefühl von unserem Lieblingsdichter so verwirrt, die Geschichte uns mit so falschem Idealismus aufgestutzt und sentimentalisiert wird?«[8]

Auch Nietzsche, der Schiller auf die Liste seiner »Unmöglichen« setzte und ihn den »Moral-Trompeter von Säckingen« nannte[9], hatte einen Sinn für die mißlichen Folgen, die Schillers Erbschaft in der politischen Geschichte der Deutschen zeitigte: Goethe, sagte er, ist für die meisten »nichts als eine Fanfare der Eitelkeit, welche man von Zeit zu Zeit über die deutsche Grenze hinüberbläst. Goethe, nicht nur ein guter und großer Mensch, sondern eine *Kultur* – Goethe ist in der Geschichte der Deutschen ein Zwischenfall ohne Folgen: wer wäre imstande, in der deutschen Politik der letzten siebenzig Jahre zum Beispiel ein Stück Goethe aufzuzeigen (während jedenfalls dabei ein Stück Schiller ... tätig gewesen ist)«[10].

2

Die einzige Epoche, in welcher Deutschland mächtig auf die englische Literatur einwirkte, kam auf ihren Höhepunkt, als im November des Jahres 1794 der junge Coleridge nächtlicherweile in seinem Zimmer im Jesus College von Cambridge saß und eine Übersetzung von Schillers erstem Drama, den *Räubern*, las. Mitten in der Lektüre brach er, von Emotion überwältigt, ab und schrieb an seinen Freund Southey: »Mein Gott, Southey, wer ist dieser Schiller, dieser Zermalmer des Herzens? ... Ich zittere wie Espenlaub! Meiner Seel', ich schreibe Dir, weil ich mich fürchte ... Warum haben wir Milton je erhaben genannt?« * [11]

»Wer ist dieser Schiller?« Die deutschen Archive haben seither ihr Emsig-Bestes getan, um Coleridges Frage zu beantworten: Schillers Leben liegt so offen zutage, wie nur irgendeines, das je in Unsterblichkeit und

* Coleridge ließ sich von dieser Lektüre auch zu einem Sonett inspirieren: »To the author of the *Robbers*«, das mit den Worten beginnt: »Ah Bard tremendous in sublimity!«

Literaturwissenschaft bestattet wurde. Auch seine Interpreten haben ihn, alle Bedenken der Sparsamkeit in den Wind schlagend, so verschwenderisch bedacht, als hätten sie ihr Stichwort von dem gutmütigen Geständnis bezogen, das er einmal zu Goethe machte: »Ich lasse meine Personen viel sprechen, sich mit einer gewissen Breite herauslassen«[12]. Und trotzdem ist »Wer ist dieser Schiller?« eine Frage, die so unbeantwortet ist, wie sie es in jener Nacht in Jesus College war. Als Schiller in seinem sechsundvierzigsten Jahr starb, ließ dieser Medicus, Dichter, Dramatiker, ästhetische Philosoph und Geschichtsschreiber ein Werk von beträchtlichen Ausmaßen zurück. An Mitteilung und Äußerung fehlte es kaum, und dennoch kennen wir ihn nicht.

Manches läßt sich darüber sagen, wie schwer es ist, einen anderen Menschen und Geist zu kennen; und viel mehr, als sich sagen läßt, wurde über die Unmöglichkeit geschrieben, das Wesen eines Genies zu begreifen. In Goethes Fall etwa zeigt sich die Finesse und der Takt eines Geistes, der forschend in den Spuren seines Genius geht, daran, ob er am Ende die ungreifbare Schranke respektiert, die sein innerstes Geheimnis vor unserer entzündeten Neugier beschützt. Verglichen mit Goethe, hat Schiller keine Geheimnisse vor uns. Sonderbar, sehr sonderbar, daß wir trotzdem mit Goethes verschleierter Entrücktheit oder mit Kleists schöpferisch-pathologischer Phantasie, ja selbst mit Hölderlins luminoser Dunkelheit vertrauter sind als mit Schillers unproblematischer Ausgesprochenheit. Sind wir nicht so versierte Gedankenleser der perplexen Seele, des vielsträhnigen Geists, der zwei- und siebendeutigen poetischen Sprache, der symbolglühenden Holzköhlerei des Unbewußten geworden, daß wir ratlos vor dem klar Verständlichen stehen? Oder genauer: vor dem, was klar verständlich sein müßte, wenn unser Verständnis noch imstande wäre, unserer idealistisch-humanistischen Überlieferung und ihren luziden Begriffen von Sinn, Tugend und Laster mit loyalem Ernst zu begegnen? Schiller ist eine Verlegenheit für uns, weil ihn in seiner Zeit und an seinem Ort diese Tradition nicht im geringsten verlegen machte. Er allein ist dieser Tradition vollkommenes dichterisches Genie: das Genie der Wörtlichkeit. Für ihn ist der Sinn aller Dinge von den Verfügungen unserer Sprache ein für allemal festgelegt. Er nimmt die Welt beim Wort. Daher ist er oft konfus, aber niemals mehrdeutig. Wenn er für das Theater schreibt, ist er skrupellos theatralisch; wenn er glaubt, daß er etwas zu lehren hat, ist er rücksichtslos didaktisch; und ohne die geringste Hemmung ist er rhetorisch, wenn es gilt, einer Bühnenfigur eine Rede in den Mund zu legen. Nein, er ist ganz gewiß kein »moderner« Dichter. Er ist der einzige unter seinen bedeutenden Zeitgenossen, in dessen Dichtung sich mit erstaunlicher Integrität der Glaube spiegelt, daß Sinn und Reim Attribute der Welt selber sind, und nicht die Beute nur der schöpferischen Phantasie, nicht das seltene Wild, das sie auf ihren Jagdzügen ins noch Unversuchte erlegt, jenseits des allgemeinen Bewußtseins und der verläßlichen Sprachbedeutung. Wenn es je einen gab, so ist Schiller ein »Klassiker«.

Dieser immens intelligente Mann, der endlos über sein dichterisches Werk reflektierte und Goethe um seine spontane Schöpferkraft beneidete – eine Gabe, die er in seinem rechtens berühmtesten Essay »Naivität« nannte – war dennoch unvergleichlich »naiver« als sein älterer Freund: denn er hielt es ohne die Spur eines ironischen Lächelns oder Augenzwinkerns mit einem Universum, welches so beschaffen ist, daß es den großen, sauberen, hochklingenden Substantiven unserer intellektuellen, moralischen und ästhetischen Geschichte eine Geltung verleiht, so fraglos und unwidersprechlich wie diejenige der Natur selbst: Freiheit und Unfreiheit; Wahrheit und Unwahrheit; Gut und Böse; Schönheit und Häßlichkeit. Er war ein Idealist in einem wörtlicheren Sinn als irgendein anderer Schriftsteller, der im Zeitalter des Idealismus schrieb, und in einem wörtlicheren Sinn groß als irgendein anderer Dichter. Goethe wußte dies, als er sagte, daß Schiller in allem und jedem, was er tat, groß war, »so groß am Teetisch, wie er es im Staatsrat gewesen sein würde« [13]. Und einmal – in seinem letzten Lebensjahr – wurde Goethe sehr böse mit Ottilie, seiner geliebten Schwiegertochter, als sie sich zu sagen unterstand, daß Schiller sie oft langweile: »Ihr seid viel zu armselig und irdisch für ihn«, war seine unwirsche Antwort [14].

Goethes ungeduldige Auskunft aber ist einigermaßen irreführend. Denn sie erlaubt die Vermutung, Schiller sei im ungestörten Besitz einer seraphischen Vision gewesen. Nein, er war von dieser Erde; er war sogar außergewöhnlich irdisch! Sein *Wallenstein* ist das einzige Drama nach Shakespeare, das von einer profunden politischen Imagination zeugt. Auch wußte er mit klinischer Genauigkeit, wie man sich dramatisch anstellen mußte, um »Herzen zu zermalmen«, und wie theatralische Rauschmittel zu dosieren waren, um selbst das hartnäckigst nüchterne Publikum mitzureißen. Goethe überließ es ihm einmal – unstolz, aber nicht unweise –, seinen *Egmont* aufführungsgemäß herzurichten; und hatte dann seine Mühe, Schiller daran zu verhindern, die schlimmsten Untaten eines Bühnendemagogen zu begehen. Und wie er sich auf die Fabrikation häuslicher

Platitüden verstand, dieser Meister des Erhabenen! Keiner gleicht ihm an »sprichwörtlicher« Inspiration, ob diese ihm die Axt im Haus eingab, die den Zimmermann erspart, oder den guten Rat für Heiratskandidaten, einander zu prüfen, ehe sie sich ewig binden. Und doch sagte Goethe das Wahre und Rechte, als er in seinem Epilog zu Schillers »Lied von der Glocke« – dieser sonor tönenden Konstruktion aus metallischen Banalitäten – das Andenken des toten Freundes feierte, indem er ihm nachrief:

> Denn hinter ihm in wesenlosem Scheine
> Lag, was uns alle bändigt, das Gemeine.

Es ist nicht leicht, ihn zu kennen.

Er war sechzehn, als er zum ersten Mal tief verwundet wurde von einem, der ihn nicht verstand. Es geschah in jener strengen Akademie, wo er drei Jahre später *Die Räuber* schrieb – die Erfüllung seines frühreifen Ehrgeizes, »ein Buch zu machen, das aber durch den Schinder absolut verbrannt werden muß«[15]. Er war einem Mitschüler ergeben, dem Helden seiner frühesten Gedichte. Die leidenschaftliche Freundschaft kam aber bald zu Ende: der Freund kündigte ihm auf. Er fand, daß er Schiller nicht mehr glauben konnte. Sein ganzes Wesen, sagte er, sei nur »ein Gedicht«; seine Empfindungen, ob sie nun Gott, Religion oder Freundschaft betrafen, seien nur vorgegeben, nur »Phantasey, kurz alle bloß vom Dichter, nicht vom Christen, nicht vom Freund herausgequollen«. Schiller war verzweifelt; und als wollte er demonstrieren, wie wenig er das Mißtrauen des Freundes begriff, beteuerte er die Echtheit seiner Gefühle in einem Brief, strotzend von poetischem Überschwang und dramatischer Indignation[16].

War er ehrlich in seinem Herzen? Überwältigend ehrlich, und sechzehn. Und der andere Junge? War er ein kleiner Philister, und bereits in einem so natürlich romantischen Alter unfähig, Gnade walten zu lassen, wo ihm die zärtlichsten Gemütsregungen entgegenkamen? Wir wissen es nicht. Jedoch war er vielleicht nur befremdet vom wirklich Befremdlichen und ratlos vor unserem Rätsel: daß einer idealisch *fühlen* und nach den Wahrheiten der Poesie *leben* kann, und zugleich *wissen*, daß das Ideal und die Dichtung nicht die Wahrheiten des Lebens sind. Und Schiller muß ihn tief und wissend geliebt haben: denn rückblickend glaubt man zu erkennen, daß Schillers Geist damals die Ehe einging mit des Freundes argwöhnischem Geist. Scheint es doch, als sei in diesem frühen Abfall, in dieser jugendlich-traurigen Begegnung zwischen dem edlen Verlangen der Seele und ihrer Abweisung durch den Unglauben, zwischen dem »Ideal« und dem »Leben«, das Thema der nie endenden Debatte vorgebildet, die Schiller in seinen Dramen sowohl wie in seinen philosophischen Spekulationen führen sollte.

Zweierlei wußte er mit absoluter Gewißheit – einer Gewißheit, die Goethe immer wieder den Kopf schütteln ließ und die Goethe immer wieder bewunderte: Schiller wußte, was dem Menschen zu sein oblag, und wußte, daß der Mensch nicht war, was er sein sollte; und er glaubte, daß im Dialog zwischen jenem »Soll« und diesem »Nicht sein« das einzig bedeutsame Drama des menschlichen Lebens beschlossen lag; und daß es des Dramatikers Aufgabe war, diesem Drama und keinem anderen Stimme zu verleihen; und daß kein noch so genaues Wissen, was der Mensch »wirklich« war, zu großer Dichtung führen konnte, sondern nur ein Wissen, das auch und vor allem erkannte, was dem Menschen zu sein aufgegeben ist; – und für Schiller war der Geist der Poesie selber das Werkzeug solcher Erkenntnis. Aber – ja, aber – war der fraglos poetischste aller Geister der Epoche, war die Gußform von Goethes Geist von dieser Art? Ganz entschieden nicht. Und manchmal hat es sogar den Anschein, als hätte Schiller sich der Freundschaft Goethes versichern müssen, um von seinem überlegenen Anderssein nicht erdrückt zu werden. Man lese nur, was sie übereinander sagten, ehe sie Freunde wurden. Goethe war von ablehnender Distanziertheit. Er betrachtete Schillers frühen Erfolg auf dem Theater als eines der beklagenswertesten Symptome von Deutschlands Mangel an natürlicher Kultur, und sah in ihm einen ruhelosen Aufrührer, abstrusen Theoretisierer und Widersacher der Natur [17]. Schillers Teil aber war Bewunderung sowohl wie Haß. Weniger als fünf Jahre vor dem Beginn ihrer Freundschaft sagte er, Goethe erwecke in ihm »eine Empfindung, die derjenigen nicht ganz unähnlich ist, die Brutus und Cassius gegen Caesar gehabt haben müssen; ich könnte seinen Geist umbringen und ihn wieder von Herzen lieben ... An seinem Urteil liegt mir überaus viel ... Ich will ihn auch mit Lauschern umgeben ...« (Echt Schiller! Wäre er ein geringerer Künstler gewesen, so hätte er aufs erfolgreichste das Genre Detektivroman inauguriert.) Öfters um Goethe zu sein, sagte er, würde ihn gewiß unglücklich machen; denn Goethe sei »ein Egoist in ungewöhnlichem Grade«. »Ein solches Wesen sollten die Menschen nicht um sich herum aufkommen lassen.« »Ich betrachte ihn wie eine stolze Prüde, der man ein Kind machen muß, um sie vor der Welt zu demütigen!« Er gebe sich niemals selbst, habe keinen Glauben, keine Überzeugungen, und alle philosophischen Doktrinen seien ihm als unvermeidlich »subjektiv« zuwider. Kurz, Goethe war ironisch, »artistisch«, und würde sich niemals mit Schillers transzendentalen Ideen über die Kunst anfreunden[18].

Goethe tat es auch nie. Wie denn auch? Sein eigenes »Glaubensbekenntnis« als Dichter sprach er einmal, wie wir sahen, voll Ungeduld und auf eine Schiller sicherlich verletzende Weise aus; und zwar in jenem Brief, in welchem er meinte, daß die Dichtkunst vom Dichter »eine gewisse gutmütige, ins Reale verliebte Beschränktheit« verlange, und daß die »großen Anforderungen« transzendentaler Provenienz den schöpferischen Unschuldsstand nur zerstören können. Und das sagte er Schiller auf dem Höhepunkt ihrer Freundschaft[19]! Das kleine Manifest gab sich so, als knüpfte es nur an Schillers eigenen Brief an[20], aber der Eifer und der Tonfall der Endgültigkeit, die darin vernehmlich sind, kamen einer Brüskierung Schillers bedenklich nahe. Gutmütige Beschränktheit, Verliebtheit ins Reale, schöpferischer Unschuldsstand – Goethe hätte kaum anders reden müssen, wäre es auf eine Definition der Poesie angekommen, die Schiller als Dichter auf immer disqualifizierte. Es klingt fast, als hätte er Schiller sagen wollen: Gib's auf!

Es war eine Freundschaft, reich an offenbarem Gewinn und geheimen Spannungen. Gewiß, sie hielten einander in hohen Ehren, aber Goethe tat es oft mit hochgezogenen Brauen und einigem Kopfschütteln über Schillers unablässige »große Anforderungen« ans Dichten; und von seiten Schillers gab es manches diplomatische Manöver, gerade so, als käme es darauf an, das Gleichgewicht der Mächte im Bereich der deutschen Literatur zu bewahren. Freilich stimmt es, daß er in seinem Essay »Über naive und sentimentalische Dichtung« Goethes unvergleichlichem Genie huldigt; jedoch ist selbst seiner Huldigung ein Element von Machtpolitik anzumerken. Denn der »schöpferische Unschuldsstand«, die »Naivität«, die Goethes schönes Prärogativ ist, ist am Ende ja doch ein anachronistischer Segen, eine Regression in die Zeit vor dem Sündenfall, und eine Kaprize der Geschichte – ein klein wenig monströs in ihrer Einzigartigkeit. Dem sentimentalischen Dichter aber – und sein Name ist Schiller – wird reichliche Entschädigung zuteil für den Verlust seiner Ursprünglichkeit, ausgiebiges Schmerzensgeld für die Leiden seiner Bewußtheit: er wird die Zukunft erben. Hier und jetzt hat er es schwer; denn er starrt in die Kluft, die sich in der Zeit und für die Erkenntnis zwischen den »großen Anforderungen« des poetischen Ideals und dem frei fließenden Quell der Poesie aufgetan hat. Zuletzt aber wird er der Begründer einer neuen und höheren »Naivität« sein, ein Adam Herkules, der die Schlange überlisten und den Baum der Erkenntnis entwurzeln wird, um ihn wieder einzupflanzen im fruchtbareren Boden der *wissenden* Unschuld. Der Bruch zwischen dem Ideal und dem Leben, der Poesie und der Wahrheit, dem Gefühl und dem Bewußtsein wird geheilt sein, und zwar durch ihn, den verwundeten, den »sentimentalischen« Dichter. Laßt dann die Toten ihre Toten begraben; und jener Knabe von der Akademie wird endlich an Schillers bewußt poetische Empfindungen glauben. Es ist ein Ausblick von heroischem Glanz; und ist doch ein Quäntchen von sublimer Schelmerei mit im Spiel.

Vorerst aber hat der »sentimentalische« Dichter das härtere Leben. »Was ich bin, bin ich durch eine oft unnatürliche Spannung meiner Kraft«[21], sagt Schiller von sich, und nichts bereitet ihm nagenderen Kummer als die

Einsicht, »daß er das so wenig ist, was er so gern sein möchte«[22]. Es ist mit jener jungen, ungläubigen Stimme aus der Vergangenheit gesprochen – und mit der Stimme des Dramatikers, den es unwiderstehlich zu jener tragischen Enthüllung hinzieht, die ans Licht bringt, daß einer nicht war, was er zu sein glaubte, – und daß er nicht war, was er hätte sein sollen. Darin vor allem war Schiller der tragische Dichter des Idealismus. Denn die dem Idealismus stets drohende Tragödie liegt darin, daß seinen »Gewißheiten« der absolut verläßliche Grund fehlt – will sagen, die letztgültige Sanktion eines theologischen Glaubens. Daher stellt sich früher oder später die so unabweisbare wie unheilvolle Frage ein: Auf welche unbedingte Glaubenswirklichkeit gründet sich des Idealisten Idee vom Menschen? Entstammt sie dem Geist eines Weltschöpfers, welchem vollkommene Wirklichkeit eignet? Oder nur der schöpferischen Einbildungskraft des Menschen selber, dem es not tut, an sich selbst zu glauben? Ist sie wahr – oder nur »Phantasey«? Zerrinnt sie zu nichts, wenn alle blinden Illusionen schwinden und dem Menschen in tragischer Verstrickung endlich die Augen aufgehen für sich selbst? Oder wird er dann sich selbst die Wahrheit seines Ideals beweisen, indem er sich durch den Tod zu dessen Erhabenheit erhöht? Der Geist im Schwebezustand zwischen diesen zwei Extremen: dies ist der tragische Höhepunkt so manchen Dramas von Friedrich Schiller; und wenn uns der erhabene Ausgang nur selten überzeugt, und wenn Schiller nirgendwo poetischer ist als in der Desillusionierung seiner Helden – nun, er war zwar ein Idealist, aber auch ein Künstler und ein redlicher Geist.

Im *Don Carlos* etwa ist es nicht der traurige Ausgang von des Prinzen edel-konfuser Naivität, was unsere tiefste Sympathie erweckt; noch sind es Marquis de Posas liberale Manifeste; auch nicht dieses politischen Verschwörers und guten Freundes schließliche (und ein wenig forcierte) Bewerbung um den Siegeskranz der Erhabenheit. Nein, es ist König Philipp, der zum tragischen Helden des Schauspiels wird, und zwar in eben dem Augenblick, da sein Glauben an den Menschen zerbricht, an den einzigen Menschen, dem er vertraute: Marquis de Posa. Und wo findet man im *Wallenstein* das Tragische, wo fand Schiller es selbst, nachdem er, wie er sagte, sich lange mit diesem »wahrhaft undankbaren und unpoetischen Stoff«, mit diesem für den tragischen Zweck »im höchsten Grade ungeschmeidigen« Material abgequält hatte[23]? In des jungen Piccolomini Entdeckung, daß sein Ideal nicht wahr, der Mensch nicht gut, Wallenstein ein Verräter ist. Während seiner letzten Lebensjahre ließ Schiller bei der Wahl seiner Gegenstände sich immer deutlicher von der Absicht leiten, diese Verschwörung der Wirklichkeit gegen das Ideal nicht mehr bloß in der dramatischen Konfrontation zweier Charaktere darzustellen, sondern im Zerwürfnis eines Menschen mit sich selbst. Keinem seiner Stücke war er so zärtlich zugetan wie der *Jungfrau von Orleans*. Mehr als einmal beteuerte er den Freunden, daß er »mit dem ganzen Herzen dabei« sei, daß es mehr als die vorigen Werke »aus dem Herzen floß«[24]: und je näher die Jungfrau seinem Herzen rückte, desto weiter entfernte sie sich von der Historie. Denn die Tragödie der Schiller'schen Johanna vollzieht sich nicht im Feuer der Inquisition. Sie verbrennt in ihrer eigenen Hölle: sie erkennt, daß sie nicht war, was zu sein sie glaubte – daß sie nicht war, was sie hätte sein sollen. Gott, so wähnte sie, hatte sie über alle Weiblichkeit erhoben, daß sie nur Ihn liebe, seine Heiligen und sein Frankreich; aber sie war Frau geblieben und verliebte sich in einen Mann, einen Feind ihres Gottes und ihres Vaterlandes. Nicht ihre Gegner besiegten sie; in ihrer Selbsterkenntnis war ihre Niederlage.

Mochten die zwei berühmtesten Kritiker der *Jungfrau von Orleans* auch das poetisch Rechte getroffen haben, so hatten sie doch keine Ahnung von Schillers angelegentlichstem Vorhaben. Goethe, der Schiller mit einer sonderbaren Mischung von Zurückhaltung und Begeisterung zu diesem Stück gratulierte – »brav« nannte er es, und doch auch so »gut und schön, daß ich ihm nichts zu vergleichen weiß«[25] – fand sechs Jahre nachher den »Hauptfehler« des Schauspiels darin, daß sich das Mädchen sogleich ihrer Schuld *bewußt* wird, »wo sie von Lionel ihr Herz getroffen fühlt«. Erst später hätte ihr irgendein »Mißlingen« zeigen sollen, daß sie ihrer Sendung untreu geworden sei[26]. Und Hebbel ging im selben Unverständnis noch weiter als Goethe, als er in seinem Tagebuch notierte: »Johanna durfte unter keiner Bedingung über sich selbst reflektieren, sie mußte, wie eine Nachtwandlerin, mit geschlossenen Augen ihre Bahn vollenden . . .«[27]. Es ist wohl möglich, daß die *Jungfrau von Orleans* ein besseres Drama wäre, wenn Schiller diese postumen Ratschläge befolgt hätte; aber es wäre dann eben nicht Schillers Drama. Im Drama Schillers *mußte* die Heldin aus dem Stand der Unschuld in diese Selbsterkenntnis gestürzt werden. Hätte Schiller seinen letzten Dramenentwurf, *Demetrius,* ausgeführt, so wäre höchstwahrscheinlich ein größeres Drama als *Die Jungfrau von Orleans* entstanden, eine Tragödie, die noch klarer die Signatur seines Geistes getragen hätte. Befeuert vom Glauben an sich selbst und heroisch in seinem

Eifer gegen den Usurpator, wäre Demetrius, wie wir sahen, plötzlich gewahr geworden, daß auch er keinen legitimen Anspruch auf den Thron hatte, daß er selbst »der Falsche« war; und hätte den einzigen Zeugen der Wahrheit erschlagen – und seinen Feldzug bis zum unseligen Ende fortgesetzt. Jene Worte, die sein Autor ihn sprechen zu lassen gedachte – »Ich und die Wahrheit sind geschieden auf ewig!« – enthalten all die Furcht und all den Schrecken von Schillers dramatischer Inspiration. Und deren Hoffnung? In einem Brief an Wilhelm von Humboldt beschrieb er einmal seine Vision von der letzten Apotheose des Ideals: »... Alles Sterbliche ausgelöscht, lauter Licht, lauter Freiheit, lauter Vermögen, keinen Schatten, keine Schranke ... Mir schwindelt ordentlich, wenn ich an diese Aufgabe ... denke. Eine Szene im Olymp darzustellen ... Ich verzweifle nicht ganz daran, wenn mein Gemüt nur erst ganz frei und von allem Unrat der Wirklichkeit recht rein gewaschen ist; ich nehme dann meine ganze Kraft und den ganzen ätherischen Teil meiner Natur noch auf einmal zusammen, wenn er auch bei dieser Gelegenheit rein sollte aufgebraucht werden.«[28]

Erstaunlich, daß sogar schon die erste Berührung mit Schillers *Räubern* Coleridge zweifeln ließ, ob Milton ein Recht habe, erhaben genannt zu werden. Jedoch verrät selbst die Hemmungslosigkeit seines Studentenüberschwangs, daß er die Seltsamkeit von Schillers zukünftiger Größe ahnte. Was ist es, das es so schwer macht, Schiller zu kennen? Ist es die idealistische Manier seines Strebens nach dem Erhabenen? Oder nur der unselige Abstand zwischen seinem Erhabenen und unserem Gemeinen, das weiter denn je davon entfernt ist, sich zu wesenlosem Scheine zu verflüchtigen? Dies ist der einleuchtendere Grund; denn nichts, rein nichts, hat sich ereignet, was dazu angetan wäre, jene Distanz zu verringern, seit Goethe dem Freund sein berühmtes Lebewohl entbot.

III

Die romantische Erwartung

Im Jahre 1959 veranstaltete die Tate-Gallerie in London eine Ausstellung von Gemälden, die ein Panorama der »romantischen Bewegung« geben sollte. Nahezu vierhundert Bilder waren da zu sehen, gemalt von Blake, Corot, Delacroix, Géricault, Stubb, Turner, Runge und Friedrich, ganz zu schweigen von einigen Werken alter Meister, von Giorgione, Rubens, Claude Lorrain und Poussin, die man in der didaktischen Absicht versammelt hatte, zu zeigen, welchen hohen Alters und welcher historischen Kontinuität sich die romantische Inspiration erfreute – ganz im Sinne Friedrich Schlegels, der im längst Vergangenen nach klassischen Vorbildern der Romantik fahndete, sie in Shakespeare und Cervantes fand, und schließlich verkündigte, daß die romantische Dichtart die einzige sei, »die mehr als Art und gleichsam die Dichtkunst selbst« ist: »denn in einem gewissen Sinn ist oder soll alle Poesie romantisch sein« [1]. Dieses gebieterische Diktum des romantischen Despoten, der sich, so schien es, erkühnte, alles Getrennte wieder zu vereinigen und kategorisch *tabula rasa* zu machen, fiel mir ein, als ein anderer Besucher der Ausstellung, der mich offenbar für einen Fachmann hielt und »das Romantische« für ein chemisch reines Ingredienz, sich mit der Frage an mich wandte, welches denn eigentlich das romantischste Bild in diesen Sälen sei.

Ah, hier war also schon wieder einer, der naiverweise

einen klar gebahnten Weg durch das undurchdringliche Gestrüpp des Romantischen erwartete! Das Romantischste – ist es dort zu finden, wo die Einbildungskraft in unbehinderter Freiheit lebt? Aber keiner bemühte sich angelegentlicher, die gesetzestreue Phantasie von der libertinistischen Phantasterei zu unterscheiden, als Coleridge. – Oder dort, wo der Tumult der Gefühle am größten ist? Aber Wordsworth sagte, ein Gedicht entstehe aus *»emotion recollected in tranquillity«*, aus der in Ruhe erinnerten Emotion. – Oder dort, wo sich alles gegen die klassische Klarheit der Gestalt verschwört? Aber die Komposition so vieler romantischen Werke verrät den höchsten Ordnungssinn, und August Wilhelm Schlegel war unablässig an der Arbeit, die Prinzipien, die Genres und die Formen der Literatur klar zu scheiden. – Oder dort, wo man wie Novalis mit reaktionärem Eifer die strenge Ordnung des Geistes in der mittelalterlichen Christenheit zurücksehnt? Aber die romantische Bewegung war mitbewegt von der Französischen Revolution, die Freiheit lag ihr am Herzen: die Emanzipation des Gefühls, des Intim-Individuellen, des Weiblichen, des Kindlichen, und so mancher romantische Dichter war ein Rufer im Streit um eine gerechte und demokratische Zukunft und flüchtete vor den Bewahrern der traditionellen Autorität in eine menschenfreundlichere Fremde. Also ist »das Romantischste« wohl dort zu finden, wo das Allerindividuellste am höchsten gilt? Jedoch ist romantisch auch der Glaube an die Gemeinschaft und das kräftigst zu fördernde Volkstum. – Oder dort, wo die Seele am hemmungslosesten den Entzückungen und Schrecken der reinen Empfindung, der vernunftlosen Passivität der Träume hingegeben ist, eingedenk der Wackenroder'schen »feindseligen Kluft«, die »zwischen dem fühlenden Herzen und den Untersuchungen des Forschers befestigt« ist[2]? Friedrich Schlegel aber war ein sehr aufgeweckter Geselle und häufte Reflexion auf Reflexion, und Novalis war gewiß auch ein untersuchender Forscher, einer der ersten, der sich analytisch mit dem Unbewußten einließ und meinte, daß »die Trennung von Poet und Forscher« »nur scheinbar« »und zum Nachteil beider« sei, »ein Zeichen einer Krankheit und krankhaften Konstitution«[3]. Und Schelling, dem als kaum bedankten Mentor des hochverehrten Coleridge im Kreise der englischen Literatur mehr Ehre gebührt, als ihm erwiesen wird, wollte wissen, daß die ganze Natur von dem Verlangen nach Bewußtheit besessen sei. Und wo ist der Schläfer, der die Augen nicht öffnete, wenn die intellektuellen Akrobaten der Ironie ihre Purzelbäume schlagen? Hat je einer ironisch geträumt?

Nun gut. Hier aber waren vierhundert Gemälde, die sich ihren Platz an diesen Wänden dadurch verdient hatten, daß sie romantisch waren; und hier war, unironisch und wißbegierig, mein Plagegeist und wollte wissen, welches das romantischste Bild sei. Und war mir soeben noch Friedrich Schlegels pan-romantischer Anspruch verwirrend in den Sinn gekommen, so faßte ich nun Mut, indem ich mich Goethes erinnerte, der einmal sagte, daß eine Meinung, sollte er auf sie hören, unproblematisch und entschieden ausgesprochen werden müsse: Problematisches habe er genug in sich selbst. So entschied ich denn problematischerweise, daß Caspar David Friedrichs »Wanderer über dem Nebelmeer« * das »romantischste« Bild in der Galerie sei, und erwartete mit einigem Bangen, was mir wohl einfallen würde, um meine Wahl zu begründen.

* Reproduktion nach Seite 6.

Man könnte zum Beispiel, wenn man bereit ist, das Odium des Unzeitgemäßen auf sich zu nehmen, über den Gegenstand des Bildes sprechen. Der Wanderer – da steht er über dem Nebelmeer, Aug in Auge mit der Natur. Nichts berührt ihn, es sei denn der Wind, der durch seine Haare streicht. Woher er auch kam, er muß durch die Nacht gewandert sein oder der Nacht entgegen, denn gerade jetzt, da er den Gipfel seines Berges erreicht hat, geht die Sonne auf oder unter. Dem Beschauer des Bildes und der Welt des Beschauers den Rücken kehrend – nach der Art so vieler anderer Figuren Friedrichs –, hat er nichts mehr vor sich als die Majestät der Ferne. Nach seiner Statur, seinem Kostüm, der Farbe seines Haares könnte es Goethe selber sein, der Reisende durch den winterlichen Harz, wie er im berühmten Gedicht seine Göttin beschwört:

Aber den Einsamen hüll
In deine Goldwolken!
Umgib mit Wintergrün,
Bis die Rose wieder heranreift,
Die feuchten Haare,
O Liebe, deines Dichters!

Wir wissen nicht, ob Caspar David Friedrich Goethes »Harzreise im Winter« im Sinn hatte, als er seinen Wanderer malte. Wahrscheinlich aber ist, daß er das Gedicht kannte. Zufall mag es sein, daß die hervorstechendsten Farben des Gedichts sowohl wie des Bildes grün und dunkelgold sind; nicht zufällig aber ist die Identität des Themas: der Wanderer und seine Einsamkeit, die Niederungen des Lebens von blinden Nebeln bedeckt und allein der Mensch inmitten der höchsten Erhebungen der Natur klar konturiert gegen den Glanz von Sonne und Himmel. Der Mensch und die Natur, die Seele und die Landschaft – zu keiner anderen Zeit unterhielten diese Paare innigere Beziehungen und gab es vertraulicheren Austausch zwischen dem Menschenherzen und der Schönheit, Herrlichkeit und Ehrfurchtbarkeit, die für das romantische Gefühl der Erde, dem Meer und dem Himmel innewohnten; zu keiner anderen Zeit war der »pathetische Irrglaube«, wie Ruskin diese Projektion des Gefühls in die Naturerscheinungen nannte, weniger irrig: die Natur sprach deutlich vernehmbar die Sprache der menschlichen Leidenschaften. Also vermochte ein deutscher Romantiker, Carl Gustav Carus, zu sagen, daß die Landschaftsmalerei der Musik näher stehe als den plastischen Künsten, und daß dem Maler die »Darstellung einer gewissen Stimmung des Gemütslebens (Sinn) durch die Nachbildung einer entsprechenden Stimmung des Naturlebens (Wahrheit)« oblag[4], und ein anderer, Caspar David Friedrich selbst, daß es »eine reine Bewegung des Gemüts« sei, die »zur anschaulichen Form« wird im Bild – im Landschaftsbild[5]. Ein Wanderer, eine pittoreske Konfiguration von Bergen, eine einsame Pilgerfahrt durch Nacht und Nebel, die Sehnsucht nach dem Unbekannten, der Ferne, den Höhen, der blauen Blume, der nie zu Ende geträumte, nie verwirklichte Traum einer letzten Erfüllung, die über alle irdische Maße wäre – gewiß doch, das ist die Essenz des Romantischen. Dies ist so unwiderlegbar wie jeder unwiderlegbare Gemeinplatz. Niemand wird ihn bestreiten.

Niemand? Sehen wir uns ein anderes Bild Friedrichs in der Ausstellung an: »Der Abend«. Hier gibt es keine kühne Ausfahrt aus dem bescheidenen Hafen, keine übermenschliche Geste, die den Frieden störte; und was den

Vordergrund des Bildes beherrscht, der mächtigste Gegenstand der Komposition, groß und fest in seiner stofflichen Verläßlichkeit, ist gewiß kein Symbol des Naturgeheimnisses oder des prometheischen Wagemuts. Es ist ein Anker. Und da ist noch ein Gemälde der deutschen Romantik, die bekannte Kindergruppe Runges, die »Hülsenbeck-Kinder«. Wie wohlerzogen sie sind! Ihre Herzen scheinen nichts zu wissen von unzähmbaren Impulsen, und es müßte schon eine sehr fortschrittliche Schule sein, die sie zu romantischen Tramps machte, zu Taugenichtsen, die zu nichts taugen als der romantischen Unendlichkeit. Wie die Blumen, die um sie herum blühen, sind sie immun gegen das entwurzelnde Verlangen, das den Wanderer auf Höhen jenseits der Dünste des Tals treibt. Ihre Tugenden und ihre Fehler werden sich in der beschränkten Welt ausleben, die der Gartenzaun bezeichnet, der hier so vielsagend ist wie der Anker auf Friedrichs Gemälde vom Abend. – Nun, welches ist das »romantischste« Bild? Welche Bewandtnis hat es mit dem »Wanderer«?

Es wurde geschrieben und gedruckt, daß Caspar David Friedrich unter den Malern der deutschen Romantik der »modernste«, ja ein Vorläufer jener Art von Malerei sei, die »abstrakt« zu nennen man sich angewöhnt hat. Dieses Urteil könnte sich, wenn es darauf ankäme, ein wenig darauf berufen, daß er wahrscheinlich der erste europäische Maler war, von dem ein Bild verkehrt aufgehängt wurde[6]: die von ihm gemalte See hielt man für den Himmel, und den von Wolken bewegten Himmel für die Meereswellen, gerade so, als wäre es dem lieben Gott noch nicht gelungen, die Elemente voneinander zu trennen. Und Goethe, der diesem Maler recht wohlgesinnt war, erzürnte sich einmal so sehr über einige seiner Bilder, daß er sie, wie er sich ausdrückte, an der Tischecke zerschlagen wollte, obwohl er damals bereits klassisch weit davon entfernt war, ein Ikonoklast zu sein. Er fand sie symptomatisch für die »große Verkehrtheit« der Zeit und rief: »Das soll nicht aufkommen!« Van Eyck war mehr nach seinem Geschmack. Wie »gemütlich« er war, wie natürlich und vernünftig, wie gehorsam gegen die Gebote der Natur[7]! Wann immer Goethe sich solcher Redeweise bediente, war Verlaß darauf, daß er es als Verteidiger der Natur tat und im Gegenangriff gegen einen, der ihrer dreidimensionalen Anschaulichkeit mit irgendeiner mathematischen Infamie von Abstraktion ein Leid zugefügt hatte.

Das Bild, welches verkehrt aufgehängt wurde, oder welches Goethe beklagen ließ, daß ein großes Talent »auf irren Wegen« ginge[8], oder welches den »natürlichen« Menschen in ihm beleidigte, war gewiß nicht unser »Wanderer«, aber selbst hier wird die Richtung auf einen fast abstrakten Formalismus offenbar; und die auszeichnende Eigenschaft des Gemäldes ergibt sich aus der fühlbaren Spannung zwischen seinem hochpoetischen und ekstatischen Thema und der geometrischen Regeltreue der Ausführung; der entzückten Kommunion von Mensch und Natur, dem rauschverwehten Einssein aller Dinge, wovon es spricht, und den graphisch-linearen Akzenten seiner Sprache, die jedem Gegenstand seine festen, auf sich selbst beharrenden Konturen zubilligt; zwischen der *Tiefe* von Vision und Empfindung, und des Handwerkers Loyalität gegen die rechteckige *Flachheit* seiner Leinwand. Licht und Schatten sind nicht so gehandhabt, daß sie die Illusion von Raum erzeugen, sondern bringen in ihrem Wechselspiel eher die Wirkung von Silhouetten hervor. Die Farbe ist immer auf dieselbe

Weise aufgetragen, gleichviel ob das Dargestellte der Fels ist, die Luft, der Samt der Kleidung oder das Haar. Der Himmel besteht fast nur aus genau gezogenen, parallelen Strichen, und die Diagonalen des Kanvas treffen einander mit absoluter Präzision im Rückenkreuz des Mannes, der in seiner der Szene so ungemäßen formalen Kleidung den Vordergrund beherrscht. Es ist, als wenn »der steile Fels«, »der Berg und tiefe düstere Wald«, die dem jungen Wordsworth nur »ein Hunger, ein Fühlen und ein Lieben« waren, endlich sich dem Denken gefügt hätten, dem »sublimen Sinn« dafür, daß – in Wordsworth' Worten – »tiefen Grund hat, was in eins die Dinge bindet«, und als ob dieses Denken und dieser Sinn der Geist der geometrischen Abstraktion wäre, eine pythagoräische Symmetrie, eine feingesponnene Transparenz. Nein, Goethe konnte kein Gefallen finden an diesen Bildern Friedrichs, die man, ohne deren mathematischem Muster etwas anzuhaben, so oder auch anders herum aufhängen mochte. Sie waren zu »abstrakt« für den Dichter, der im Anblick einer einzigen Krabbe im Sand des Lido einer tieferen Erkenntnis von Wahrheit und Wirklichkeit teilhaftig wurde, als in den sublimmathematischen Gedanken des Newton'schen Universums. Wanderer hin, Wanderer her, und mochte Friedrich auch eine Szene gemalt haben, die an die »Harzreise im Winter« gemahnte, dieser Maler war ihm viel zu »romantisch«, viel zu »transzendental«; und Goethe mißfielen seine Romantiker und ihre Transzendental-Philosophien. Haben wir ihn nicht sagen hören, die Deutschen würden sich sehr wunderlich vorkommen, wenn sie erst einmal gewahr werden, daß sie an die zwanzig Jahre nichts anderes getan haben als Transzendieren[9]? Und wunderlich kamen sie sich vor! Wahr aber ist auch, daß

Goethes intellektuelle Konstitution ihn zu seinem Glück daran verhinderte, den ernsten Anlaß des deutsch-romantischen Transzendentalismus zu begreifen.

Wie kam ich also dazu, das Friedrich'sche Gemälde des »Wanderers« als das romantischste in der Ausstellung zu bezeichnen? Gewiß nicht nur, weil sein Thema so überaus romantisch ist, sondern auch – und zwar vor allem – der Gegensätze wegen, die es vereinigt: das Lebendige und das Abstrakte, den Hunger der Seele und die Zufriedenheit der Geometrie, die Einflüsterung eines Traums und die Unterwerfung unter die rationalste Ordnung, eine Ekstase und eine Formel. Ich nannte es das romantischste, weil es in diesem deutsch-romantischen Sinn »ironisch« ist. Es war Friedrich Schlegel, der von der romantischen Ironie einmal als dem »klaren Bewußtsein der ewigen Agilität, des unendlich vollen Chaos«[10] sprach; und der Brennpunkt von Schellings System des transzendentalen Idealismus ist die bereits auf Hegel weisende Idee, daß das Rätsel der Natur sich enthüllen würde, wenn wir sie als »die Odyssee des Geistes« läsen, eines Geistes, der sich in die Abenteuer der gewagtesten Reflexion und Selbstreflexion stürzt, sich selber sucht und dann wieder, »wunderbar getäuscht«, sich selber flieht; eines Geistes, der hinter der Sinnenwelt, als wäre sie ein »halbdurchsichtiger Nebel«, aufleuchtet, so wie »durch Worte der Sinn« schaut: das gelobte »Land der Phantasie, nach dem wir trachten«, und dem Hegel ein wenig später den Namen des absoluten Bewußtseins gab[11]. So also Schelling; und es klingt wie ein Unterfangen der Phantasie, das nicht nur auf romantische, sondern auch tragische Weise ironisch ist. Denn würde die Erfüllung dieses ungeheuren Anspruchs des Geistes, würde dieses nie endende Tageslicht der Vernunft die

Phantasie nicht vernichten, zumindest ihr jede Bedeutung nehmen, die sie in der gesitteten Menschenwelt noch haben mag? Würde die Phantasie, die so leidenschaftlich um die Bewußtwerdung warb, nicht eines Liebestods sterben in eben jenem Augenblick, da sie ihr Ziel erreichte? Hegel, in welchem der romantische Idealismus seinen Höhepunkt erreichte und über sich selbst hinausging, war überzeugt, daß es so kommen werde. Unter der Herrschaft des absoluten Bewußtseins – und die Menschheit, so glaubte er, stand am Grenztor von dessen Reich – wird kein Platz sein für die Imagination, für die Dichtung, für die Kunst. Von da an wird die Geschichte der Welt in kontinuierlicher Prosa geschrieben werden – in klarer Prosa wohl, klarer als die seine, aber eben doch in Prosa. Die Kunst, sagte er, »ist und bleibt ... für uns ein Vergangenes«[12], es sei denn, daß sie sich wunderbarer- und prekärerweise über die historische Wirklichkeit erhebt und, wie der Geist selber über den Verlust ihrer Welt trauernd, aus der Reinheit des Selbst das hervorbringt, was Hegel »absolute Kunst« nannte[13].

Ein Exzeß von transzendentaler Spekulation? Eine akrobatische Übung in historischer Abstraktion? Nicht im geringsten! Obgleich diese Prognose, die Hegel der Kunst stellt, Teil eines grandiosen metaphysischen Systems ist, entstammte sie doch dem profunden Verständnis eines geschichtlichen Anlasses – eben jenes Anlasses, mit welchem sich einzulassen Goethe weder gewillt noch befähigt war. Nur wenige historische Voraussagen haben sich je so genau erfüllt. Seit der deutschen Romantik war die Geschichte der europäischen Literatur von Hegels beiden Extremen bestimmt. Mit dem einen Extrem hielten es die Schriftsteller. Was haben sie nicht alles versucht, den rationalen Ansprüchen des Zeitalters

Genüge zu tun, indem sie »Realisten« wurden, »Naturalisten«, Psychologen, Ironiker und Parodisten wie Thomas Mann, Anti-Illusionisten wie Bertolt Brecht, und absurderweise sogar Anti-Künstler wie die Dadaisten – und später noch hemmungslosere und manchmal auch virtuosere Kasperltheatraliker des künstlerischen Impulses; und Hegel sah in solchen Manövern, dem literarischen Triumph des Prosaischen ein Schnippchen zu schlagen, die Preisgabe dessen, was die Kunst »nach der Seite ihrer höchsten Bestimmung« war[14]. Hinter dem anderen Extrem waren die Dichter her. Mit chirurgischer Präzision und bisweilen erstaunlichem Gelingen gingen sie daran, die schöpferische Phantasie von der rational erfaßten und rational verödeten »wirklichen Welt« abzuschneiden, verwarfen alle Bedingungen, Erfahrungen, Erkenntnisse und Wahrheiten dieser Welt, und wiesen dem »reinen Selbst« der Dichtung einen Daseinsbezirk zu, der ganz allein der ihre war – den Bezirk von Hegels »absoluter Kunst«!

Oft und oft wurde gesagt, die Romantik sei ein Aufstand der Imagination gegen das immer arrogantere Gebaren der Ratio gewesen, oder eine Erhebung der Sensibilität gegen die autokratische Vernunft. Dieser simple Glaube nimmt sich sehr sonderbar aus, sobald man ihn an den ersten deutschen Romantikern mißt, diesen hochgelehrten Herren, poetischen Talenten, Denkern der Transzendenz und entschlossenen Synthetikern der getrennten Kategorien. Freilich bemerkte Friedrich Schlegel die stets sich erhöhende Spannung zwischen Imagination und Rationalität, aber er feuerte die beiden nicht zum Krieg an. Er wollte die Rolle des ehrlichen Maklers, ja des Heiratsvermittlers spielen: sie sollten eins werden. Er glaubte zu wissen, daß »was sich tun läßt, so lange

Philosophie und Posie getrennt sind, getan und vollendet« sei: »Also ist die Zeit nun da, beide zu vereinigen« [15]. Die ganze Geschichte der modernen Poesie schien ihm dieses Ziel zu verkünden. Denn jene Geschichte sei, so sagte er, »ein fortlaufender Kommentar zu dem kurzen Text der Philosophie: Alle Kunst soll Wissenschaft, und alle Wissenschaft soll Kunst werden; Poesie und Philosophie sollen vereinigt sein« [16]. Wessen wir bedürfen, und was sich ausbilden muß, ist »Universalpoesie« [17], die sich gegen eine wissenschaftlich erhellte Welt so gebärden wird, als sei diese Welt dennoch ein unerforschliches Geheimnis, und gegen das Mysterium, als sei es die jüngste Eroberung der analytischen Intelligenz. So müsse eine neue Mythologie entstehen, an welcher der kränkliche Leib der modernen Literatur gesunden würde. In nichts freilich dürfe diese neue Mythologie derjenigen der Alten gleichen, denn diese war nur »die erste Blüte der jugendlichen Phantasie«. Im Gegenteil, wie Athene, mit Wissen und Weisheit gewappnet und vom Gott sozusagen ausgedacht, dem Kopf des Zeus entsprang, so werde die jüngste Mythologie die Inkarnation der Ideen sein, die »in dem großen Phänomen des Zeitalters, im Idealismus« enthalten sind [18].

So waren die Erwartungen Friedrich Schlegels, eines sehr »modernen« Geistes, wohlvertraut mit der Melancholie des Unglaubens, den Hungersnöten des Gefühls, der Blutarmut der zweifelnden Intelligenz, der sich und der Welt der Zukunft dennoch jenes Wohlbefinden der Seele und jenen Überfluß an Herz und Phantasie versprach, den er, der kluge und kundige Philologe, der Poesie der Alten ablas. Diese Wiedergenesung aber erwartete er nicht von der obskurantischen Willkür oder der aufs Haupt geschlagenen Vernunft, sondern vom ausgestandenen Abenteuer des Bewußtseins selber, ja sogar von der Physik und den Studien ihrer »dynamischen Paradoxe«[19], wie er ihre Probleme zu nennen beliebte, gerade so, als wäre er historisch frühreif schon eingeweiht gewesen in die Geheimnisse des kapriziösen Elektrons. Solche Anstrengungen der forschenden Intelligenz sollten das Wunder einer neuen Integrität des Geistes zeitigen, und also einer neuen Kunst. Welch eine Verheißung! Hoffnung und Ironie sind darin aufs wundersamste vermischt. Das aber, worauf es dabei eigentlich hinauswollte, mochte sehr wohl die katholische Kirche oder der Nihilismus sein. Wie immer dem sei, es war dieses romantische Vermächtnis, mit welchem so mancher Wanderer sich auf den Weg machte in die abstrakt konstruierte, intellektuell berechnete, traumhaft verlockende Unendlichkeit der Seele.

IV

Die realistische Täuschung

Für Dante war der Kosmos der *Göttlichen Komödie* die wahrhaft wirkliche Welt. Cervantes wollte mit dem *Don Quijote* seine Leser, deren Sinn von den Ritterphantasmagorien ihrer Romanschreiber verwirrt war, wieder zur Vernunft der Wirklichkeit bringen. In den literarischen Debatten des deutschen achtzehnten Jahrhunderts wurde dem erwachenden poetischen Talent der Nation Shakespeare als höchstes Beispiel von realistischer Einsicht und natürlicher Spontaneität vorgehalten, Tugenden, welche die hochtrabenden Künstlichkeiten der französischen Klassik zu Schanden machen sollten. Ein wenig später aber waren es gerade Cervantes und Shakespeare, diese »Realisten«, auf die sich die ersten deutschen Romantiker beriefen, als sie daran gingen, die Befreiung der Imagination ins Werk zu setzen. Sie fanden in diesen zwei Dichtern die Quintessenz des Romantischen.

Goethe pries an Homer den Sinn fürs Wahre, Natürliche und Wirkliche [1]. Ortega y Gasset tadelte an Goethe, daß er sich allzu gut darauf verstand, seiner wahren Wirklichkeit auszuweichen [2]. Nietzsche war voll des Lobes für Goethe, weil er »inmitten eines unreal gesinnten Zeitalters ein überzeugter Realist« war [3].

Vieles ließe sich dieser Liste hinzufügen, nichts aber, was die Verworrenheit, die kaum krauser sein könnte, zu lösen imstande wäre. Ein Index aber der unterschiedlichen Verwendungen, welche die Kunst- und Literaturbetrachtung für das Wort »realistisch« hat, würde die Annahme, daß zum Beispiel Balzacs Romane mehr »Wirklichkeit« enthalten als Homers Epen, als zeitgebunden und ungewiß erweisen. Denn die wirre Menschengeschichte ist vornehmlich die Geschichte von miteinander im Streit liegenden Deutungen der Welt, die alle nach ihrer »Verwirklichung« drängen, und das Ausmaß der Konfusion wird unendlich, wenn wir dazu auch noch die Geschichte der Literatur in Betracht ziehen. Schon auf dem vermeintlichen Festland der Erfahrung ist unser Begriff von der Wirklichkeit schwankend genug; wie muß ihm erst auf der hohen See der Imagination werden! Mit dem Maßstab des »Realen« werden wir, so scheint es, wenig ausrichten, wenn wir ihn an die Dichtung anlegen, die, da sie doch stets schöner oder auch nicht so schöner Schein ist, der Wirklichkeit des Wirklichen entbehrt.

Oder ist dem am Ende nicht so? Oder ist es überhaupt sinnvoll, so von Wirklichkeit und Kunst zu reden? Und wenn nicht, sind wir dann gezwungen, alles, was Jahrhunderte lang Philosophie und Ästhetik über diese Frage sagen zu können glaubten, in den Wind zu schlagen, weil es ja doch nichts anderes beweist, als daß die Menschen ihr unmäßiges Verlangen nach »Sinn« um jeden Preis zu befriedigen suchen, und sei es auch, indem sie Unsinn reden? Plato blieb offenbar von solchen Zweifeln unbehelligt. Für ihn war die Welt, die unseren Sinnen erscheint und die wir aus schlechter Gewohnheit für die »wirkliche« halten, unwirklich genug. Sie war bloß eine in allem und jedem unvollkommene Nachahmung der vollkommenen Wirklichkeit, die den Ideen innewohnt; und indem die Werke der Dichter nur jene mangelhafte Nachahmung nachahmten, waren sie zweifach vom wahrhaft Wirklichen entfernt. Daher gebrach es der dichterischen Betätigung an geistiger Würde und sittlichem Ernst, und also täte das ideale Staatswesen gut daran, den betörenden Einflüsterungen der Poesie kein Gehör zu schenken und den Poeten kein Bürgerrecht.

Zwar begegnete Aristoteles dieser Aburteilung mit seiner Theorie von der sittlich reinigenden Wirkung der Tragödie; aber erst sehr viel später geschah es, daß einer für Kunst und Dichtung einen höheren Grad von »eigentlicher« Realität in Anspruch nahm, als die sogenannte wirkliche Welt besaß. Diese überraschende Erhebung in den metaphysischen Adelsstand, die zu keiner anderen Zeit auf das Einverständnis des Geistes hätte hoffen können, widerfuhr den Erzeugnissen der menschlichen Phantasie im neunzehnten Jahrhundert. Schopenhauer war es, der Platos Verdammung der Dichtung in deren Apotheose verwandelte, und zwar erstaunlicherweise unter Berufung auf die Platonische Ideenlehre selbst. Das Zeitalter jedoch empfand dies keineswegs als einen philosophischen Willkürakt. Im Gegenteil, Schopenhauer vollzog in seinem Denken nur, was die Künstler und die Liebhaber der Künste mit stets wachsender Gewißheit als wahr empfanden: daß das Kunstwerk innigere Beziehungen zur Wahrheit unterhielt als die Welt, wie sie dem künstlerisch uneingeweihten Menschensinn erschien. Denn obgleich Plato recht hatte, die Welt, wie sie sich der gewöhnlichen Erfahrung darstellt, als ein primitives Bilderbuch der wahren Wirklichkeit zu betrachten – ein Bilderbuch zudem, das, wie Schopenhauer meinte, auf jeder Seite verunstaltet war von den groben Kritzeleien der von ihrem Eigenwillen hinters Licht geführten Kreatur –, so war Plato doch blind dafür, daß dem Werk des Künstlers, insofern es aus der begnadeten und reinen, aller Willenszwecke ledigen Anschauung floß, das authentische Siegel der Ideen aufgeprägt war, und also der Wahrheit, und also der allerhöchsten Realität. Und das Erzeugnis der Kunst war um so größer und wahrer, je energischer es die billigen Verhüllungen und den eitlen Aufputz der Erscheinungen von sich wies, je weniger es sich von den Launen und Kapricen des Willens stören ließ in seinem lauteren Umgang mit dem wahrhaft Wahren und wirklich Wirklichen. Mit anderen und doppelsinnigen Worten: das Kunstwerk kommt dem wirklichen Leben um so näher, je mehr es sich vom »wirklichen Leben« in der Richtung auf das Ideenreich entfernt. Ein witziger Maler drückte einmal auf seine Art diese Schopenhauer'sche Auffassung der Kunst aus, als der reiche Bankier, den er gemalt hatte, von der Visage auf der Leinwand gekränkt meinte, sie sehe ihm nicht im geringsten ähnlich. »Sie sieht Ihnen ähnlicher als Sie sich selbst«, sagte der Maler.

Schopenhauers Philosophie der Kunst ist eine ästhetische Gnosis, eine säkularisierte Apokalypse: die Welt hat keinen Wert; nur was die Kunst schafft, ist gut. Das Leben ist kein Leben; was lebt, ist des Künstlers Werk. Musik ist Wirklichkeit, und die Poesie gibt wieder, was der auserwählte Mensch sah, dem es gelang, der Höhle zu entkommen und einen Augenblick im hellen Licht der ewigen Ideen zu stehen. Kein Wunder, daß solch eine prekäre Heilslehre zuerst mit einiger Ironie gepredigt wurde. Ehe noch Schopenhauer die Szene betrat, hatten die deutschen Romantiker ihre ironische Kirche gegründet. Auch sie schon wollten an die Poesie als die höchste Wirklichkeit glauben, doch gelang es ihnen nicht ganz, sich taub zu stellen gegen die Geräusche der im absoluten Sinn unwirklichen, aber leider so aufdringlich gegenwärtigen wirklichen Welt. Das Ergebnis war Ironie, die Sprechweise der zwiespältigen Treulosigkeit, welche dem romantischen Verhalten gegen die Poesie sowohl wie gegen die Wirklichkeit eignete. Diese frühen Romantiker pflegten die Ironie als die Mystik ihres schillernden Weder-noch-Glaubens. Wie alle Mystik scheint die romantische Ironie unsagbar abgründig, aber zum Unterschied von der Mystik der Gläubigen ist sie oft flach und geschwätzig. Denn ihr Mystisches kommt vornehmlich daher, daß der ironische Romantiker mit dem Auge der Poesie auf die Welt starrt und mit dem Auge der Welt auf die Poesie; und diesem Schielblick wird bald die Poesie und bald die Welt zu nichts.

Erheitert und doch auch wieder gequält von dem optischen Manöver, das sie zwischen Wirklichkeit und Dichtung veranstalteten, erfand einer von ihnen den Begriff der Universalpoesie[4]. Es ist ein außerordentlicher Gedanke; und wie es bei außerordentlichen Gedanken manchmal der Fall zu sein pflegt, gedeiht er niemals zu voller Klarheit, sondern brütet nur angelegentlich über sich selbst oder sendet aphoristische Signale aus. Was diese zu verkünden scheinen, ist der Anbruch eines absoluten poetischen Imperialismus: die Poesie soll die Welt erobern, die Welt soll zu Poesie werden. Was immer das menschliche Gemeinwesen betreibt, sei es Religion, Politik oder Wissenschaft, muß nun vom poetischen Geist durchdrungen werden, seinem dramatischen Zugriff oder seinem leisen Einsickern gefügig sein, und zuletzt sich in ein Werk der Kunst verwandeln. Denn alles, was die Poesie zu tun versuchte, solange sie nur Poesie war, ist bereits getan. Jetzt sehnt sich die unendliche poetische Sehnsucht nach der Welt. Sie wird sich selbst die Treue halten und bleiben, was sie war: Poesie. Dennoch aber wird sie Wissenschaft sein, Psychologie, Politik, Erkenntnis und Macht; und Wissenschaft, Psychologie, Politik, Erkenntnis und Macht werden sein wie die Poesie. Die Welt wird der Leib der Dichtung sein, und die Dichtung der Geist der Welt. Das Heil der Welt sowohl wie der Dichtung liegt in dieser neuen Inkarnation. – Wahnsinn? Nun, dann hat er eben – freilich mit einer höchst »ironischen« Akzentverschiebung – seine methodische Form in der Philosophie des jenes Zeitalter beherrschenden Philosophen gefunden: bei Hegel. Und die seine war gewiß eine Philosophie, die sehr wirkliche Folgen hatte.

Ja doch, Hegel war ein Romantiker. Er schrieb die systematische Theologie der neuen Inkarnation, auch wenn er das, was sich da »verwirklichte«, nicht gerade Poesie nannte, sondern Geist. Er brüskierte seine romantischen Mitbürger und Mitbeflissenen sogar aufs schlimmste, indem er von der Kunst wie von einer Botschaft des absoluten Geistes sprach, deren Personal längst abberufen war; und die bevorstehende Selbstverwirklichung des Weltgeistes würde überwältigend klar machen, daß es mit der Kunst zu Ende sei. Dann werden alle sehen, daß längst schon das dichterische Vermögen nichts war als ein atavistisches Überbleibsel aus der Epoche des noch unvollkommenen Bewußtseins, als die Menschen sich noch auf die Phantasie verlassen mußten, um eines Schimmers von Wahrheit habhaft zu werden, und auf in zitternder Ehrfurcht erschaute Symbole, auf daß diese zwischen der menschlichen Unwissenheit und dem wirklich Seienden ein wenig vermittelten. Was aber sollte das alles jetzt, da doch der Weltgeist sich anschickte, einer endlich erleuchteten Menschheit zu gestatten, die Erhellung des Mysteriums zu feiern? Das ist das letzte Kapitel in der Geschichte der romantischen Ironie;

wie Hegel da alles romantische Philosophieren abschließt und mit diesem Exzeß von »Vernunft« übersteigt, nicht ohne die Imperialisten der Poesie – man lese seine begeisterte Polemik gegen Friedrich Schlegel[5] – der künstlerischen und intellektuellen Unverantwortlichkeit zu zeihen. Trotzdem besteht eine engere Verwandtschaft zwischen Hegels universellem Weltgeist und der romantischen Universalpoesie, als die berüchtigte Feindschaft zwischen »Vernunft« und »Imagination« zuzulassen scheint. Denn sowohl bei den frühen Romantikern wie bei Hegel ist es der menschliche Geist, der seinen totalen Anspruch auf die Welt erhebt, einen Anspruch, in welchem Revolution und Eschatologie sich aufs beunruhigendste vermengen. Die ganze Welt soll Imagination und Poesie werden, sagen die Romantiker; und Hegel sagt: die ganze Welt soll Vernunft sein. Jedoch haben die Poesie, welche die Romantiker meinen, und das rationale Bewußtsein, nach welchem Hegel der Sinn steht, vieles gemeinsam: vor allem das ehrgeizige Trachten des Menschengeistes, Herr zu werden über die Wirklichkeit, ja deren Platz zu usurpieren. Diese geistige Situation spiegelt sich in den *zwei Realismen*, welche seit damals die europäische Literatur beherrschten.

Die zwei Realismen: der eine ist, wie es sich von selbst versteht, der Realismus des Romans im neunzehnten Jahrhundert, der ja auch von allen Leitfäden der Literaturgeschichte »realistisch« genannt wird. Hat er es aber auf die Darstellung der menschlichen Realität abgesehen, so teilt er diese Absicht mit allen großen Dichtungen aller Zeiten. Das Wort »Realismus« verrät nur den wissenschaftlichen Aberglauben einer Epoche, die sich damit schmeichelte, den Schlüssel zur »Wirklichkeit« zu besitzen. In Wirklichkeit aber ergeht es dem realistischen

Schriftsteller nicht anders als irgendeinem anderen Dichter irgendeiner anderen Zeit: er ist von gewissen Aspekten der Realität fasziniert und muß sich, ob er nun will oder nicht, dem Diktat seiner Faszination unterwerfen, indem er den ausgewählten Stoff, den diese ihm gebieterisch in die Hände und in den Geist spielt, zu ästhetisch befriedigender Form ordnet. Denn der menschliche Geist, der seiner Natur nach alles wissen will, bemächtigt sich zu seinem Leidwesen doch stets nur einer Erkenntnis, indem er auf zahllose andere verzichtet; und wie groß auch unser Verlangen nach Wissen sein mag, so zahlen wir doch immer für die vermeintliche Klarheit unseres Verständnisses in einer Sphäre mit der Dumpfheit unserer Sensibilität in hundert anderen. »Der Realismus in der Kunst«, sagte Nietzsche, ist »eine Täuschung«, indem er sich an die »realistischen« Schriftsteller seiner Zeit wandte: »Jede gute Kunst hat gewähnt, realistisch zu sein!«[6] Und indem er die jeweilige künstlerische Vision einem besonderen Glücksempfinden gleichsetzte, fragte er: »Was gibt denn der sogenannte *Realismus* der jetzigen Künstler über das Glück unserer Zeit zu verstehen?« Und antwortete, daß man wohl glauben müsse, »das jetzige, *uns* eigene Glück liege ... nicht also *in* der Realität, sondern im *Wissen um die Realität«.* »So sehr hat die Wirkung der Wissenschaft schon Tiefe und Breite gewonnen, daß die Künstler des Jahrhunderts, ohne es zu wollen, bereits zu Verherrlichern der wissenschaftlichen ›Seligkeiten‹ an sich geworden sind!«[7]

Dies bezeichnet mit großer Genauigkeit die vornehmlichste Eigenschaft des literarischen Realismus im neunzehnten Jahrhundert. Denn die »realistische« Manier der großen realistischen Romane ist keineswegs neu. Von Petronius bis ins englische achtzehnte Jahrhundert ließen es sich sehr viele Schriftsteller angelegen sein, das Leben so zu zeigen, wie es von Leuten im unheroischen und undramatischen Flachland der Welt gelebt, genossen und verspielt wird. Neu ist nur die ganz besondere Leidenschaft, von der die Bücher, die Stendhal, Balzac, Flaubert, Dostojewski und Tolstoj schrieben, heimgesucht sind. Es ist die Leidenschaft des Verstehens, das Verlangen nach rationaler Besitzergreifung der beobachteten Welt, der Drang der Vernunft, das Geheimnis zu enteignen. Wie unsäglich langweilig wären doch Balzacs Beschreibungen, wären sie nicht durchglüht von dem Eifer eines Geistes, der die also beschriebenen Dinge seiner Macht gefügig zu machen begehrt; wie vulgär wären Stendhals melodramatische Erfindungen, hätten sie es bloß darauf abgesehen, die Gefühle mächtig zu bewegen, ohne sie zugleich der Aufsicht einer ironisch-analytischen Intelligenz zu unterstellen, deren scharfes Auge ihnen auf den Grund sieht. Und Dostojewskis Genie ist aufs engste dem Geist des Detektivromans verwandt, nur daß freilich das Licht, bei dem der Dichter fahndet, zugleich das Feuer ist, das ihn verzehrt. Auch ist es kein Zufall, daß Tolstoj, der gewiß kein Hegelianer war, wiederholt beteuerte: die Vernunft, sie ist das Gute[8], fast als wäre er Hegel selbst. Und die scheinbare Ruhe und Ausgeglichenheit von Tolstojs Prosa ist dennoch belebt vom Enthusiasmus des rationalen Begreifens, und auch vor seiner Bekehrung schon beschienen von dem dunklen Glanz des Gesichts, in dem die Eitelkeit aller menschlichen Dinge offenbar wird. Es mag wohl sein, daß diese Vision sich mit Notwendigkeit einstellt, sobald die totale Erforschung des Menschen durch den Menschen an ihr Ziel gelangt. Denn der »realistische« Sinn für die Realität, der so viele Geister des neunzehnten Jahrhunderts beherrschte, war von solcher Art, daß er sie nur deshalb zur rationalen Eroberung der Menschenwelt anzuhalten schien, um ihnen die Sinnlosigkeit des Daseins zu demonstrieren. Daher kommt es, daß die dominante Stimmung der realistischen Literatur pessimistisch ist, bestenfalls jener pessimistische Humor, der eine ihrer freundlichsten Gaben ist, und in schlimmeren Fällen Ekel und Ennui. In ihrem Pessimismus sah Nietzsche das sichere Zeichen dafür, daß ein nihilistisches Zeitalter angebrochen war. Es scheint, daß die großen Romanciers des neunzehnten Jahrhunderts ihm das Material für das erste Kapitel seines Buches über den europäischen Nihilismus geliefert hätten, des Buches, das zu schreiben er beabsichtigte und niemals schrieb. Darin hätte er, wie eine postume Notiz anzunehmen gestattet, zu zeigen versucht, wie sich »zwischen 1830 und 1850 ... der romantische Glaube an die Liebe und die Zukunft in das Verlangen zum Nichts« verwandelt hat[9]. Nach Nietzsches fragmentarischen Beobachtungen zu schließen, wäre für ihn vor allem Flaubert der große »Verwandler« gewesen; und Flauberts Werk bezeichnet denn auch den Ort, wo der Strom der Romantik sich mit dem Strom des Realismus vereinigt.

Flaubert bringt die Verschwörung des Realismus unverhohlen an den Tag. Die »Realität« zu beschreiben, widerzuspiegeln, oder künstlerisch darzustellen? Mag sein; aber dies ist nur die unschuldige Miene, welche der »realistische« Dichter aufsetzt. In seinem Herzen lebt der Haß gegen die Wirklichkeit und die Gier, sie zu überwältigen. Ja, sogar die »Realität« der Person, die schreibt, wird bloß als ein sinnloses Hindernis empfunden, das dem endgültigen Triumph von Vernunft und Kunst im Wege steht. Wenn es nur gelänge, das Ich ganz aufs Sehen, Verstehen und Schreiben zu reduzieren; wenn sich der Gegenstand nur ganz in Worte auflösen ließe! Realität? Nein, Einsicht und Stil müßten diese zunichte machen! Immer wieder war Flaubert verstört von dem ungehörigen Widerstand, welchen die Wirklichkeit diesem Unterfangen entgegensetzte, obgleich es auch eine Zeit gab, da er dem bescheideneren Glauben anhing, es käme alles nur auf die rationale Durchdringung der realen Welt an. »Die zwei Musen der modernen Epoche«, sagte er dann, »sind Geschichte und Wissenschaft« [10], und ließ sich realistisch von ihnen inspirieren. Dies war der Fall, ehe er seine *Sentimentale Erziehung* schrieb. Als er aber den Roman beendet hatte, tat er ihn – in einer Laune, die derjenigen Tolstojs nach seiner Bekehrung nicht unähnlich war – als »ein Konglomerat von Analysen und mediokrem Klatsch« ab; »denn das Schöne«, fügte er hinzu, »ist mit dem modernen Leben nicht vereinbar, und das war das letzte Mal, daß ich mich mit diesem einließ. Ich habe genug davon!« [11]. Das Fleisch der Realität war doch zu fest, als daß es sich von der ästhetischen Glut hätte schmelzen lassen. Selbst der reinste Stil vermochte es nicht, den »Realismus« vor der Ansteckung zu bewahren, die er sich im Umgang mit der korrupten Wirklichkeit zuzog; und sogar die raffiniertesten Künste des Stilisten gewährten keine Sicherheit gegen die Verachtung – die Selbstverachtung? –, mit der Flaubert zuletzt seine »Helden« Bouvard und Pécuchet bedachte, da sie mit pedantischem Ordnungssinn gegen das Chaos der »wirklichen« Welt zu Felde ziehen. Vielleicht wäre der unbefleckte Sieg über die Realität nur zu erringen, wenn sich der Wunsch erfüllen ließe, den Flaubert einmal äußerte: nämlich »ein Buch zu schreiben, das von überhaupt nichts handelte, ein Buch, das nicht die geringste

Beziehung zur äußeren Welt hätte und ganz und gar nur durch die innere Kraft seines Stils zusammengehalten würde«[12].

Damit aber wäre es mit dem Realismus zu Ende, zumindest mit dem einen Realismus, der in der Literaturgeschichte diesen Namen führt. Jedoch deutet Flaubert da auf den anderen Realismus hin, der sich der Strategie sowohl von Hegels »absoluter Kunst« wie auch von Schlegels »Universalpoesie« bedienen sollte. Dieser andere »Realismus« unterhält gewiß keine Beziehung mehr zur äußeren Welt und lebt ganz aus dem Inneren der Kunst. Er hatte seinen Anfang in der Romantik, führte über Baudelaire, Mallarmé und Rimbaud zu Valéry, und gipfelte in Rilkes *Duineser Elegien* und *Sonetten an Orpheus.* Immer geringer wurde die Wirklichkeit des Außen, und zuletzt gab es nichts Wirkliches als die Welt der menschlichen Innerlichkeit. Sie nahm sichtbare Gestalt an in der reinen Unbedingtheit des Gedichts: ›Gesang ist Dasein‹[13]. Hamlets Seele hatte endlich den faulen Staat überwunden. Was im Inneren ist, ist nicht mehr über jeden Schein. Es ist mit Augen zu sehen und mit Ohren zu hören, und ist ein Werk der Kunst. Die schöpferische Phantasie ist das einzig Reale. Die Welt ist tot. Der Rest ist Poesie, oder auch eine neue Art von poetischer Prosa, die Prosa von *Ulysses, Finnegan's Wake* oder dem *Tod des Vergil.*

Weder die Wirklichkeit noch die Literatur, weder die Welt noch das Wort hat sich bisher von dieser höchst sonderbaren Anstrengung erholt. Denn nichts erschöpft den Geist mehr als das Bemühen, Illusionen als wahr zu erweisen. Nach diesen extremen Leistungen der Kunst ziemt es uns, in unseren ästhetischen Erwartungen realistisch bescheiden zu sein. Die Ökonomie des Lebens kann sich nicht auf immer die teure Haushaltung von so vielen Schöpfern leisten, die bestrebt sind, die Schöpfung selber zu übertrumpfen.

V

Die Reise der Kunst ins Innere

Variationen auf das Hauptthema von Hegels Ästhetik

Für Moody Prior

I

Gibt es eine Muse der Dialektik und ein Sternbild des Gegensatzes, so waren sie zur Stelle, als Hegel in die Welt kam. Er wurde in bescheiden-bürgerliche Verhältnisse geboren und gleich auf drei imperiale Namen getauft: Georg Friedrich Wilhelm. Es war ihm bestimmt, die endgültige Fassung des metaphysischen Dramas von der Entzweiung zwischen Welt und Geist zu schreiben, das die Philosophen seines Landes und seiner Zeit mit unbeirrbarer transzendierender Entschlossenheit entworfen hatten, und er sollte es um einen letzten Akt bereichern, in welchem der Geist in der Vollendung seiner Freiheit triumphierte. Jedoch schien der Denker selbst nicht aus freier Wahl zu denken, sondern vielmehr Philosophie herzugeben, als wäre er hilflos einem Zwang der Natur ausgeliefert. Trotz seiner abstrakt-spintisierenden Kompliziertheit straft sein Werk, indem es auf verschlungenen Pfaden ostwärts reiste, die philiströse Vorstellung Lügen, daß Philosophieren eines sei, ein ganz anderes aber, die Welt zu verändern. Er war nicht umsonst ein fast aufs Jahr Mitgeborener Napoleons, in welchem er mit Augen, die von keinem preußischen Patriotismus getrübt waren, die verkörperte Weltseele sah: nicht nur gewann er seine eigene Schlacht von Jena, indem er in der Nachbarschaft des Schlachtfeldes und zur selben Zeit, da Preußen geschlagen wurde, die *Phänomenologie des Geistes* schrieb; er rächte auch – postum und ein Jahrhundert später – der westlichen Weltseele russisches Debakel, indem er mit seiner dialektischen Interpretation der Geschichte Moskau eroberte.

Er war ein Begründer von Reichen – und auf dem Wege über den Marxismus nicht nur von Reichen des Geistes; und dennoch war er der Mann, den Hotho, sein treuer Schüler, sah, als er zum ersten Mal in sein Zimmer trat. Da saß er an seinem mächtigen Schreibtisch, die frühgealterte, gebeugte und ein wenig geschrumpfte Gestalt in einen gelbgrauen, spießbürgerlichen Schlafrock gehüllt, in den fahlen und schlaffen Gesichtszügen »keine Spur von imponierender Hoheit oder fesselnder Anmut«, mit ungeduldigen Händen in einem Wust unordentlich übereinandergeschichteter, durcheinandergeworfener Bücher und Papiere wühlend, und hob den Blick – gewiß von der Konstruktion eines endlos gewundenen Satzes – zu seinem Besucher auf, aber nur um des jungen Mannes Erwartung eines »wissenschaftlich herumtastenden oder anfeuernden Gesprächs« mit einem im breitesten Schwäbisch dargebrachten Bericht über Holland zu enttäuschen; denn dort war er gerade gewesen, hatte viel Gefallen an der Einfachheit der geographischen Syntax des Landes gefunden, und lobte die grüne Überschaubarkeit der Felder, den geradlinigen Fluß der Kanäle und die säuberliche Interpunktion, gesetzt von den Windmühlen [1]. Dies also war Hegel auch: der stille, ehrbare, gemütliche Professor; und nichtsdestoweniger war er der Raubtiergeist, dessen unstillbare dialektische Gier es auf das Ganze der Menschengeschichte abgesehen hatte, und der darob von Denkern wie Schopenhauer, Kierkegaard und Burckhardt verabscheut wurde. In seinem Bemühen, das Walten einer vernünftigen und wohlwollenden Vorsehung noch in den konfusesten, bösesten und irrwitzigsten Ereignissen des Weltgeschehens zu erkennen, war er der Theologe eines schlichten Glaubens; zugleich aber war er der Sprachbrauer, der Deutschlands gefährlichstes Exportbier braute, indem er, wie Nietzsche sagte, es zuwege brachte, »in der Weise eines Betrunkenen von den allernüchternsten und kältesten Dingen zu reden«[2]. Und seine Prosa – Nietzsche zählte ihn zu den »verhängnisvollen Stilisten«[3] – ist ja auch ein sehr beunruhigendes Phänomen, ein von schwerfälligen Händen errichtetes Labyrinth, in dem es freilich auch Wegweiser von exemplarischer Klarheit gibt; ein Gebäude im Barockstil von Wolkenkuckucksheim, in das dennoch Licht von großer Helligkeit fällt.

Dank der Anlage und natürlichen Neigung seines intellektuellen Charakters mit der Widersprüchlichkeit der Welt vertraut, wurde er zum ersten systematischen Diagnostiker der romantischen Malaise seines Jahrhunderts. Er fand die Ursache der unvermeidlichen Krankheit darin, daß der Geist, seiner Bestimmung gemäß, in wachsenden Widerspruch mit der Welt geriet, die Seele von den Umständen des Daseins sich löste und die menschliche Innerlichkeit von den äußeren Gegebenheiten. Nietzsche wäre es gewiß unlieb gewesen, zu erfahren, wie hegelianisch er selber war, als er gerade darin »die eigenste Eigenschaft« des »modernen Menschen« erkannte: nämlich in dem »merkwürdigen Gegensatz eines Inneren, dem kein Äußeres, eines Äußeren, dem kein Inneres entspricht«. Denn indem er hinzufügte, daß dies ein Gegensatz sei, »den die alten Völker nicht kennen«, wiederholte er nur auf seine bündige Art (und ohne die ursprüngliche Verlautbarung zu kennen) die kategorische und ungemein weitläufige Unterscheidung, die Hegel zwischen der klassischen Kunst und der romantischen Kunst trifft; und klassisch ist für den Autor der *Vorlesungen über die Ästhetik*[4] allein die Kunst der Griechen in ihrer klassischen Epoche, romantisch hingegen alle Kunst hernach. Und indem Nietzsche im Widerhall solch Hegel'schen Ernstes sich damit vergnügte, einen »klassischen« Athener zu einem Kongreß neuzeitlicher »Humanisten« kommen und dort entdecken zu lassen, daß diese nichts seien als wandelnde Enzyklopädien, die alles, was sie wertvoll dünkt, in ledernen Einbanddeckeln verwahren, auf deren Außenseite zu lesen steht: »Handbuch innerlicher Bildung für äußerliche Barbaren«[5], mischte er seinen Spott nicht bloß in Hegels epochale Diagnose, sondern auch in das elegische Dichten und Denken einer ganzen Epoche, hingegeben dem Heimweh nach der Herrlichkeit, die Griechenland hieß.

Von Winckelmann über Keats und Hölderlin zu Nietzsches *Geburt der Tragödie* und Rilkes »Archaischem Torso« nahm die europäische Dichtung und ästhetische Betrachtung immer wieder die Haltung von Goethes Iphigenie ein, wie sie von der Küste des barbarischen Exils das Land der Griechen mit der Seele sucht. Die goldenen Antlitze mykenischer Könige oder die Friese des Parthenons, des delphischen Wagenlenkers unnachahmliche Ruhe und Würde oder Laokoons stummer Schmerz, die Leier des Orpheus oder der Schild des Achilles, das Weinlaub des Dionysos oder der Lorbeer Apolls: dies waren die kostbaren Almosen, welche die Verarmten der späteren Zeit – die reichsten Armen, die es je gegeben – in ihre beneidenswerten Armeleutestuben des Geistes sammelten. Was war der Anlaß dieser bezwingenden Griechen-Sehnsucht, so energisch in ihrem Wirken, so inspiriert in ihrer Trauer, und so »klassisch« in ihrer romantischen Schwärmerei? Was machte diese Geister zu so erpichten Empfängern der uralten Botschaft, die sich zum Beispiel Keats in seiner »Ode auf eine griechische Urne« vom *»Sylvan historian«* bringen ließ: daß »das Schöne die Wahrheit ist, die Wahrheit das Schöne«? Was, wenn nicht die Zweifelssorge, die bereits zu bangen begann, ob auch nur dieses Fragment der platonischen Gleichung vom Wahren, Guten und Schönen für die neue Zeit noch immer ganz wahr sei, oder nicht vielmehr nahe daran, nicht einmal mehr gut und schön zu sein? Wartete ja doch schon Nietzsche vor dem Tor, mit genug Dynamit (das zu sein, er sich einmal rühmte), um mehr zu zertrümmern als eine griechische Vase. Das Wahre und das Schöne sind eins? So fragte er, als richtete er – kaum siebzig Jahre später – seine Frage an Keats, dessen Dichtung er nicht kannte, und beantwortete sie, indem er den Zeugen, der solches aussagte, des philosophischen Meineids bezichtigte. Und verkündigte, daß die Wahrheit häßlich sei. Und das Schöne? Wir *machen* es, und machen es zu unserer Zuflucht und unserem Versteck vor der Häßlichkeit dessen, was wahr ist: »Wir haben die *Kunst*, damit wir *nicht an der Wahrheit zu Grunde gehen*«[6]. Und wer wagt einundeinhalbes Jahrhundert nach jener Ode des englischen *»happy melodist«* noch zu sagen, daß das Schöne der sinnliche Aspekt des Wahren sei? Gewiß nicht die Künstler selbst, es sei denn an einem trübseligen Sonntag lügnerischer Festrednerei. Im Gegenteil, seit langem schon treibt es sie mit der Gewalt einer dämonischen Paradoxie zu einer Schönheit ohne »wahre«, »wirkliche« und »konkrete« Bedeutung, oder aber zu »wahren und wirklichen« Bedeutungen jenseits der Reichweite des Schönen; und diesem Zweck obliegen sie nicht selten, indem sie die Sinne mit absichtsvoller Häßlichkeit empören oder mit Exzessen von lüsterner Unlust und lärmender Langeweile betäuben. Denn das Schöne ist nichts als der Anfang der schrecklich-unsagbaren Wahrheit, die, wollten wir sie sagend wahrnehmen, uns zerstören müßte – uns, die wir bestenfalls ein wenig Poesie zu ertragen vermögen und schlimmstenfalls auch nicht ein Quäntchen der wahren Wirklichkeit. Daher kommt es auf Poesie nicht mehr an; worauf es ankommt, das ist der Angriff auf das noch Ungeformte und Ungesagte, wie schäbig auch unsere Ausrüstung sei. Denn alles, was zu wissen not tut hier auf unserer Erde, die es endlich zur Verwüstung ihrer Wirklichkeit gebracht hat, ist, daß das Schöne nicht die Wahrheit ist, die Wahrheit nicht das Schöne. Griechenland, leb wohl! *Good-bye, fair attitude!* Adieu, du attische Gestalt!

Dieses Ensemble von parodierten Zitaten aus Keats und Yeats und Rilke und T. S. Eliot mag als kürzester Weg *in medias res* dienen. Die Frage ist: Wie groß ist die Entfernung zwischen dem Künstler, der jene attische Gestalt schuf, die griechische Urne, und dem englischen Dichter, der sie im Jahre 1820 besang? Und die Entfernung zwischen Keats und unseren Sängern, die immer traurigere und immer ungereimtere Lieder singen, Lieder, bei denen Melodien fehl am Orte wären und die Poesie nichts ausmacht? Es wäre sinnlos, diesen Abstand mit dem Maß der zwei Jahrtausende zu messen, die vergangen waren, ehe die antike Vase sich in jene lyrische Entzückung der englischen Sprache verwandelte; oder mit dem Maß des armseligen Jahrhunderts, das zwischen Keats' »Ode an eine Nachtigall« und den argen Träumen liegt, die T. S. Eliot seinen Sweeney unter diesen Vögeln träumen läßt. Denn es ist nicht nur die Ewigkeit, die, wie es in der Keats'schen Ode heißt, unseres Denkens spottet; dies vermögen allein schon zweitausend Jahre. Das Hegel'sche Denken jedoch fände das Maß jener Distanz in den ersten vier Zeilen der zweiten Strophe von Keats' Gedicht, Zeilen, die Hegels Unterscheidung zwischen klassischer und romantischer Kunst *ad oculos* – oder besser: dem Auge des Geistes – zu demonstrieren vermögen; und Hegel hätte beteuert, daß weder dem griechischen Erzeuger der Urne noch auch nur einer der Figuren, die in marmorner »wilder Jagd« sie zieren, diese Verse begreiflich gewesen wären:

> Heard melodies are sweet, but those unheard
> Are sweeter; therefore, ye soft pipes, play on;
> Not to the sensual ear, but, more endear'd,
> Pipe to the spirit ditties of no tone . . .

Kein griechischer Pfeifer wäre der Aufforderung nachgekommen, und die Botschaft selbst wäre tauben griechischen Ohren gepredigt worden. Denn nur die Akustik des romantischen Raums verleiht unhörbaren Melodien die süßere Süße, nur das romantische Sensorium ist auf tonlose Liedchen gestimmt; und noch mehr erstaunt und verwirrt hätte den griechischen Sinn die Gepflogenheit der romantischen Sensibilität, die herzkönigliche Trumpfkarte des Todes auszuspielen, wenn der hörbare Ton am reichsten und süßesten tönt, und der Pfeifer nicht etwa, wie er es auf der schweigsamen Urne tut, lautlos pfeift, sondern, wie in jener anderen Ode von Keats, die laute Nachtigall ist, die in den dunklen Buchen singt:

> Now more than ever seems it rich to die,
> To cease upon the midnight with no pain

und also in das Schattenreich einzugehen, das der abgeschiedene griechische Held, wie Homer im elften Buch der *Odyssee* erzählt, so gern wieder verlassen hätte; ja, er wäre sogar bereit gewesen, seine Herrschervorrechte in der Unterwelt einzutauschen gegen das bloße Dasein eines Schweinehirten bei irgend einem armen Mann auf der hellenischen Erde, um, wie man annehmen darf, noch einmal, und zwar mit seinem sinnlichen Ohr, die Nachtigallen singen zu hören in Tempe oder den Tälern Arkadiens.

Dies sind Variationen auf das gewichtige Hegel'sche Thema von der klassischen und romantischen Kunst. Denn Hegel ist in seinen *Vorlesungen über die Ästhetik* der systematische Theologe der quasi-religiösen Verzauberung, die so viele der bezauberndsten Geister des 18. und 19. Jahrhunderts zu den klassischen Griechen zog. Er ist der Metaphysiker ihrer Hypnose und der methodische Pharmakologe ihrer Berauschtheit. Doch gibt es auch bei ihm die rührenden Augenblicke, da inmitten seiner schweren transzendentalen Erwägungen der Pharmakologe selber sich berauscht – nicht an der Formel, sondern am Getränk – und etwa nach noch einer Passage bohrenden Spekulierens über die griechische Kunst ausruft: »Schöneres kann nicht sein und werden«[7]. Es klingt, als hätte sein Blick sich soeben abgewandt – nicht von den vorhergehenden grauen Sätzen, sondern vom olympischen Apollo selbst; und als hätte er diese Worte gesprochen, da er von ihm sich umkehrte nach den grünen Feldern, gebrochenen Marmorsäulen und roten Anemonen eines Frühlingstages in Olympia. Aber als er sie schrieb, saß er wahrscheinlich an dem von Hotho geschilderten Tisch des papiernen Chaos. Es mag wohl sein, daß er zwischen dem Glanz jenes inneren Gesichts und dem Staub dieses äußeren Tisches entdeckte, was er für das Geheimnis der griechischen Kunst hielt, jener Kunst, die, wie keine andere Kunst keiner anderen Epoche, nichts wußte von solchem Zwischenraum.

In der Odyssee des Geistes, deren Autor Hegel ist, stehen die klassischen Erzeugnisse der griechischen Künstler an bedeutsamer Stelle. Sie bezeugen den Augenblick des Friedens, ja die frohe Hochzeit und kurzlebige glückliche Ehe zwischen dem Geist und dem Stoff, aus welchem die konkrete Welt besteht: dem Stoff, welchen wir sehen und mit Händen greifen, und welchem *homo faber,* der Handwerker, der Künstler, die Bilder und Formen des Geistes einverleibt. Gewiß, die Ergebnisse solchen Schaffens sind unterschiedlich, und unterscheiden sich voneinander je nach der Geschicklichkeit und dem Talent der individuellen Erzeuger sowie auch nach dem jeweiligen Bedarf und Vermögen der Gesellschaft; aber sie unterscheiden sich auch von einer Epoche zur nächsten auf eine noch andere Weise, die sich einer so bequem und täuschend empirischen Bestimmung entzieht. Und gerade *diese* Verschiedenheit – nicht des individuellen Könnens, sondern des gemeinsamen Geistes, nicht des erforschbaren *Wie* der Verrichtung, sondern des unerforschlichen *Was* der Gestalt – diese Verschiedenheit der Epochen also ist es, auf die Hegels metaphysischer Blick sich richtet; und kein anderer als der metaphysische Blick vermag zu sehen, wenn der Gegenstand der Betrachtung nicht die Empirie der Ursächlichkeiten ist, sondern der *Sinn* der also verursachten Dinge. Mögen die Archäologen mit empirischem Zeigefinger auf die prosaischen Verwendungen weisen, welche die Griechen für ihre kunstvollen Behälter hatten: Keats' griechische Urne wird dennoch nicht ihre Macht verlieren, uns in metaphysisches Staunen zu versetzen, und nicht ihren poetischen Sinn als die *»still unravished bride of quietness«*; mag biologisches Wissen uns bereden, daß der Gesang der Nachtigall eine bloße Episode im unerbittlichen Fortpflanzungsplan der Natur sei, die hier das sterbliche Einzelwesen auf so melodiöse Art zur Erhaltung der Gattung verführt: unberührt davon bleibt die poetische Wahrheit der Keats'schen Verszeile *»Thou wast not born for death, immortal bird!«*

All das versteht sich von selbst. Und dennoch: sobald wir es, statt mit poetischen, mit philosophischen Bedeutungen zu tun bekommen, statt mit Nachtigallen und griechischen Urnen mit der *Idee*, die sich in Kunstwerken darstellt, und zwar so, daß wir diese Schöpfungen, und seien sie von den Zornigen, den Armen, den Glücklichen oder den Stolzen der Zeit geschaffen, auf Grund einer ganz und gar geheimnisvollen Verwandtschaft jeweils als Erzeugnisse ein und derselben Epoche erkennen; sobald wir uns von Keats – den wir, »sensitiv« wie wir sind und poetisch geübt, zu verstehen glauben – zu Hegel begeben, den wir, auf unseren Verstandesstolz und unsere metaphysische Skepsis pochend, der transzendentalen Großsprecherei verdächtigen; sobald wir, mit anderen Worten, aus dem vagen Mitschwingen und Nachbeben unserer ästhetischen Sensibilität zu strengeren geistigen Aufgaben gerufen werden, wird das, was soeben noch offensichtlich schien, zu einer bedrohlichen Verletzung unserer Etikette der konzilianten intellektuellen Konfusion. Damit sei die Meinung geäußert, daß Hegels Theorie, die in der Geschichte der Kunst die wechselvollen Beziehungen zwischen dem Geist (oder der Idee) und der sinnlich wahrnehmbaren Wirklichkeit, zwischen dem Prinzip der bedeutenden Form und dem

Prinzip des ungeformten Stoffes reflektiert sieht, eine wahrhaft erhellende Theorie ist; ja mehr noch: eine Theorie, welche die Kunst, indem sie diese die Last der Wahrheit tragen läßt, als eine der edelsten Disziplinen in der Erziehung des Menschen rechtfertigt – sehr im Gegensatz zu moderneren, trivialeren und deshalb in diesem Zeitalter der seriösen Kapricen leichter an den Mann zu bringenden ästhetischen Dogmen.

2

»Schöneres kann nicht sein und werden«, sagt Hegel – in Übereinstimmung mit seinem Jahrhundert – von der griechischen Kunst; und wie der Lobgesang seines Jahrhunderts gilt auch sein Superlativ vor allem der griechischen Skulptur, der Kunst, die den menschlichen Körper zu einem Kunstwerk macht – den menschlichen Körper als das Gefäß des Geistes, ja, nach Hegel, in seinem *einmaligen Einssein mit dem Geist.* Freilich wäre die Skulptur nicht das, was sie ist, nämlich Kunst, wenn sie den Gegenstand, den sie abbildet, nicht idealisierte. Was aber in der genauen philosophischen Wortbedeutung idealisiert wird, ist nicht einfach verschönt. Denn der Leib des gekreuzigten Christus, den Grünewald in der Verzerrung der Todesqual gemalt hat, ist in diesem Sinn nicht weniger »idealisiert« als die schon allzu graziöse Gestalt, die Praxiteles seinem Hermes gab, wie er dem Kind Dionysos die Traube vor die Augen hält. Idealisieren heißt hier, eine Idee im Bild einer natürlichen Form darstellen; und die Idee, die, wie Hegel glaubte, die klassische Bildhauerkunst der Griechen in dem also idealisierten Abbild des menschlichen Körpers »verkörpert«, ist die volle

Gegenwart des Geistes im natürlichen Menschenwesen. Dies jedoch ist nicht eine Idee, welche die griechischen Künstler »hatten«, oder ein Gedanke, auf den sie kamen; es ist für Hegel ein Ereignis in der Geschichte der Idee und des Geistes selbst.

Nicht umsonst nannten wir Hegel den Theologen der Griechen-Religiosität seiner Zeit. Denn seine Definition der griechischen Kunst ist die ästhetische Fassung des Dogmas von der Inkarnation: das Wort wird hier nicht Fleisch, sondern ein Werk der Kunst, und zwar auf so vollkommene Weise, daß dem betrachtenden Sinn kein Raum mehr bleibt für seine gewohnten Unterscheidungen zwischen Form und Gehalt, Erscheinung und Wahrheit, Sein und Bedeutung. Die Erkenntnis, um die Winckelmann, Goethe, Schiller, Hölderlin, Rilke und viele andere immer von neuem in Dithyramben, Hymnen, Disquisitionen, Aphorismen und Elegien sich deutend mühten: die edle Einfalt im Gegensatz zu all dem Zwiespältigen und Halbschlächtigen, den unadeligen Dualismen, ruinösen Spannungen und sieben tödlichen Zweideutigkeiten späterer Zeiten – die stille Größe, mit welcher die Kunst der Griechen Winckelmann bezauberte; die ideale Anschaulichkeit, die reine Gegenwart, die Eintracht zwischen dem Realen und Idealen, in deren Betrachtung Goethes ruhelose Seele ihre schönsten Augenblicke gelassener Heiterkeit erlebte, als er sich zu den Altertümern Italiens flüchtete; das Schöne und Hohe, das, wie Schiller in den »Göttern Griechenlands« elegisch sang, bei den Griechen im lebendigen Leben lebte und nicht, wie in seinen Zeitläuften, nur in der Lobpreisung dessen, was im Leben untergegangen war; des gemeinsamen Geistes Gedanken nicht still endend in der Seele des Dichters, wie es in Hölderlins Hymne »Wie wenn am

Feiertage ...« heißt, sondern, wie im Hellas seiner Elegie »Brod und Wein«, die Wohnstatt der Menschen mit dem Mittagslicht ihres himmlischen Leuchtens füllend; der Torso Apollos, dessen Geist, wie Rilke in seinem Anblick fühlte, aus allen Poren des Steins bricht, vorwurfsvoll das Leben des Dichters in seiner eigenen Zeit in Frage stellend – in einem Satz: die Glaubenserkenntnis, daß der Geist an jenem einzigen Pfingsttag der Geschichte ausgegossen war über die leibhaftige Menschenwelt und sie mit dem Glanz seiner Anwesenheit durchdrang, ist der Sinn von Hegels Theorie der klassischen Kunst. Man könnte sie die Theorie des idealischen Naturalismus nennen. Denn sie handelt von einer Kunst, in welcher die üblen Heimsuchungen und häßlichen Drangsale des leiblichen Daseins, das bald zum beklagenswerten Kerker der Seele werden sollte, nicht prüde übergangen oder sentimental verleugnet, sondern wahrhaft ausgelöscht sind, und zwar so, daß das Ideal hier Natur hat, und der Körper die Realität des Geistes.

»Diese hohen Kunstwerke«, schrieb Goethe während seines zweiten Aufenthalts in Rom (6. September 1787), »sind zugleich als die höchsten Naturwerke von Menschen nach wahren und natürlichen Gesetzen hervorgebracht worden. Alles Willkürliche, Eingebildete fällt zusammen: da ist die Notwendigkeit, da ist Gott«. Dies ist Hegels Sinn und besser geschrieben, als Hegel schrieb. Nun, die Propheten haben stets bessere Prosa geschrieben als die Theologen; und Hegel war der Theologe von Goethes – und nicht nur Goethes – griechischer Intuition. Auch wußte er, daß Goethes eigene Kunst es nie so anhaltend und vollständig zu dieser Verschmelzung der Bereiche des natürlichen und des ästhetischen Gesetzes bringen konnte, auch wenn viele seiner späteren romantischen Bewunderer – und gegen den Hintergrund des zunehmenden romantischen Zerfalls mit gutem Recht – ihm gerade dies nachrühmten, zum Beispiel Adam Müller, der von ihm sagte, er habe »im Gleichgewicht mit der Sprache« gelebt, und also »mit der äußeren Welt«[8]. Freilich gilt dies von ihm unvergleichlich mehr als von irgendeinem andern in der romantischen Zeit. Trotzdem aber war ihm, wie er selber wußte, ein gerüttelt Maß von der Problematik der Kunst in ihrer romantischen Epoche zugemessen. Gewiß, das Extrem-Romantische war ihm verhaßt; aber der Dichter des *Torquato Tasso* und des *Faust* kannte das Ungenüge, das der Geist an der Wirklichkeit fand, und kannte, indem er sie bekämpfte, die Tendenz des Geistes, sich ganz in sich selbst zurückzuziehen.

Wie Hegels »symbolische« Kunst – das heißt alle orientalische Kunst vor der Epiphanie der griechischen – für seine *Ästhetik* mehr ein tastendes Suchen nach den dem Geist gemäßen Bildungen ist als der Schauplatz seiner Verleiblichung, mehr die Magier-Geste der Beschwörung als die Feier des Advents, so zieht sich in seiner »romantischen« Kunst der Geist in erhabener Undankbarkeit wieder aus der menschlichen Sinneswelt zurück, wo er eine glückliche Jahreszeit lang sein Haus und seinen Hafen hatte, und verläßt sie mit Trauer und aus Schicksal, um seiner unbedingten Verwirklichung und Freiheit in dem ihm zuletzt einzig angemessenen Medium zuzustreben: dem Medium der *reinen Innerlichkeit der menschlichen Subjektivität.* Die symbolische Kunst, sagt Hegel, »*sucht* . . . jene vollendete Einheit der inneren Bedeutung und äußeren Gestalt, welche die klassische . . . für die sinnliche Anschauung *findet* und die romantische . . . *überschreitet*«[9].

Hegels Freund Hölderlin erlitt in seiner Seele, was der Philosoph in philosophischen Gleichmut und ästhetische Entsagung verwandelte: das schmerzliche Dilemma des protestantischen Christen, der sich in die Griechen verliebt hat. Hölderlins wehrlos verwundbarer Geist ward zerrissen von der Not und Unmöglichkeit, zwischen den griechischen Göttern des in Schönheit verkörperten Geistes und dem geistlichen Gott des gekreuzigten Leibes zu wählen. Aber selbst bei Hegel kann derjenige, der für die intimeren Offenbarungen der Sprache empfänglich ist, mit Rührung beobachten, wie sein schwerfälliger Stil – der Stil von Nietzsches »verhängnisvollem Stilisten« – oft fast poetisch licht und geschmeidig wird, wenn er jener absoluten Schönheit der griechischen Kunst, der in all ihrer Absolutheit dennoch das Urteil gesprochen war nach der Satzung der unausweislichen Geschichte des Geistes, sein philosophisches Lebewohl entbietet. Diese Stellen lesen sich manchmal wie keineswegs ganz mißglückte Einübungen in der Poesie der unglücklichen Liebe. Sie haben einen Fluß, der aus wärmeren Quellen kommt als die reine Spekulation.

»Schöneres kann nicht sein und werden«; denn die griechische Kunst als des Geistes sinnlicher aber leider sterblicher Leib, als das von allen mühseligen Dualismen befreite Einssein von Wesen und Schein, Sinn und Wirklichkeit, Gehalt und Form, war, wie Hegel sagt, Kunst »nach ihrer höchsten Bestimmung«, und »nach der Seite ihrer höchsten Bestimmung« war die Kunst schon zu seiner Zeit – man bedenke: zur Zeit der »klassischen« Epoche der deutschen Dichtung und Musik – unwiederbringlich »ein Vergangenes« [10]. Und sie mußte immer tiefer in die Vergangenheit sinken, je klarer der Geist die Paradoxie im Herzen des Glücks wahrnahm, dessen er sich in seiner (im Grunde unvereinbaren) Ehe mit der Wirklichkeit erfreute, da einmal, und nur einmal, die Geschichte der Idee sein Eingehen in die Leibhaftigkeit ermöglichte [11]. Die Ahnung der Vergänglichkeit, mit der selbst dieses *non plus ultra* von Schönheit und Kunst den sublim entzückten Geist erschreckt, ist der Preis, den die christliche Tradition, wenn nicht die Wahrheit selbst, von ihren abwegigen Wanderern forderte, die unwiderstehlich angezogen waren vom Gipfel des Olymp. So verhängt denn Hegels Metaphysik das Todesurteil sowohl über die klassische wie die romantische Kunst. Die klassische Kunst mußte untergehen, weil es bei dem einmalig-vollkommenen Einverständnis zwischen Geist und sinnlicher Wirklichkeit nicht bleiben konnte: denn den Geist mußte es zuletzt nach der Freiheit von jeglicher sinnlichen Behinderung verlangen. Die romantische Kunst aber hat ja von Anfang an die Vertrauenskrise dramatisiert, die in den Beziehungen des Geistes zum Konkret-Wirklichen, also zum Material der Kunst selbst, notwendigerweise entstand. Und dieser Verlust an Vertrauen ist unwiderruflich; hat er doch seinen Grund in der wahren Idee, die der Geist von sich selber hat, in dem Bewußtsein, daß es sein Schicksal ist, seine absolute Freiheit und seine objektive Existenz in der unbeschränkten Subjektivität der menschlichen Innerlichkeit anzustreben. Daher ist die romantische Kunst die Absage an das »Kunstschöne« als die Verkörperung der Idee, und ist die Auflösung des kostbaren Kristalls, der nach Hegel dort sich bildete, wo ein einziges Mal Natur und Geist das Gleichgewicht ihrer Kräfte fanden.

Dies ist die bündigste Formel der für die Kunst so fatalen Hegel'schen Dialektik: die klassische Kunst konnte nicht währen, weil sie im Widerspruch stand zur wahren Idee des Geistes; und die romantische Kunst mußte vergehen, weil sie der wahren Idee der Kunst zuwiderlief und also unaufhaltsam dem Tod zutrieb, dessen Keim sie von Anbeginn in sich trug. Und das, sagt Hegel, dürfen »wir jedoch als kein zufälliges Unglück ansehen, von welchem die Kunst von außen her durch die Not der Zeit, den prosaischen Sinn, den Mangel an Interesse ... betroffen wurde; sondern es ist die Wirkung und der Fortgang der Kunst selber ...«. Denn der Geist plackt und gräbt in der Erde der Dinge nur, »solange noch ein Geheimes, Nichtoffenbares darin ist«, ein Verborgenes, das den Geist mit der Erwartung lockt, es werde, wenn es erst einmal ans Licht gebracht ist, des Geistes Selbsterkenntnis bereichern. Hat aber der Geist die unabweisliche Negativität seines Verhältnisses zur Wirklichkeit erst einmal zur Gänze an sich erfahren, so ist der positive Geist der Kunst *in extremis*. In diesem Zusammenhang erwähnt Hegel Aristophanes, der, wie er meint, nicht nur die um sich greifende Korruption der Republik anzeigt, sondern die Erschöpfung des positiven Geistes der griechischen Kunst[12]. Ein späterer Hegel wäre gewiß nicht in Verlegenheit, spätere Namen zu nennen, um die Negativität der Kunst in ihrer Entfremdung von den Realitäten des Zeitalters aufzuweisen; er müßte nur die schon längst obligatorischen Namen von Baudelaire, Proust, Picasso, Rilke, T. S. Eliot, Kafka, Thomas Mann, Sartre, Camus, Brecht rezitieren, ohne der Reihe bis zu den noch späteren zu folgen, den Autoren von letzten Bändern, Endspielen, Blechtrommeln, Rhinozerossen und anderen Zoogeschichten über die Desolatheit des Geistes im Anblick einer desolaten Welt.

Als Goethe vom *Torquato Tasso*, seinem im Hegel'-

schen Sinn romantischsten Werk, sagte, sein Thema sei »die Disproportion des Talents mit dem Leben« [13], hätte er sich ebenso gut der Sprache Hegels bedienen und von der romantischen Unvereinbarkeit des Genius der Kunst, ja des Geistes selbst, mit den realen Bedingungen der Existenz sprechen können. Denn des Goethe'schen Tasso tragisches Ungemach kommt aus einer überreichen Subjektivität, sei es die der Poesie oder die der Liebe, die im unheilbaren Zerwürfnis mit einer Welt lebt, in welcher zu denken und zu fühlen nichts anderes heißt als, in Keats' Worten,

> ... to be full of sorrow
> And leaden-eyed despairs ...

Was im Drama selbst von Tasso gesagt wird – daß er sich immer wieder in sein eigenes Innere zurückzieht, »als wäre ganz die Welt in seinem Busen« und draußen keine Welt –, sagt Hegel von der eingeborenen Tendenz der romantischen Kunst [14]. Daher definiert Hegel alle nachgriechische Kunst, alle romantische Kunst, recht eigentlich als die Kunst *post artem*, den lang ausgehaltenen und überaus ergiebigen Nachgedanken der Kunst, wenn der Geist schon merkt, daß kein rechter Verlaß mehr auf sein Bündnis mit den sinnlichen Medien ist, und ahnt, daß er eines Tages seine Befriedigung allein »in seinem eigenen Inneren als der wahren Form für die Wahrheit« wird finden müssen [15].

In seinem eigenen Inneren ... Der Reisende, der von den Tempeln Griechenlands zu den Kirchen Frankreichs kommt, vermag diesen Rückzug mit Augen zu sehen. Wenn er den von der Tageshelle noch verwöhnten Blick dem Dämmerlicht in den Wohnstätten des Herrn in der

Auvergne, in Le Puy oder Issoire oder Brioude, anzupassen sich müht, und dann des Heiligtums von Aegina gedenkt, wo er vor wenigen Tagen erst war, so ist ihm, als folge er der Heimkehr des Hegel'schen Geistes von seinen Marmorweiden unterm freien Himmel in seine geheime Höhle, die von Stein umschlossen ist –, von eben jenem Stein, der dann seinerseits wieder der erstaunlichsten Kampagne zum Opfer fällt, die je der Geist gegen die natürliche Schwere des Materials geführt. Diese Spitzbogen und Spinnengewölbe, diese Strebepfeiler, Säulenbündel und Spitztürmchen, dieses Filigran-Maßwerk und diese riesigen Rosetten von Bourges, Chartres oder der Ste. Chapelle von Paris sind alle verschworen, das massive Gemäuer aufzulösen, weil es des inneren Geistes Trachten ist, der steinernen Bürde ledig zu werden. Und was das sinnliche Auge dort sieht, sind nicht die Pinien, die Ölbäume und das Meer, die es aus der Säulenhalle auf der Höhe von Aegina sah; es sieht, was nur aus dem Inneren der sakralen, dunklen Einschließung zu sehen ist: die Geschichte des fleischgewordenen und also leidenden Gottes, in die Fenster gemalt mit Farben, als hätte das Herz eines Kindes sie erfunden. Und da ist noch mehr, was überhaupt nicht zu sehen ist: Prozessionen von Figuren und Überschwang von Zierat hoch unterm Dach und versteckt in Ecken und Winkeln, und doch mit unendlich geduldiger Kunst gemacht für keines Menschen Blick, sondern Gottes oder des Geistes. Das ist Hegels »romantische Architektur« [16], das großartigste der Bühnenbilder der romantischen Kunst, der Kunst, die in allen ihren Szenen – mit Rilkes vierter Elegie zu sprechen – die Szenerie des Abschieds zeigt, den die Seele von der äußeren Welt nimmt.

3

In allen ihren Szenen? Selbst in jenen, da, wie etwa in der flämischen Malerei von den van Eycks zu Quentin Matsys, die romantische Bühne mit einem Übermaß von Dingen der sichtbaren Welt sich füllte, geradeso, als gälte – so sehr im Widerspruch zu Hegels Meinung – der Geist nichts und alles die Textur von Brokat, die Anfühlbarkeit von Samt, die Weichheit von Pelzwerk, das Glitzern von Gold, die Rundung von Äpfeln, oder dieses bestimmte Scharlachrot dieses bestimmten Mantels? Es wird berichtet, daß Michelangelo von dieser Art zu malen gesagt habe, daß es in Flandern den Malern nur darauf ankam, »die äußere Erscheinung der Gegenstände genau und täuschend nachzuahmen« und »viele Dinge darzustellen, wo an einem genug wäre«[17]. Welch eine Abweisung, so scheint es, von Hegels Theorie, und eine, die um so wirkungsvoller sein könnte, als Hegel selbst im gewundenen Lauf seiner Betrachtungen über die einzelnen Perioden der Kunst manchmal seine These aus den Augen verliert. Dennoch mag Michelangelos Kritik aus Unwissenheit kommen; er begriff wohl nicht, was manche späteren Interpreten der flämischen Kunst zu wissen glauben: daß nämlich viele der Dinge, die sich nach seinem Urteil mit pedantischer Irrelevanz und unter Mißachtung des Formgesetzes auf diesen Bildern zusammendrängen, nicht so sehr Dinge in ihrem realistischen Eigenrecht sind, sondern Allegorien des religiösen Lebens. Wie dem auch sei, und ob nun die inständige Huldigung, welche die Meister der Niederlande den Dingen darbringen, in diesem oder jenem Fall der Absicht entspricht, sie in ihrer quasi-sakramentalen Bedeutsamkeit darzustellen; oder ob Hegel selbst recht hatte, wenn er, die soziologische Methode vorwegnehmend, meinte, daß diese Feierlichkeit im Umgang mit dem weltlichen Mobiliar des Daseins den Besitzerstolz eines prosperierenden Bürgertums widerspiegele[18] – solche Fragen verlieren an Interesse, sobald wir des stummen Dramas gewahr werden, das sich zum Beispiel auf Jan van Eycks Gemälde des Brautgemachs der Arnolfini zwischen Mensch und Dingen abspielt.

Lassen wir den offenbaren Bürgerwohlstand des Paares und die nicht so offenbaren allegorischen Bedeutungen von Hund und Kerzenflamme und abgestreiften Pantinen dahingestellt sein; auch wollen wir nicht zu viel Aufhebens machen von dem Spiegel im Hintergrund, von welchem sich sagen ließe, daß er die intime Szene mit der reflektierten vierten Wand ganz in ihren Innenraum einschließt und zugleich auch, indem er den Maler an seiner Staffelei zeigt, den Zauber der Intimität wieder bricht und – noch durch dieses winzige Selbstporträt und wie zur Bestätigung der Hegel'schen These – das ganze Ensemble von Mann, Frau, Dingen und Bedeutungen als subjektives Eigentum des romantischen Künstlers in Anspruch nimmt. Kaum zu übertreiben ist jedoch der dramatische Kontrast zwischen der Üppigkeit der äußeren Erscheinung etwa des Bettes, dem jede Falte und jeder Schatten seiner dunkelroten Draperien wie in einer Trance naturalistischer Beobachtung abgeschaut ist, und der Madonnenentrücktheit des Gesichts der Frau oder dem nach innen gekehrten Blick des Mannes, der, so meint man, nicht seine Frau sieht, sondern eine Landschaft der innersten Seele. Da steht ein Ehepaar und gleich neben ihnen das Ehebett; in der Perspektive des Geistes aber ist der Abstand unendlich. Das wäre eine ausgeartete Phantasie, die ihn verkürzen wollte. Die

Einladung, die von der höchst kunstvoll und sorgsam abgebildeten Sinneswelt ausgeht, findet ihren Adressaten nicht. Dieser hat sich an einen unerreichbaren Ort im Innern des Herzens zurückgezogen. So kommt es denn, daß noch van Eycks energischer Realismus Nachricht gibt von der verhängten Entfremdung zwischen Welt und Seele, oder auch davon, daß *so* der Menschensinn sich die Dinge nur einprägt, weil sie, noch ehe die Geschichte der Kunst zu Ende geht, sich verlieren werden in der Anonymität massenhaft produzierter Sinnlosigkeit.

Und was sagt der Mann auf dem Bild mit der Geste seiner rechten Hand? Daß er das Ehegelöbnis heilig zu halten gewillt ist. Gewiß ja; doch sieht es auch so aus, als verwehre er den so fest artikulierten Dingen, in das Schweigen der inneren Räume einzudringen. Und blicken wir noch einmal auf sein fast unirdisches Gesicht, das wie mit einem dunklen Heiligenschein von der großen Krempe des schweren Hutes umgeben ist. Es ist nicht weithergeholt, sich von diesem Gesicht an ein anderes unter einer noch schwereren Bedeckung gemahnen zu lassen, eines, das unter demselben Himmelsstrich zwei Jahrhunderte später gemalt wurde: an Rembrandts »Mann mit dem Helm«. Und Rembrandt malte wie kein anderer das Hegel'sche Drama der romantischen Kunst: wie der Geist der menschlichen Innerlichkeit sich von der greifbaren, fühlbaren Welt verabschiedet, ein Abschied in jenem berühmten Licht, das so wählerisch auf den äußeren Gegenstand fällt. Das goldene Licht, das mit dem Helm spielt, kommt aber vom Sonnenuntergang der Dinge und bereitet die scheinende Folie für den Rückzug, den das Gesicht des Mannes verkündet: den Rückzug des Geistes in die menschliche Subjektivität. In den späteren Selbstporträts dieses radikalen »Naturalisten« unter den alten Meistern ist es fast, als wäre der Geist an diesem seinem Ziel angelangt. Denn trotz ihrer kräftigen Auftragung scheint hier die Farbe sich dafür zu entschuldigen, daß sie in ihrer Stofflichkeit überhaupt noch da ist. Es ist eine Apologie, so schön wie diejenige des Sokrates, da er die Welt verläßt und in den wahren Bereich der Seele eingeht; und Platons Sokrates war, wie Hegel andeutet und Nietzsche ausspricht, nicht mehr »klassisch« und bereits »romantisch« auf Grund seines Glaubens, daß die transzendentalen Ideen niemals – nie wieder, müßte Hegel sagen – dem Menschen auf den Marktplätzen seiner gewohnten Wirklichkeit begegnen werden. Rembrandt wirkte am Ende – und am Rande des Schweigens von *vanitas vanitatum vanitas* – das Wunder, mit einer Ausdruckskraft, die so mächtig wie scheu ist, das Auge sehen zu lassen, was sich von Natur aus der sinnlichen Wahrnehmung entzieht: die reine menschliche Innerlichkeit.

Darin hatte er einen Vorgänger; und sonderbarerweise – oder auch wieder nicht so sonderbarerweise, wenn man bei Hegel in die Schule ging – in einer Epoche der Kunst, welche den Geist des klassischen Altertums wiedergeboren zu haben vermeinte und die Nachwelt dazu bewog, sie bei dem Namen einer solchen »Renaissance« zu nennen: Michelangelo im hohen Alter. Doch selbst schon des jungen Michelangelos David – der Künstler war sechsundzwanzig, als er daranging, den Carrara-Marmorblock zu retten, den ein anderer völlig verdorben zu haben schien –, selbst sein David, Sieger über alle Häßlichkeit der Welt, ist trotz seiner unverkennbaren hellenistischen Abstammung ein Wesen anderer Art als etwa der olympische Apollo, der im Triumph über die Vernichtung der Kentauren präsidiert. Während der olympische Apollo zu sagen scheint: »Alles wird gut sein, wenn dies vollbracht ist«, liegt in Davids Haltung und seinem in die Ferne gerichteten Blick noch anderes als die Erwartung des Riesen; es liegt darin die verhaltene Frage: »Und was wird vollbracht sein, wenn dies getan ist?«, so als wäre selbst dieses gottgewollte Vollbringen nicht unberührt von der Wehmut jeglicher Tat, die getan wird im Fleisch der Wirklichkeit. Denn wie der Hegel'sche Weltgeist es befiehlt, konnte es bei der kühneren Weltlichkeit jener früheren Phase der Renaissance, der Donatellos David entstammt, nicht bleiben; nicht einmal für den älteren Donatello selbst, den Schöpfer des mystisch-gotischen Täufer-Johannes in Venedig oder der Magdalena in Florenz. Jedoch ist auch sein früher David kaum griechisch in seiner exquisit koketten Eleganz; viel eher ist er die Verkörperung alles dessen, was es in den Liedern der mittelalterlichen Troubadours an weltlich-erotischer Verfeinerung gab, und also die Vorwegnahme späterer romantischer Galanterien, wenn man nicht gleich so historisch-verwegen sein will, ihm die Musik von Mozarts Cherubino abzuhören. Wahr aber ist es schon, daß dieser David mehr für Siege in Liebesgeplänkeln geschaffen scheint als für die Erfüllung mörderischer Herkulesaufgaben.

Näher im Geist, wenn auch freilich nicht in der Ausführung, kommt dem David des Michelangelo einer, der ungefähr fünfzig Jahre vor diesem und ungefähr zwanzig Jahre nach demjenigen des Donatello geschaffen wurde: der David*, den Andrea del Castagno zur Zierde von Festzug oder Turnier auf einen Lederschild malte. Der heroische Knabe steht da, den Kopf des Goliath zu

* Reproduktion vor Seite 7.

seinen Füßen, gegen einen grünlich bewölkten Himmel, der, wie der Himmel von El Grecos Toledo, von ahnungsschwerem Licht erleuchtet ist. Und Davids Gesichtsausdruck gibt Zeugnis von keinem Triumph, sondern eher von der Angst und Melancholie der Tat, die, weil sie Tat ist, den Sinn und Auftrag des Geistes mißversteht; und er erhebt seine Arme zum grünen Himmel mit einer Geste, die so vieldeutig ist wie jene, die am Ende von Rilkes siebenter Elegie den Engel des Unsichtbaren anrufend und zugleich abwehrend beschwört:

> ... Wie ein gestreckter
> Arm ist mein Rufen. Und seine zum Greifen
> oben offene Hand bleibt vor dir
> offen, wie Abwehr und Warnung ...

Nein, auch Andrea del Castagnos David ist kein junger Herkules. Er ist ein Menschenwesen, dem die bange Unmöglichkeit aufgeht, dem Geist den Willen zu tun durch Verrichtungen in der Undurchdringlichkeit der materiellen Welt. Dieses Bild der Renaissance kommt sicherlich nicht aus einem wiedergeborenen Griechenland; es kommt aus der Hegel'schen Epoche der romantischen Kunst, derselben Epoche, in welcher Leonardo hellenistisch und mit genauer Neugier die Anatomie und die Proportionen des menschlichen Körpers studierte (und dabei auf sehr unhellenistische Art das Musterwerk der Muskeln und Sehnen unter der Haut bloßlegte) und doch auch unvergleichlich das romantische Paradox meisterte, die unsichtbare Psyche sichtbar zu machen, indem er die Nährmütter des heiligen Geistes, auf deren Antlitz der Widerschein der inneren Seele liegt, in der Geborgenheit der festen Felsenhöhle malte, oder jenes

Gioconda-Lächeln, auf dessen berüchtigter Unerforschlichkeit ganze Schwärme romantischer Nachzügler von Gautier über Walter Pater zu Sigmund Freud sich forschend niederließen. Und Michelangelos hellenistischer und doch keineswegs griechischer David, der, wie Jakob Burckhardt rechtens bemerkte, an Schönheit noch gewänne (»allerdings mit Ausnahme des Kopfes, der in einer ganz anderen Stimmung hinzugearbeitet scheint«), wenn er nicht gar so überwältigend wäre in seiner materiellen Größe[19], entschwand immer mehr dem Blick des Künstlers, je mehr sein Sinn in den unklassischen und längst schon christlich-neuplatonischen Widerstreit zwischen der sinnlichen und der spirituellen Welt sich vertiefte.

Nachdem er lange Jahre sich bemüht hatte, die Sklaven von ihrem Sklavenstand im Marmorblock zu erlösen – sie im Stein vom Stein zu befreien –, verbrachte Michelangelo seinen letzten Arbeitstag, sechs Tage vor seinem Tod, mit der Arbeit an der Pietà, die man als Pietà Rondanini kennt. Er sollte sie nicht vollenden. Vielleicht liegt es in der Natur des Steins, daß Michelangelo unvollendet lassen mußte, was Rembrandt mit der Farbe vermochte: das Material seiner eigenen Negation dienstbar zu machen. Denn diese Skulptur sagt an, daß ihr Schöpfer zuletzt nur gerade so viel des Marmors auf sie verwenden wollte, als nötig war, um offenbar zu machen, daß es mit der Materie nichts ist; was allein gilt, ist der lautere innere Geist. Wenn sogar schon Michelangelos Adam auf der Decke der Sixtinischen Kapelle, ein halbes Jahrhundert vorher gemalt, gewiß nicht jener Erstgeborene der Schöpfungsgeschichte ist, dessen einzige Aufgabe es war, die Frau zu erkennen und der Schuld zu zeihen, Kain und Abel mit ihr zu zeugen und jedem Geschöpf der äußeren Welt einen Namen zu geben, sondern wie der romantische Täufer aussieht, der alle Dinge auf den Namen der menschlichen Seele tauft, so ist diese Pietà kaum mehr ein Körper, der einen anderen Körper in den Armen hält, und kaum mehr eine Mutter, die ihren Sohn an sich drückt; sie ist der bloße Hauch einer Gestalt, die, unglaublich aus dem Stein gehauen und tief in die Agonie des Geistes versunken, einen letzten Schatten aufs äußere Element wirft. Nichts, was Hegel schrieb, erzählt eine so aufschlußreiche Geschichte über die Reise der Kunst ins Innere wie der ungemäß äußere und athletische Arm, den Michelangelo vom Leib seines Christus abtrennte, ohne die Zeit zu haben, ihn unkenntlich zu machen. Dieser Arm ist hellenistisch genug; und eben deshalb mußte Michelangelo ihn amputieren als ein Glied, das an der Krankheit der gesunden, konkreten Wirklichkeit litt.

4

Der Hegel'sche Weltgeist scheint sich manchmal in theatralischen Inszenierungen zu gefallen: Shakespeare wurde im Todesjahr Michelangelos geboren; und das Drama, das sich mehr als irgendeines mit dem Namen Shakespeares verbindet, ist das – in der Hegel'schen Bedeutung des Wortes – denkbar romantischste Schauspiel: *Hamlet*, »der Liebling«, wie Coleridge sagte, »jeden Landes, in welchem die englische Literatur gepflegt wird«[20]. Coleridge schrieb die unübertroffene Popularität dieses Werkes nicht seinen besonderen dichterischen Vorzügen zu (und hatte damit zweifellos recht, denn Shakespeare schrieb Stücke von gleicher oder noch größerer poetischer Vorzüglichkeit), sondern dem Charakter Hamlets, der – in höherem Ausmaß als irgendeine andere Figur des Dichters – »eine Beziehung«, wie Coleridge es ausdrückt, »zu den allgemeinen Grundgesetzen unserer Natur hat«, und also »Shakespeares tiefe und genaue Versiertheit in der Philosophie des Geistes«[21] zeigt. Obgleich diese Voreingenommenheit zugunsten der Philosophie den Verdacht nahelegt, daß Coleridge – wie ja bekanntermaßen Shakespeare selbst – kein Engländer war, sondern ein Deutscher, und obgleich sie den ästhetischen Puritanismus des modernen Kunstempfindens schockiert, ist Coleridges Urteil seinem Sinn nach dennoch richtig (und wirkt nur deshalb schockierend, weil so gut wie alles, was wahr ist, das moderne Kunstempfinden verletzt): seinem Sinn nach, wenn auch nicht wörtlich so, wie Coleridge es schrieb. Denn »die allgemeinen Grundgesetze« bedürfen einer Einschränkung, und ebenso »die Philosophie des Geistes«. Jene »Natur« ist nur unsere romantische Natur, und diese »Philosophie« nur diejenige, die durch Hegel ihre Vollendung fand. (Schließlich war ja der *Hamlet*-Leser Coleridge von Schelling ins romantische Geheimnis eingeweiht und mußte sich einmal sogar gegen den Vorwurf des Plagiats an A. W. Schlegel verteidigen. Die Beschuldigung war wahrscheinlich ungerecht: seine Quelle war wohl bloß der Hegel'sche Zeitgeist.)

Was Coleridge von *Hamlet* sagt, hätte auch Hegel sagen können, wenn er sich tiefer mit diesem Rätselsteller und Vertrauten von vier romantischen Jahrhunderten eingelassen hätte. Diesem Rätselsteller *und* Vertrauten: denn an *Hamlet* vermag nur derjenige sinnvoll zu rätseln, der ihn im Grunde versteht. Wer unfähig ist, Hamlet zu begreifen, hat auch keinen Sinn für die Rätsel, die er aufgibt; und zu wähnen, daß Geheimnis und Erstaunen

Fremdkörper im Auge des Verstehens sind, ist bloß einer unter den vielen rationalistischen Aberglauben. Mit Hamlet überrascht, verwirrt und erkennt unsere romantische *und* vernünftige Natur sich selber. Denn die »Hysterie« Hamlets ist nur der dramatisch gesteigerte Normalzustand des romantischen Bewußtseins, welches unter Schmerzen erkennt, daß aus der menschlichen Innerlichkeit so leicht kein Weg in die äußere Welt führte. Wenn Coleridge von Hamlets »Wahrnehmungen« bemerkt, daß sie, im Medium seiner inneren Betrachtung gebrochen, »eine Form und Farbe annehmen, die nicht von Natur aus die ihre ist«, verrät er unversehens die Verlegenheit des romantischen Kritikers. Denn er spricht von Hamlets romantischer Disposition in der Sprache des klassischen Geistes. Zu allen Zeiten strebt der Kritiker nach klassischer Gewißheit; und ist sie unerreichbar, so gebärdet er sich wenigstens, als wüßte er, wie das menschliche Innere nach dem Willen von Natur und Geist den Wahrnehmungen erwidern soll. Diese jedoch haben keine natürliche Form und Farbe, es sei denn in der klassischen Ordnung der Dinge. Der romantische Sinn kennt keine so festgegründeten Entsprechungen. Wo er herrscht, gibt es weder Gut noch Böse, das Denken macht es erst dazu; und das Schöne und das Häßliche sind schön und häßlich nur im Auge des Betrachters.

Solch eine romantische Person wollte Shakespeare, wie Coleridge glaubte, mit seinem Hamlet darstellen: »einen Menschen, für welchen die äußere Welt mit allen ihren Vorfällen und Gegenständen verhältnismäßig blaß und an und für sich uninteressant ist«. Lebendig und interessant ist sie allein als Versammlung von »Hieroglyphen« die für einen inneren Zustand einstehen, und sie »beginnt ihn erst dann zu fesseln, wenn sie im Spiegel seines Geistes reflektiert wird«. Daher hat er es mit der Tat nicht eilig, schiebt auf und hält hin, und zwar aus jener »Aversion gegen das Handeln, die diejenigen kennzeichnet, welche *eine Welt in sich selber haben*«[22]. Mit anderen Worten (wenn es andere sind): »Wie jeder Anlaß mich verklagt . . .!«[23], weil alle Anlässe in der Welt der Taten und Ereignisse den romantischen inneren Menschen seines Andersseins beschuldigen und ihm seine unheilbare Entfremdung kundtun. Daher: »Dänemark ist ein Gefängnis«, und sofort darauf: »So ist die Welt auch eins« und »Sie ist zu eng für euren Geist«[24]; und also: »O schmölze doch dies allzu feste Fleisch . . .!«[25] Oder soll es »beflecktes Fleisch« heißen? Diese Frage, die sich aus der Divergenz der Texte von Quarto 1 und Folio (*»solid«* und *»sullied«*) ergibt, ist so trivial, wie ein Textproblem nur sein kann; denn in Hamlets Wortschatz sind die beiden Worte synonym: was »fest« ist, ist »befleckt«. Die Gelehrte, die auf ihrer Suche nach den die einzelnen Tragödien Shakespeare beherrschenden Wortbildern bei *Hamlet* auf »Verderbnis« stieß, hat gewiß das Rechte gefunden[26]. Die Attribute, die Shakespeare der Welt gibt, in welcher der edle Prinz zu leben verdammt ist, fangen jeden Gifthauch der Verwesung auf: es ist eine Welt voll von Schlamm, Geschwür und Fäulnis, ist grob wie die Erdklumpen des Grabes, schießt ins Sumpfkraut und stinkt zum Himmel. Und jenes Etwas, das faul ist im Staate Dänemark, bleibt dem chirurgischen Schwert des Fortinbras unzugänglich. Denn es ist nicht *im* Staate, es *ist* der Staat, und wird unter dem Aspekt der romantischen Innerlichkeit leicht zur Verfassung aller äußeren Zustände. Dies ist das unvermeidliche Ergebnis der Flucht des Hegel'schen Geistes in die innere Verborgenheit der menschlichen Seele, einer Seele, die sich der Welt, die einst ihr Leib und ihre hellenische Daseinsform war, immer mehr entfremdet (und »entfremdet« ist das Wort, das, von Hegel gebraucht, zum unleidigen Modewort wurde). Von nun an wird die Landschaft sich in ein Ödland verwandeln und nur im Innern wird es grünen. Der Prinz von Dänemark entließ seine Geliebte und riet ihr, ins Kloster zu gehen. Und trotzdem: welch eine Nachkommenschaft!

Seit damals widerhallte die Welt von dem romantischen Getön der inneren Seele, von Klängen, welche, die Domäne der festen Dinge umgehend, ihre musikalische Ordnung in reinen Formprinzipien des Geistes fanden. Es war von großer historischer Überzeugungskraft, als Schopenhauer zwei romantische Jahrhunderte später der Musik den höchsten Rang zuwies, weil sie die »*metaphysischste*« unter den Künsten sei; als Heine eine historische Hierarchie der Künste entwarf, in welcher die Malerei der Skulptur und Architektur den Rang ablief, weil »der Geist ... den Stein viel zu hart für seine steigenden Offenbarungsbedürfnisse« fand, bis endlich eine stets anspruchsvoller werdende »Spiritualität ... nach Klängen und Tönen« griff, »um eine lallende Überschwenglichkeit auszudrücken, die vielleicht nichts anderes ist als die Auflösung der ganzen materiellen Welt«*; als ein halbes Jahrhundert nachher Walter Pater allen Künsten nachsagt, daß sie immer mehr der Verfassung

* Und weiter: »... die Musik ist vielleicht das letzte Wort der Kunst, wie der Tod das letzte Wort des Lebens ... Für mich ist es ein sehr bedeutungsvoller Umstand, daß Beethoven am Ende seiner Tage taub ward und sogar die unsichtbare Tonwelt keine klingende Realität mehr für ihn hatte. Seine Töne waren nur noch Erinnerungen eines Tones, Gespenster verschollener Klänge, und seine letzten Produktionen tragen an der Stirne ein unheimliches Totemal.« (Heinrich Heine, *Sämtliche Werke*, hrsg. v. Ernst Elster, Leipzig und Wien, VI, 259 ff.)

der Musik zustrebten; und als schließlich Rilke in orphischer Hingerissenheit verkündete: »Gesang ist Dasein.« Immer passionierter wurde auf der Szene der romantischen Kunst mit Abstraktionen von der festen Welt gespielt, mit Bedeutungen, die nichts bedeuten, es sei denn allein für des Geistes Auge, und mit Worten, Worten, Worten, unbefleckt von den gemeinen Fingerabdrücken des Wirklichen; und sie wimmelte von Geistern, die der Welt entfremdet, und von Welten, die dem Geist entfremdet waren; und sie zeigte Prozessionen von Autoren auf der Suche nach ihrem »wirklichen« Selbst, von Landvermessern, die kein Land zum Vermessen hatten, von Fremdlingen, Fremdlingen, Fremdlingen. Und sie alle könnten, wäre es ihnen nach Eiden zumute, auf den Namen jenes Hamlet schwören, der *in sich* trug, »was über allen Schein«: *»for I have that within which passes show«*.

»Weit davon entfernt, Shakespeares Meisterwerk zu sein, ist *Hamlet* ganz gewiß ein künstlerischer Mißerfolg.«[27] Dieser Theaterdonnerschlag T. S. Eliots – das »ganz gewiß« verdient ganz gewiß Unsterblichkeit – ist nur dem Ausbruch John Evelyns vergleichbar, eines anderen englischen Royalisten, der im Jahr 1661 in sein Tagebuch eintrug: »Ich sah eine Aufführung von *Hamlet, Prinz von Dänemark;* aber die alten Stücke fangen an, dieses verfeinerte Zeitalter zu degoutieren, zumal Seine Majestät so lange schon im Ausland ist.« Jedoch geht es bei Eliots Essay über *Hamlet* mit interessanteren Dingen zu, als der erste von diesem kurzschlüssigsten aller kritischen Blitzlichter ein wenig geblendete Blick bemerkt. Trotz der sonderbaren Verdrießlichkeit seines Urteils ist dieser Essay sogar so interessant, daß er allein schon ausreichte, die außergewöhnliche kritische Intelligenz dieses

Dichters zu beweisen. Macht er doch den Eindruck, als hätte Eliot Hegels Theorie über den Unterschied zwischen der klassischen und der romantischen Kunst studiert (was er ganz gewiß nicht getan hat) und dann beschlossen, sie sich sowohl zunutze zu machen wie auch zu ignorieren. Denn indem er sein Verdikt begründet, demonstriert er zu unserer vollkommenen intellektuellen Zufriedenheit, daß *Hamlet* kein klassisches, sondern ein romantisches Werk ist, welches offenbar während der langen Abwesenheit der klassischen Majestät geschrieben wurde. Um sich mit dem Gesetz zu versehen, nach welchem er über *Hamlet* das Urteil des künstlerischen Versagens fällt, umschreibt er in seiner eigenen Sprache Hegels Definition der klassischen Kunst, also, wie wir sahen, der Kunst »nach der Seite ihrer höchsten Bestimmung«. Dies ist Eliots erstaunlich hegelianisch anmutende Umschreibung: »In der Form der Kunst läßt sich eine Emotion nur so ausdrücken, daß man dafür ein ›objektives Korrelat‹ findet; mit anderen Worten eine Konfiguration von Gegenständen, eine Situation, eine Kette von Ereignissen, welche die Formel für diese *besondere* Emotion liefern; und zwar so, daß, sobald die äußeren Tatsachen gegeben sind, die Emotion unmittelbar hervorgerufen wird.«[28] Je mehr sich dies bei näherem Zusehen wie der Wolf der deutschen Metaphysik im Fell eines angelsächsischen empirischen Lamms ausnimmt – nämlich als die psychologische Version von Hegels Idee der klassischen Kunst als der konkreten, objektiven und absolut gemäßen Gestalt und sinnlichen Wirklichkeit des inneren Geistes –, desto schwerer wird es, es als das einzige Maß künstlerischen Gelingens von einem Kritiker hinzunehmen, der so klar, wie es in seinem *East Coker* zu lesen ist, den romantischen Abfall des Sprachdenkens vom inneren Gedanken, der Wortgeste vom Gefühl, des »objektiven Korrelats« von der inneren Bedeutung erfahren hat:

> Weil man nur gelernt hat, die Worte zu meistern
> Für das, was nichts mehr zu sagen hat, oder für die Art,
> Wie es zu sagen man nicht mehr geneigt ist ...

und dem daher als Dichter so oft nichts blieb als

> ... das unerträgliche Ringen
> Mit Worten und Bedeutungen ...,

wenn er nicht bereit war, sich selbst und seine Leser mit »epigonenhaften Übungen in überlebten Formen der Dichtung« zu betrügen oder vielleicht »wie eine Hure seinem Herzen Luft zu machen mit bloßen Worten«, die als bloße Poesie nichts bedeuteten; denn: *»The poetry does not matter«*.

Wie immer dem sei, T. S. Eliots Essay über *Hamlet* fährt so fort: »Die künstlerische ›Unvermeidlichkeit‹ liegt in der völligen Entsprechung von äußerem Umstand und innerer Emotion.« Hegel hätte daran nichts auszusetzen gehabt, es sei denn an dem Wort »Emotion« zur Bezeichnung des »Inneren« der Kunst; und hätte er weitergelesen und gefunden, daß *Hamlet* als Kunstwerk verurteilt wird, weil der Held von einer Emotion beherrscht ist, welche »die gegebenen Tatsachen übersteigt« [29], so hätte er, wiederum an dem Wort »Emotion« Anstoß nehmend und vielleicht sich fragend, ob Hamlet nach der Begegnung mit dem Gespenst seines Vaters nicht recht guten Grund zu übermäßiger Erregung habe, erwidert, daß *genau dies das Wesen der romantischen*

Kunst ausmache. Denn die Beziehungen, welche die romantische Kunst überhaupt zur äußeren Erscheinung der Dinge, zu allem, was zu sein »scheint«, unterhält, sind von der prekärsten Art; diese Kunst könnte von sich fast sagen, was Hamlet sagt: »Mir gilt kein ›scheint‹«. Und so viel sie auch, wie es ja auch der unabdingbare Auftrag jeglicher Kunst ist, zu *zeigen* sich vornehmen mag (und ihre Geschichte beweist, wie wenig sie, am Ende ihrer Entwicklung angelangt, von irgendeiner erkennbaren äußeren Wirklichkeit zeigen sollte), so trägt sie doch stets das in sich, »was über allen Schein«; und eben dadurch unterscheidet sie sich von der klassischen Kunst, deren Inneres sich ganz im Zeigen verwirklicht. Es ist, sagt Hegel, die *»innere* Welt«, welche »den Inhalt des Romantischen ausmacht«; und obgleich auch die romantische Kunst, solange sie Kunst ist, diese innere Welt in der äußeren Erscheinung zeigen muß, feiert sie dennoch »ihren Triumph über das Äußere«, indem dieses in ihr »zur Wertlosigkeit herniedersinkt«. Das bedeutet, daß der äußere Anlaß, die Verflechtung der Umstände, Handlungen und Vorfälle, alles, was nach T. S. Eliot als »objektives Korrelat« der »Emotion« dient, nun mehr und mehr, wie es bei Hegel heißt, der »Willkür der Individualität«, der »Zufälligkeit« und den »Abenteuern der Phantasie«[30] überantwortet wird; und weder das Willkürliche noch das Zufällige, weder das Subjektive noch das Abenteuerliche verliert auch nur das geringste an Willkür, Zufälligkeit, Subjektivität und Abenteuerlichkeit dadurch, daß der Künstler sich gezwungen fühlt, zu tun, was er tut. Hegels Erkenntnis wäre weniger profund als sie ist, wüßte er nicht, daß solcher Zwang nichts vom Wesen der klassisch-künstlerischen »Unvermeidlichkeit« an sich hat, sondern, wie »zwingend« er auch sein mag, willkürlich, zufällig, subjektiv und abenteuerlich bleibt und auch so empfunden wird. Mit anderen Worten: in der romantischen Kunst gibt es stets einen »hinreißenden« Überfluß an Emotion und innerer Bedeutung, der uns von den dargestellten Dingen in eine Region reißt, die nicht mehr diejenige der Dinge ist – der Dinge, die so viel von ihrer Macht verloren haben, den Geist bei sich zu halten. Was sich in der romantischen Kunst sehen und hören läßt, ist zuletzt das Unsichtbare und Unerhörte. Eingesperrt in einer Nußschale, ist sie König des unermeßlichen Raums. Die zu solch königlicher Herrschaft Erkorenen neigen jedoch dazu, ihr Los zu bejammern. Rilke beschließt seine zweite Elegie mit der Klage über diese romantische Transzendenz des Inneren, welches des Trostes ermangelt, seinen Überfluß, wie es die Griechen vermochten, in der Anschaulichkeit des Mythus zu bergen:

> ... Denn das eigene Herz übersteigt uns
> noch immer wie jene. Und wir können ihm nicht mehr
> nachschaun in Bilder, die es besänftigen, noch in
> göttliche Körper, in denen es größer sich mäßigt.

Oder mit Friedrich Schlegels Worten: »Wir haben keine Mythologie.« Auch für ihn war dies das Kreuz der romantischen Kunst[31].

Hegel hat unter allen philosophischen Interpreten der Kunstgeschichte den schärfsten Blick für den romantischen Sprung in jener Kette, welche in der klassischen Kunst den inneren Sinn eines Werkes an sein »objektives Korrelat« schloß. Dem klassischen Künstler oblag weder die Erfindung noch die sorgsame Auswahl der »Wirklichkeiten«, welche die Taufe seines Geistes empfangen sollten. Sie waren für ihn da wie Kinder, die ihm der Mythus geboren hatte. Er bewegte sich, wie Hegel es ausdrückt, in einer Welt von vorgefaßten Objektivitäten. Ihn beschwerte das Bewußtsein nicht, daß er der Erzeuger der Götter und Helden war, und der Erfinder ihres Liebens und Hassens, ihrer Kämpfe, Reisen, Irrfahrten oder tragischen Geschicke. Es war weder seine Verantwortung noch sein rühmliches Verdienst, daß diese Welt in der Welt war. Je mehr aber die klassische Ehe zwischen dem wahren Geist des Geistes und dem wahren Geist des sinnlich Wahrgenommenen sich auflöste, desto neugieriger, treuloser und lüsterner stürzte sich der Geist der Kunst in stets neue und stets originellere Affären; oder, um freundlicher davon zu reden, desto freier und »schöpferischer« wurde der Künstler. Es war ihm, als wäre er ausgesetzt unter die scheinbar unendlichen Möglichkeiten seiner Wahl. Alles, und immer unwiderstehlicher, verwirrender und buchstäblicher alles, reizte und verlockte ihn, und machte ihn zum Don Juan des schöpferischen Geistes.

Von diesem romantischen Geist der Kunst, der, ganz auf sich gestellt, in der äußeren Welt nichts sieht als eine endlose Reihe von Stichwörtern für seine Monologe, sagt Hegel, daß es ihm »ebenso gleichgültig ist, an welche Umstände er sich wende, als es zufällig ist, welche sich ihm darbieten«[32]. Und darin unterscheidet sich seine Welt so sehr von derjenigen der klassischen Kunst, auf deren Himmel in erhabener Monotonie und in unveränderlichen Konstellationen die Fixsterne der Götter, Helden und Mythen stehen. Hegel wußte dies; mehr als hundert Jahre aber dauerte es, ehe die Künstler selbst sich des melancholischen Segens bewußt wurden, welcher sie zu solchen Willkürherrschern machte und sie aus inneren Throngemächern ihre unberechenbare Macht ausüben ließ; oder aber – was sonderbarerweise auf dasselbe hinausläuft – immer wieder sie überwältigte mit »ein paar dürftigen Momentaufnahmen« des Gedächtnisses, »den verblaßten armseligen Souvenirs von Augenblicken der Leidenschaft«. »Warum«, fragt T. S. Eliot, »steigen aus all dem, was wir gehört, gesehen, gefühlt haben, gewisse von Empfindungen erfüllte Bilder auf, und stets dieselben und keine anderen? Der Gesang dieses einen Vogels, der Sprung dieses einen Fisches an einem bestimmten Ort und zu einer bestimmten Zeit, der Duft dieser einen Blume, eine alte Frau auf einem Gebirgspfad in Deutschland, sechs Kerle, die man einmal durch das offene Fenster auf einer kleinen französischen Eisenbahnstation zu nächtlicher Stunde Karten spielen sah, und daneben war eine Wassermühle: solche Erinnerungen mögen symbolischen Wert haben, aber was sie symbolisieren, läßt sich nicht sagen, denn sie kommen aus *Tiefen des Gefühls, welche sie unserem Blick entziehen.*«[33] Die Beobachtung gemahnt an Proust, wie es auch jene Zeilen der ersten Elegie tun, in welchen Rilke seine »Souvenirs« aufzählt, die so voll sind von der Intensität des Gefühls, wie sie der objektiven und mitteilbaren Bedeutung entbehren: den Baum am Abhang, die Straße von gestern, den Klang einer Geige, die einer bei offenem Fenster spielt; und es ist Prousts und Rilkes und Eliots Erfahrung, von welcher Hofmannsthal im »Lebenslied« spricht:

> Ihm bietet jede Stelle
> Geheimnisvoll die Schwelle;
> Es gibt sich jeder Welle
> Der Heimatlose hin –

Denn wer kein Heim in der äußeren Wirklichkeit hat, vertraut sich jeder Regung der Innerlichkeit an, daß sie ihn ins Irgendwo führe, weil irgendwo die Tür zum Geheimnis sein mag. Gewiß doch, T. S. Eliot wußte, was er tat, da er *Hamlet* deshalb als künstlerischen Fehlschlag bezeichnete, weil darin die Emotion ihre äußere Verkörperung oder ihr »objektives Korrelat« übersteigt. Es ist um so erstaunlicher, daß er so urteilte. Denn was er verurteilte, ist das Wesen der romantischen Kunst, einschließlich seiner eigenen.

5

Vielleicht meinte er es nicht so. Meinte – was? Es ist die dem romantischen Sinn aufsässigste Frage. Denn da er seine Welt verloren hat, kann er niemals tun, was er meint; und was er meint, kann nicht getan werden. Und wenn es getan ist, sagt er: Das habe ich nicht gemeint – so wenig wie Hamlet den Mord an Polonius meinte, als er endlich mordete. Zwischen der inneren und der äußeren Welt erstreckt sich solchen Mißverstehens romantisches Zwischenreich, dessen erster und größter Held Hamlet ist – ein Held, der ein »Schurk und niedrer Sklav« ist in seiner Unfähigkeit zur Tat sowohl wie in seinem Tun. Denn jede Tat ist ein Tun, das Verrat übt an der inneren Ordnung oder dem inneren Chaos, ist eines Idioten oder eines Irren oder eines Komödianten Tun. *Hamlet* ist in jedem Sinn des Schauspielers Schauspiel, des Tragöden Tragödie. Was ist dem Schauspieler Hekuba? Das vom Geist der romantischen Kunst künstlich hervorgebrachte »objektive Korrelat« eines inneren Zustands. Denn die romantische Kunst kennt keine natürlichen und notwendigen Entsprechungen. Die Antwort auf die den Schauspieler betreffende Frage Hamlets:

> . . . Hätte er
> Das Stichwort und den Ruf zur Leidenschaft,
> Wie ich: was würd' er tun? . . .

ist wahrscheinlich diejenige, die Hamlet selber gibt: er würde, wenn er ein romantischer Künstler ist, die Bühne in Tränen ertränken und die Fassungskraft des Auges und des Ohrs zerbrechen. Aber dies ist ja mehr oder weniger, was er getan hat, obwohl er keine wirkliche Hekuba sein eigen nannte und weit davon entfernt war, Hamlets Beweggrund zu haben, der unausführbar blieb im Handeln und nur zur Poesie bewog; und wenn der Schauspieler den Anforderungen des Regisseurs Hamlet nicht ganz genügte, so nur deshalb nicht, weil es ihm an histrionischem Genie gebrach. Ja mehr noch: was der Schauspieler tat, ist genau das, was wir Hamlet selber unaufhörlich tun sahen, seit der Vorhang sich hob. Es ist erstaunlich, wie sehr Hamlet in diesem berühmten Monolog über sich selbst im Irrtum ist! War er blöde? Schlich er umher wie Hans der Träumer? Ging er nicht schwanger mit seiner Mission? Sagte er nichts? Weit gefehlt! Er sagte sehr viel und sollte noch mehr sagen; und seine herrliche Beredsamkeit war nichts anderes als ein Symptom seiner »Schwangerschaft«.

Es gibt in der Geschichte des Dramas keinen Monolog wie diesen. Was Thomas Mann von Beethovens Sonate Opus 111 sagte: daß sie die Tradition der Sonate über sich selbst hinausführt und zu Ende bringt[34], könnte von diesem Monolog und seinem Platz in der Überlieferung dieses Kunstmittels gelten. Denn da der monologisierende Hamlet den Höhepunkt seiner Selbstanklage und Selbsterniedrigung erreicht, wendet er sich sozusagen gegen jene Kunst selbst, in welcher sein Autor Meister ist und gerade jetzt wieder seine Meisterschaft beweist – die Kunst des poetisch-dramatischen Monologs:

> Welch ein Esel bin ich! Das ist sehr tapfer,
> Daß ich, der Sohn von einem teuren Vater,
> Der mir ermordet ward, von Höll und Himmel
> Zur Rache angespornt, mit Worten nur
> Wie eine Hure muß mein Herz entladen ...[35]

Das »Muß« in der letzten Zeile ist sehr gut: denn es ist das Muß dieses dramatischen Genres. Indem er so sein Herz entlädt, tut Hamlet kaum mehr als seine Pflicht nach den Regeln des Elisabethanischen Dramas. Jeder einzelne dieser Dramenhelden wird von seinem Autor immer wieder rücksichtslos aufgehalten und genötigt, lange Strecken von Vers zurückzulegen, ehe er ans Ziel von Tat oder Verhängnis gelangen darf. Hamlet ist der erste, der dieses Geschäft lästig und entwürdigend findet. Es ist eine bemerkenswerte Stelle – fast so, als wollte sich Michelangelos David, versteinert in der Geste der Erwartung, beschweren, daß ihn sein Erzeuger am Tun der Tat verhindere. Jedoch ist es das Wunder dieses Monologs, daß er, indem er die dramatische Konvention, welcher er dient, selber in Frage stellt, die romantische Tragik zur Darstellung bringt: das Blindekuhspiel, wie Hamlet es nennt[36], welches zwischen Worten, die ins Schwarze, und Handlungen, die ins Leere treffen, gespielt wird, zwischen dichterischen Unternehmungen von großer Schönheit und wirklichen Taten ohne Sinn und Namen, zwischen dem, was das Herz sagen will, und dem, was der Mund sagt. Da ist die innere Güte und die äußere Abscheulichkeit, die innere Schurkerei und das äußere Lächeln; da ist »Sehn ohne Fühlen« und »Fühlen ohne Sehn« [37]:

... So fehlt denn meinem Tun
Die echte Färbung ... [38]

und »des Himmels Antlitz« selber

– denkt krank sich an der Tat [39].

Wo T. S. Eliot das künstlerische Mißlingen des Stückes sieht, dort liegt in Wahrheit sein Erfolg. Shakespeare, begünstigt von seiner Zeit und seinem dramatischen Genie, gelang mit *Hamlet*, was Goethe mit *Torquato Tasso* verfehlte: einem inneren Zustand, dem kein Äußeres entsprechen kann, dennoch ein »objektives Korrelat« zu schaffen. Wenn jener innere Zustand die Melancholie ist, dann hat Shakespeare das profundeste Drama einer geistigen Disposition geschrieben, welche seine Zeitgenossen so sehr faszinierte, daß einer, der dreizehn Jahre jünger war als er, ihre *Anatomie* schrieb. Shakespeares unbekannter Vorbild-Prinz, der »Urhamlet«, war wahrscheinlich ebenso verstört wie sein eigener, wie ja auch Hieronimo in Kyds *Spanish Tragedy* oder der Held von Marstons *The Malcontent* oder Lord Dowsecer in Chapmans *An Humorous Day's Mirth* sehr melancholische Charaktere sind. Damit eine hochgestellte Persönlichkeit in einem der zeitgenössischen Stücke von sich sagen konnte: »Mein Adel ist die wunderbare Melancholie. Ziemt es einem Gentleman nicht, melancholisch zu sein?« [40], muß diese Gemütsverfassung damals so modern gewesen sein, wie es vor einigen Jahren (obgleich es Jahrzehnte her zu sein scheint) der bärtige Existentialismus von St.-Germain-des-Prés oder San Franzisko war; aber es bedurfte des Genies Shakespeares, um der melancholischen Anatomie – der Anatomie von Hegels romantischer Kunst – den lebendigen Leib der romantischen Tragödie zu geben.

Hamlet hat die Leiche des von ihm erschlagenen Polonius versteckt. Man fragt ihn, wo sie sei; und seine Antwort ist so rätselhaft, daß sie die Textinterpreten immer wieder zur Verzweiflung und oft in die törichteste Rabulistik trieb:

> Hamlet: Der Leib ist beim König, aber der König ist nicht beim Leib. Der König ist ein Ding –
> Güldenstern: Ein Ding, gnädiger Herr?
> Hamlet: Von nichts.

Gepriesen sei der eminent vernünftige Dr. Johnson, der einfach sagte: »Diese Antwort verstehe ich nicht.« Aber ist sie so schwer zu begreifen? Ist sie ja die Antwort eines Sohnes, dessen Mutter sich soeben unfähig gezeigt hatte, zu sehen, was er sah: den Geist seines Vaters und ihres gemordeten Gemahls, die entkörperlichte und doch für einen ungeheuren Augenblick des Theaters wiederverkörperte Idee authentischer Königswürde; und die, wo er so viel sah, »gar nichts« sah und doch glaubte, dies sei alles, was es zu sehen gab. Denn die »verdammte Angewöhnung« der äußeren Sinne hatte ihr Herz und ihren Blick blind gemacht für das wahre Gesicht[41]. *»My Lord, you must tell us where the body is and go with us to the King.«* Und *»body«* und *»King«* sind die Worte, auf die Hamlet sich mit seiner mysteriösen Antwort stürzt[42].

Wo also ist die Leiche des Polonius? Hamlets Antwort »Der Leib ist beim König, aber der König ist nicht beim Leib« ist gewiß die »methodische« Antwort eines Irren, sei nun sein Wahnsinn vorgetäuscht oder wirklich. Aber wo verläuft die Grenze zwischen Täuschung und Wirklichkeit, wenn, wie in diesem ganzen Stück, der Leib mit einem Ding von nichts ist*, und der Geist, und sei es derjenige der Königswürde, der Treue, des Adels oder der Liebe, nicht mit dem Leib; wenn Zunge und Gemüt Heuchler sind im Umgang miteinander; wenn die wolkigen Formen der sinnlich wahrnehmbaren Wirklichkeit, weil sie von den Quellen des Sinns abgetrennt sind, ein Kamel vorstellen mögen, ein Wiesel oder einen Walfisch; wenn »im Augenblick« so leicht gesagt ist wie es nichts bedeutet; wenn die »Hexenmitternacht« der Weltenfinsternis schlägt und daher der hohe Mittag von Worten und Gedichten –; wenn, kurz gesagt, die Stunde angebrochen ist für Hegels romantische Kalamität[43]?

Coleridge hatte eine Ahnung davon, daß Hamlet – ungefähr zwei Jahrhunderte vor Goethes Tasso – der erste romantische Dichter in der dramatischen Literatur ist. Indem er die Art und Weise kommentiert, wie Hamlet sich in der zweiten Szene des ersten Aktes dem Zuschauer vorstellt – durch eben jene Rede, in welcher er eine Innerlichkeit für sich in Anspruch nimmt, die »über jeden Schein« –, spricht Coleridge nicht nur von Hamlets »Abneigung gegen Äußerlichkeiten« und seiner Gepflogenheit, »über seiner inneren Welt zu brüten«, sondern auch von seinem »Reichtum an schönen Worten, welche seinem Denken auf halbem Wege entgegenkommen und doch

* Da der Doppelsinn des englischen »body« – Leib und Leiche – im Deutschen nicht wiederzugeben ist, habe ich mich aus offensichtlichen Erwägungen für die Übersetzung »Leib« entschieden.

mehr sind als dieses Denken, weil sie ein äußeres Dasein für sich selber haben, eine Realität *sui generis* und zugleich auch eine Übereinstimmung und schattenhafte Verwandtschaft mit den Regungen und Bildern des Inneren«[44]. Übereinstimmung *und* schattenhafte Verwandtschaft? »Ja, da liegt's!« Denn Hamlets Aversion gegen »Äußerlichkeiten« macht auch nicht vor Worten halt; und zwar eben deshalb, weil sie keine genaue Übereinstimmung und bestenfalls eine schattenhafte Verwandtschaft mit dem haben, was im Inneren vorgeht. Coleridge spricht von Hamlets Wortemachen, als spräche er von seinem eigenen Dichten; und als Dichter war Coleridge seiner eigenen Zeit voraus. Wie also erst der Zeit Hamlets! Es stimmt schon, daß Hamlet im Überfluß der Worte lebt; auch sind diese oft nahe daran, sich von den bitteren Drangsalen einer unschönen Welt zu befreien, ja deren Platz zu usurpieren, indem sie sich auf ihre eigene Wirklichkeit besinnen. Aber Mallarmé, Valéry oder Benn sollten erst noch geboren werden. Hamlet ist kein Symbolist. Im Gegenteil, er hat schlimme Namen für sie: Hure oder Esel. Er leidet tief an der Lüge, welche die späteren Coleridges als ihre Wahrheit feierten: die *sui generis*-Realität der Worte, die nichts bedeuten als ihren eigenen schönen Schall und Rauch. Ist er aber voll von Argwohn gegen Worte, so ist dies doch auch wieder ein Verdacht, der wie die Eifersucht die Leidenschaft noch mehr befeuert – die Leidenschaft für Worte. Jawohl, *ecce poeta!* Oder vielleicht richtiger: siehe den romantischen Dichter!

Man lasse ein Wort vor dem jungen Lord Hamlet fallen und er wird es, als wäre es eine Maus und sein Geist die Katze, durch alle Kammern seines Bewußtseins jagen, in die Enge treiben, mit listigem Lächeln zwischen die Zähne nehmen, wieder loslassen, ihm mit graziösen Sprüngen nachsetzen, es mit den Tatzen und Krallen seines Denkens einkreisen und ans Herz drücken; und wird, nachdem er sich also sein intellektuelles Mahl bereitet, mit geheuchelter Gleichgültigkeit ins Leere starren, als gäbe es in aller Welt keine Worte, seinen Hunger zu stillen. »Wir müssen uns an den Wortsinn halten, oder Wortspiele werden uns umbringen«[45], sagt er zu jenem Clown des absoluten Wortspiels, dem Totengräber, der wie alle Totengräber der äußeren Wirklichkeit am Tage von Hamlets Geburt seinen makabren Dienst antrat. »Wortspiele werden uns umbringen« – welch ein Wort von diesem Prinzen des Wortspiels! Er könnte ebenso gut sagen: Wir *sind* umgebracht. Denn in Hamlets Welt, die die Welt Shakespeares ist, ist das Wortspiel kein Trick der Sprache; es ist die Sprache dieser Welt – einer Welt, in welcher die Beziehungen zwischen Innen und Außen, zwischen dem Bezeichneten und dem Zeichen, zwischen dem Sinn und dem Wort aufs tiefste gestört sind. Ist dies aber erst einmal der Fall, so gibt es die Möglichkeit nicht mehr, sich »an den Wortsinn zu halten« oder »zur Sache« zu sprechen: denn Wort und Sache, Geste und Seele decken sich nicht. Dann mag sich hinter jedem Lächeln ein Schurke verbergen und hinter jeder äußeren Röte eine innere Fäulnis; und ein jegliches Tun, weil es Tun ist, treibt es nach der Art jener Tat,

> Die aus dem Körper des Vertrages ganz
> Die innre Seele reißt . . .[46]

Es ist ein gewichtiges Wortspiel, mit welchem einer von Shakespeares schrecklichsten und größten Dialogen beginnt:

Königin: Hamlet, dein Vater ist von dir beleidigt.
Hamlet: Mutter, mein Vater ist von Euch beleidigt.[47]

So fängt eine Jahreszeit der Seele an. Von nun an wird es keinen Vater geben, sondern nur die Beleidigung. Und es gibt keinen Vater und nur die Beleidigung, weil weder der innere Geist der Vater der äußeren Welt ist noch die äußere Welt der Vater des inneren Geistes: Geist und Welt haben keine Autorität über einander. Hamlet hat der modernen Literatur die zwanghafte Präokkupation mit »Authentizität« vermacht, der viel begehrten Tugend, die jede andere Tugend Heuchler schilt – oder auf moderner *»mauvaise foi«*. Doch ist es eine Irrlicht-Tugend, die die Erben Hamlets gern aus den Sümpfen in die Moräste lockt. Denn schon für Hamlet gibt es kein Tun oder Nichttun, das der inneren Daseinsweise genau entspräche (wenn es dies ist, was man unter Authentizität versteht). Ob er seinen Onkel tötete oder ihn mit dem Leben davonkommen ließe, ob er Ophelia liebend umarmte oder sie mit seiner Grausamkeit umbrächte, ob er seine Mutter mit Freundlichkeiten überhäufte oder ihr Worte wie Dolche ins Herz stieße – bis zur Unkenntlichkeit würde in jedem Fall die gespielte Version von dem subtilen und unleserlichen Text im Inneren abweichen.

Es gibt im *Hamlet* keine Äußerung der menschlichen Natur und keine Einrichtung der Gesellschaft, die nicht als falsch und unstimmig denunziert würde – mit Ausnahme jener Horatio-Freundschaft, die Hamlet schloß, als seine Seele, frei von der Tyrannei der Leidenschaften und unbehindert von den Aufgaben und Aufträgen der Welt, »Herrin war von ihrer Wahl«; die er »in seines Herzens Herzen« hegt, und von welcher er mit seinen letzten Atemzügen noch erhofft, sie möge Zeugnis ablegen für sein Geschick »in dieser herben Welt«[48]. Sonst aber ist da der Jubel beim Leichenbegängnis und die Wehklage bei der Hochzeit; das Denken, das dem Herzen die Gefolgschaft aufgesagt; das Königreich, das ein Gefängnis, und die Königswürde, die Meuchelmord ist; die Geste der Zärtlichkeit, die Verrat bedeutet, und die Liebe, von der Ophelia, als machte sie der Wahnsinn zum Prolog dieses Aspekts der Tragödie, singt:

Wie sollt' ich deine wahre Lieb'
Von andrer Liebe kennen?[49] –;

und da ist *»lust in action«*, und ist in dieser Tragödie, was *»lust«* in einem der Sonette ist: *The expense of spirit in a waste of shame*, oder noch schlimmer, mit den unaussprechlichen Worten, die Hamlet zu seiner blutschänderischen Mutter spricht:

. . . zu leben
Im Schweiß und Brodem eines eklen Betts,
Gebrüht in Fäulnis, kosend und sich paarend
Über dem Schweinestall . . .[50]

»Der entfesselte Oedipus« – dies war, wie man nicht anders erwarten konnte, das Urteil der Freud'schen Jahrzehnte von Shakespeare-Exegese über Hamlets oder seines Autors »sexuelle Morbidität«. Denn das ist es, was sie mit der falschen Gutgelauntheit ihres rationalistischen Naturalismus in des späteren Shakespeare Tiraden gegen das menschliche Geschlechtsgebaren diagnostizieren. Jedoch ist so zu urteilen der reinste Unsinn. Die sexuellen Invektiven von *Hamlet* oder *König Lear* sind keine schlimmeren Abweichungen vom »Gesunden«, als es die Lerchen- und Nachtigallenverzückungen von Romeos und Julias Hochzeitsnacht sind oder, um die Frage von Shakespeares Alter zu vermeiden, die Dithyramben des erhabenen und unbestreitbar »sexuellen« Begehrens, das im *Sturm* Miranda und Ferdinand zu einander bringt. Sowohl Dithyrambus wie Invektive, poetischer Preisgesang und obszöne Verunglimpfung, Ekstase und Schande werden auf immer die zwei Stimmen des romantischen Geschlechts sein. Denn dessen Gott ist nicht Eros mit dem lieblichen Antlitz, sondern Janus mit den zwei Gesichtern. Hier ist das romantische Dilemma schlechthin eins mit demjenigen von Natur und Geist, einem Zwiespalt, aus welchem es sich zu immer höheren Höhen von lyrischer Transfiguration erhebt und in immer tiefere Tiefen von spirituellem Verzagen sinkt. Im *Hamlet* will es das romantische Schicksal, daß eine schwärende Wunde entsteht, wo »die Rose unschuldvoller Liebe« war; daß die geschlechtliche Liebe krank wird von dem Keim der Verderbnis, der, auf seine Gelegenheit wartend, ihr stets innewohnt; und daß einem Prinzen des Gedankens der Gedanke ans Ehebett unerträglich wird, weil es der Ort der Mesalliance zwischen der inneren Wahrheit und dem äußeren Akt ist, und zudem die Perpetuierung dieser ganzen romantischen Misere verspricht. Hamlet kann nicht der Liebhaber Ophelias sein, wie er der Mörder des Claudius nicht sein kann; und er kann weder jener Liebhaber noch dieser Mörder sein, weil weder der vorbedachte Akt der Liebe noch der vorbedachte Akt des Mords in seiner armseligen Eindeutigkeit den vielfältigen Nuancenreichtum des inneren Geistes auszudrücken vermag. Auch darin ist Hamlet der vollendete romantische Held, das subtile Subjekt in einer Welt von undifferenzierten Prädikaten.

Hamlet ist die große Tragödie der romantischen Epoche. Ihr Schauplatz ist nicht nur Dänemark, sondern eine Welt

> Von Taten, fleischlich, blutig, unnatürlich,
> Zufälligen Gerichten, blindem Mord;
> Von Toden, durch Gewalt und List bewirkt,
> Und Planen, das verfehlt zurückgefallen
> Auf der Erfinder Haupt ...[51];

eine Welt also, deren Schöpfer, so will es scheinen, mit dem Schöpfer der menschlichen Seele nichts verband als ein verfehltes Planen. Fortinbras ist kaum die Lösung. Er hat die Gewalt, die Truppen feuern oder auch im Krieg sich töten zu lassen. Hamlets Seele aber »gab zu ihrem Tode nie Befehl«[52]. Auf shakespearisch sowohl wie auf hegelisch heißt die Lösung eher Prospero.

Ob nun *Der Sturm* das letzte Stück eines Dichters ist, der damit seiner Dichtkunst entsagt, oder nur eines Dichters spätes Märchen von einem Zauberer, der sein Handwerk aufgibt, dieses große Werk hat mit Michelangelos letzter Pietà und Rembrandts letztem Selbstporträt gemeinsam, daß darin der reinste innere Geist gegen alle Roheit, Schwerfälligkeit und Eitelkeit des stofflichen Mediums aufzustehen scheint. Es ist erstaunlich, wie gleichgültig diesem Meister-Dramatiker am Ende die Gebote seines theatralischen Geschäfts gewesen sein müssen! Shakespeare wußte doch gewiß, daß sich Ariel – damals, wie auch jetzt noch – der körperlichen Darstellung entziehen würde. Man mag sogar schon dem Elisabethanischen Bühneningenieur zutrauen, daß es beim Schiffbruch lärmend, aufgeregt und seekrank genug zuging; aber nur den Regiekünsten eines Traums könnte es gelingen, Ariel, dieses Zauberwesen aus Luft und Charme, leibhaftig zu machen. Und wie wenig Geduld dieser mit allen Regungen der menschlichen Seele so vertraute Dichter im *Sturm* auf die Darstellung der psychologischen Subtilitäten von »wirklichen« Charakteren verwandte! Es ist fast, als hätte er sich mit dem *Sturm* auf die Rückreise zu den allegorischen Allgemeinheiten mittelalterlicher Moralitäten begeben – so wie ja auch Michelangelo mit seiner Pietà Rondanini sich der Gotik wieder näherte. Die ganze Welt ist nun nahe daran, Caliban zu sein, es sei denn, die Magie des gütigen Zauberers habe sie verzaubert. Jedoch wird die spirituelle Gültigkeit selbst noch dieser Zauberkraft verneint, weil sie den Geist gegen seinen Willen im Fleisch gefangen hält; und Ariel will das ganze Stück hindurch der Fesseln seiner magischen Untertänigkeit ledig werden, obwohl diese ihn doch nur zum Diener der freundlichsten Gesinnungen macht. Was immer sonst noch Shakespeare »gemeint« haben mochte, als er Prospero dem »gewaltigen Zwang«, den seine Kunst »über ihre Sinne«[53] ausübte, abschwören ließ, ohne jeden Zweifel meinte er, daß Ariel wieder werden sollte, was er im Kern seines Wesens stets schon war: ein reiner Geist; und daß er in der Unsichtbarkeit seines Elements zunichte mache »die Qual und Verwirrung, das Staunen und Entsetzen«, von welchen »dies furchtbare Land« der Sinne bewohnt ist[54]. Und da Prospero seinen Zauberstab zerbricht, ihn »manche Klafter in der Erde« begräbt und sein Buch in tiefere Tiefen versenkt, »als ein Senkblei je erforscht«[55], setzt Shakespeare einen eminent logischen und hegelischen Schlußpunkt hinter die Irrungen Hamlets im romantischen Niemandsland, das widerhallt vom Echo der inneren Stimme, wie sie zur Klage wird am Gemäuer der äußeren Welt.

6

»Und bin *ich* es, der den Elegien die richtige Erklärung geben darf?«, schrieb Rilke an seinen polnischen Übersetzer, der ihn gebeten hatte, ihm bei seinem schwierigen Geschäft behilflich zu sein: ein Kommentar vom Dichter selbst würde seine Aufgabe ein wenig erleichtern. Rilke aber nahm das Recht für sich in Anspruch, den Elegien gegenüber ebenso ratlos zu sein, wie es augenscheinlich der Übersetzer war. »Sie reichen unendlich über mich hinaus«, sagte er; und nachdem er also wieder einmal die Attitüde feierlicher Unschuld und sanftmütiger Verwunderung eingenommen, die dem orphischen Briefschreiber zur zweiten Natur geworden war, ließ er sich ausführlich aufs Kommentieren ein. Wäre er mit Hegels *Ästhetik* vertraut gewesen, so hätte er das Amt der Interpretation dem Philosophen überlassen können. Und dieser hätte es mit erstaunlich vorwegnehmendem Verständnis ausgeübt; denn in den *Duineser Elegien* treibt der Dichter mit beispielloser Energie und Entschlossenheit die Dichtung an einen Punkt, wo sie sozusagen ihren klassischen Verstand ganz und gar verliert, insofern die Kunst im klassischen Verstand dem Geist, wie Hegel es sagt, dazu verhilft, seine »Objektivität« »im Äußerlichen und Sinnlichen des Daseins«[56] zu finden. Willfährig jedoch den Absichten des Hegel'schen Geistes in seiner späten historischen Stunde, hat die romantische Kunst solch weltlichem Trachten immer mehr entsagt und, gewahr werdend, daß es »Höheres« gibt »als die schöne Erscheinung des Geistes in seiner unmittelbaren ... sinnlichen Gestalt«[57], zuletzt das scheinbar Unmögliche auf sich genommen: nämlich in ihrem eigenen sinnlichen Medium zu *zeigen*, daß nun, um weiter mit Hegel zu sprechen, der Geist »sein entsprechendes Dasein nur in seiner heimischen, eigenen geistigen Welt der Empfindung, des Gemüts, überhaupt der Innerlichkeit« aufsuchen und »die äußere Realität als ein ihm nicht adäquates Dasein« verlassen muß – wie es sich in Rilkes Duineser Domäne des Unsichtbaren wortwörtlich erfüllen sollte. Für diese die Geschichte der Kunst abschließende Kunst ist daher, sagt Hegel, »die Schönheit ... kein Letztes mehr«[58]; und Rilke in der Ersten der *Duineser Elegien:*

> ... Denn das Schöne ist nichts
> als des Schrecklichen Anfang, den wir noch grade
> ertragen ...,

der Beginn jenes Terrors also, der – darin dem Schrecken des Erdgeists ähnlich, von dessen Erscheinung Faust seine Existenz bedroht fühlte – uns vernichten würde, überfiele er uns in der Gestalt jenes Duineser Engels, welchen Rilke in seinem brieflichen Kommentar als das Wesen beschreibt, in dem die uns aufgegebene Metamorphose der sichtbaren Welt ins Unsichtbare bereits vollzogen ist[59]. Weshalb aber ist uns diese Verwandlung aufgetragen? Im Brief sowohl wie in den *Elegien* selbst hat Rilke darüber manches zu sagen. Suchte jedoch einer die allgemein-abstrakte Formel dafür, so täte er gut daran, sich von Hegel beraten zu lassen. Denn dieser prophezeit, daß eine Zeit kommen müsse, in welcher »der Geist über die Kunst hinaus« ist und, nachdem er »aus seinem Körper geflohen«, seine rein idealische Existenz in der Subjektivität eines Individuums anstrebt, »das er sich zum Gefäß seines Schmerzes erwählt«[60]. Soweit diese Gnaden- und Schmerzenswahl des Geistes auf einen Dichter fallen kann, hat Rilke sie hingenommen. Während der reifsten Phase seines Dichtens wußte er, daß dies sein Kreuz und, im Vollbringen des unsagbar Schweren, sein höchstes Glück war: den Geist zu betreuen auf seiner Flucht vom Körper, von den Dingen, von der Erde selbst, *und zugleich* – auf Grund einer Dialektik, deren Philosoph, wie wir sehen werden, wiederum Hegel ist – für die Dinge und die Erde in ihrer Geistverlassenheit zu sorgen:

> Erde, ist es nicht dies, was du willst: *unsichtbar*
> in uns erstehn? – Ist es dein Traum nicht,
> einmal unsichtbar zu sein? – Erde! unsichtbar!
> Was, wenn Verwandlung nicht, ist dein drängender
> Auftrag?

Und da der Dichter in ekstatischer Erkenntnis diesen Auftrag empfängt, verkehrt sich für ihn aufs Radikalste die überlieferte Ordnung von Dichtung und Kunst. Denn es war die überlieferte Ordnung von Dichtung und Kunst, daß die Formen und Gestalten der Welt in gereinigter und gesteigerter Integrität eingingen in den menschlichen Geist und in seiner Sprache zu ihrer Sprache kamen. Jetzt aber ist es, als verschlössen sich die Dinge selber sowohl wie der menschliche Geist solch naiver Gastfreundschaft und solch vertrauensseliger Lektion von Worten.

Gewiß, viele Bilder, einst erschaffen nach den Bildern des Geistes, reichen noch herüber aus einer Vergangenheit, die Rilke nachdrücklich als Vergangenes beschwört:

> Säulen, Pylone, die Sphinx, das strebende Stemmen,
> grau aus vergehender Stadt oder aus fremder,
> des Doms . . .,

»Dies *stand* einmal unter Menschen.« »Chartres war groß«, aber es *war*; gewiß, die die Zeiten überdauernde Herrlichkeit dieser »Dinge« verlangt von uns »die Bewahrung der noch erkannten Gestalt«; gewiß, die Stimme der Lobpreisung soll auch jetzt nicht schweigen: »Preise dem Engel die Welt«, und preise vor allem die einfachen Dinge, welche die Menschen, lange ehe sie ihre Seele an Maschinen und Waren verloren, zu ihrem Gebrauch gemacht, und die da und dort noch immer erzeugt werden in Oasen des simplen Handwerks: vom Seiler in Rom oder vom Töpfer am Nil; gewiß, noch immer ist es dem Dichter manchmal, als wäre er Adam, der die Dinge benennt; und dann sagt er »Haus, Brücke, Brunnen, Tor, Krug, Obstbaum, Fenster«, gerade so, als hätte vorher kein Ding so recht gewußt, was es war. In Wahrheit aber ist er längst nicht mehr wie Adam; er ist eher wie ein Noah, der eine unsichtbare Arche der Innerlichkeit zimmert, um darin das reine Wesen der Schöpfung vor der Sintflut zu retten, die draußen tobt und den Sinn aller Dinge ertränkt. »Die Bewahrung der noch erkannten Gestalt« – das bedeutet in Rilkes *Elegien* nicht etwa die emsige Pedanterie der Museen; es bedeutet, den Auftrag zu erfüllen, den der Dichter von den Tempeln der Vergangenheit erhielt, die, exotische Überbleibsel in der gegenwärtigen Zeit und erschöpft von den Rezitationen der die Epochen und Sehenswürdigkeiten bereisenden Gelehrten, endlich zur Ruhe kommen wollen in der Unsichtbarkeit der innersten Seele. »Preise dem Engel die Welt« – das heißt nicht mehr, was Keats oder Mörike taten, als sie wehmütig eine griechische Urne oder eine alte Lampe besangen, »ein Kunstgebild der echten Art. Wer achtet sein?«; es heißt, griechischen Urnen, schönen Lampen, der Kathedrale von Chartres, den Denkmälern

Ägyptens jenes unendliche Dasein zu verleihen, welches so unendlich nur ist, weil es im unsichtbaren Herzen verwandelt wurde. Haus, Brücke, Brunnen, Tor, Krug, Obstbaum, Fenster zu sagen, ist nicht mehr genug, wenn es dabei zugeht wie etwa bei Homer, als er den Schild des Achilles »sagte«, nämlich so, daß der Schild selbst zu sagen schien: So bin ich und so will ich sein; nein, die Dinge zu sagen, heißt nun, sie *so* zu sagen, »wie selber die Dinge niemals innig meinten zu sein«. Denn: »Erde, ist es nicht dies, was du willst: *unsichtbar* in uns erstehn?«

So vergänglich wir selber auch sind, so scheinen doch die dem Verhängnis anheimgegebenen Dinge dieser Welt von uns das große Rettungswerk zu erwarten. Mit Augen, in denen ihr Tod geschrieben steht, blicken sie auf uns als ihre Erlöser, damit wir sie befreien von ihrer dem Verderben überantworteten »objektiven Dinglichkeit« und sie aufnehmen in jene unendliche Subjektivität, deren nur wir fähig sind und die nach Hegel von nun an die einzige Wohnstatt des absoluten Geistes ist; und Rilke:

> Wollen, wir sollen sie ganz im unsichtbaren Herzen
> verwandeln
> in – o unendlich – in uns! wer wir am Ende auch seien.

Wenn einst die Kunst und die Dichtung ihr Augenmerk auf die äußere Wirklichkeit hatten und dort die Freunde und Spielgefährten, die Feinde und tragischen Anlässe der inneren Seele suchten, so soll jetzt der Künstler den Dingen draußen, die von jedermann beglotzt, betastet, ausgenützt und mißbraucht werden, ein Refugium in der Innerlichkeit des Herzens bauen. »Wir sind die Bienen des Unsichtbaren. *Nous butinons éperdument le miel du visible pour l'accumuler dans la grande ruche d'or de l'Invisible*«, wie Rilke in seinem Brief nach Polen schreibt. Zweifellos schwärmen diese sonderbaren Immen, die alle Süße der sichtbaren Welt in unsichtbare Waben sammeln, aus Hegel'schen Körben. Denn es ist offenkundig, daß dieser außerordentliche Bienenfleiß im Dienst jenes Geistes steht, dessen *Phänomenologie* Hegel schrieb, und der, an diesem Punkt angelangt, »über den Verlust seiner Welt trauert und sein Wesen, über die Wirklichkeit erhoben, nun aus der Reinheit des Selbst hervorbringt«. »In solcher Epoche«, fügt Hegel hinzu, »tritt die *absolute Kunst* hervor«[61], eine Kunst, die darauf abzielt, des letzten Erdenrestes von Konkretheit so ledig zu sein, wie es in diesem Stadium ihrer Geschichte die Idee selbst ist; und diese Kunst ist absolut in dem Sinn, daß sie einen absoluten Schlußpunkt hinter ihre eigene Geschichte setzt.

Es zeugt von der erstaunlichen historischen Relevanz der Hegel'schen Kunstphilosophie, daß Rilkes Denken – und der Dichter war so unermüdlich in der brieflichen Mitteilung seiner poetischen Sorgen, wie er unfehlbar war im seismographischen Registrieren jeder Regung des Kunstgeistes – mit großer Stetigkeit (und ohne daß sich auch nur die leiseste Einflüsterung von Hegel selbst entdecken ließe) um die Frage kreiste, die im Zentrum von Hegels *Ästhetik* steht: die Frage der Entsprechung oder – wie es der Fall sein mag (und der Fall war) – der Disproportion zwischen der Art, wie der Mensch in seinem Inneren lebt, und der Weise, wie die Welt in ihrem Äußeren existiert. Ist die äußere Welt mit ihrer Einwohnerschaft von Menschen, Tieren, Bergen, Bäumen, Blumen und Sternen noch immer bereit, den inneren Wahrheiten des Menschen die »objektiven Korrelate« oder »konkreten Äquivalente« zu liefern, oder hat sie sich solchem Verlangen längst entzogen? Mit der ihm eigenen und unnachahmlichen spirituellen Gewalttätigkeit, die so täuschend die guten Manieren der Sanftmut bewahrte und die dem Dichter von einer Zeit aufgezwungen wurde, in welcher »die Kunst nach der Seite ihrer höchsten Bestimmung ... ein Vergangenes«[62] war, hat Rilke ein Leben – von welchem er einmal sagte, es sei »so ins Bodenlose gehängt«, »unmöglich«[63] – darauf verwandt, die extrem »klassischen« sowohl wie die extrem »romantischen« Möglichkeiten des Dichtens zu erforschen. Er versuchte sich im *extrem* »Klassischen« zur Zeit der »Ding-Gedichte« (*Neue Gedichte* und *Der Neuen Gedichte Anderer Teil:* 1903–1908) und trieb darin das »Klassische« so zum Äußersten, daß seine Dichtung eine Farbe annahm, von welcher kein früherer Klassiker sich träumen ließ. Und was diesen »klassischen« Gedichten ihre besondere Qualität verleiht, ist genau die ganz und gar unklassische Ahnung des Dichters, daß bei all seiner Hinwendung zu den objektiven Dingen das Verhältnis zwischen Innen und Außen, zwischen Subjekt und Objekt, in Wahrheit ja doch heillos gestört ist. Denn die »Dinglichkeit« dieser Verse entspringt nicht dem ruhigen Einverständnis zwischen einem inneren Selbst und seinen Gegenständen; sie entspringt einem an der Welt leidenden inneren Selbst, das entschlossen ist, seine Leiden zu überwinden, indem es sich in »die Dinge« versenkt, ja sie überwältigt mit einer Habgier, die, wie Rilke glaubte, von Rodins Werk inspiriert war, aber mehr an van Gogh gemahnt: Rilkes Panther zum Beispiel, die erste »Ding«-Beute der *Neuen Gedichte,* ist sicherlich ein zoologischer Verwandter der Sonnenblumen van Goghs, jener räuberischen Blüten, die

die ganze Welt in ihre dunkle Mitte ziehen. Jedoch deutet der Rilke'sche Panther, durch dessen müde Augen dann und wann ein Bild aus der äußeren Welt dringt »und hört im Herzen auf zu sein«[64], mit einem Schimmer von Vorahnung schon auf das »Herz-Werk«, das den Dichter erst erwartete, als es mit den »Dingen« nichts mehr war, und dem er sich nirgends mit intensiverer Hingabe widmete als in der Alchimistenwerkstatt der *Duineser Elegien* (1912–1922). Da war er mit den Dingen zu Ende und die Dinge waren es mit ihm. Aber bereits im Jahre 1910 hatte er sein Beharren auf den Dingen »habgierig«, »hochmütig« und »eigensinnig« gefunden[65]; und im Jahre 1914 verkündete er seine Konversion mit dem Gedicht »Wendung«:

> Werk des Gesichts ist getan,
> tue nun Herz-Werk
> an den Bildern in dir, jenen gefangenen; denn du
> überwältigtest sie: aber nun kennst du sie nicht.[66]

Die Dialektik von Rilkes Bekehrung ist von der radikalsten Art; denn noch im November 1908, am Ende also jener Phase, die von den »Ding-Gedichten« beherrscht ist, schien er unerschütterlich dem Glauben ergeben, daß des Dichters Heil in seiner Fähigkeit liege, *sich selbst in die sichtbaren Dinge zu verwandeln,* die er mit seinen Worten beschwört; und glaubte es anscheinend so inständig, daß er im »Requiem für Wolf Graf von Kalckreuth« die Frage, was diesen angehenden Dichter, der sich das Leben nahm, hätte retten können, mit jenem für Rilke so charakteristischen Anflug von zarter Hybris also beantwortete:

> ... hart sich in die Worte zu verwandeln,
> wie sich der Steinmetz einer Kathedrale
> verbissen umsetzt in des Steines Gleichmut.
> Dies war die Rettung ...[67].

In den *Duineser Elegien* hat das denkbar drastischste Manöver der Umkehrung die Rollen von Erlöser und dem der Erlösung Harrenden vertauscht: nicht mehr sind es die sichtbaren Dinge, die dem ruhelosen inneren Geist Zuflucht in ihrer festen Dinghaftigkeit gewähren; es ist im Gegenteil die unsichtbare Innerlichkeit, welche die sichtbare Welt vor der hereinbrechenden Sinnzerstörung rettet. Der armen Seele, die eben noch der Erlösung bedurfte, ist nun die Macht verliehen, die Dinge zu erlösen. War es einst so, daß des Steinmetzen verwundbare Seele unverwundbar wurde im harten Stein der Kathedrale, so ist jetzt an den Tag gekommen, daß Chartres selber in das unsichtbare menschliche Innere verwandelt sein will. Denn Erlösung ist allein in unendlicher Subjektivität. So ist denn die schwere Rätselfrage, welche die Erste, und noch eindringlicher die Fünfte Elegie stellt: Wer aber *sind* wir?, in zumindest einem Bezug beantwortet. »Wer wir am Ende auch seien«, klar ist jetzt, daß wir Eigentümer der Subjektivität sind, Werkleute des Herzens, Verwalter der unendlichen Innerlichkeit; und da wir sind, was wir sind, ist es an uns, die vom Geist verlassene Welt in uns zu vergeistigen. Denn »immer geringer schwindet das Außen«. Zwar ziehen von Zeit zu Zeit schöne Bruchstücke der äußeren Wirklichkeit an der Seele vorüber und öffnen ihr die Augen für ein letztes Glimmern des alten und nun sich verflüchtigenden Sinns, aber wie Meteore verlöschen sie in der Finsternis. In Venedig einst, in der Kirche Santa Maria Formosa, sprach eine sichtbare

Tafel zum unsichtbaren inneren Geist; in Karnak war ein Antlitz zu sehen, das Gewicht hatte selbst auf der Waage der Sterne; in den Alpen blühte der gelbe und blaue Enzian; und der gestirnte Himmel war herrlich; und das Weltall geriet in Entzückung in der einen Stunde der Liebe. Jedes und alles aber ist nichts als die stoffliche Verhüllung des Falters, der dabei ist, sich ins Unsichtbare zu entpuppen; denn

> . . . wo noch eins übersteht,
> ein einst gebetetes Ding, ein gedientes, geknietes –,
> hält es sich, so wie es ist, schon ins Unsichtbare hin.

Dies also war der Sinn der Trauer, welche diese Dichtung zu Elegien machte. Sie hatte ihren Grund in einem ungeheuren Mißverständnis zwischen Seele und Welt. Die Seele verlangte es immer noch nach jener gemessenen Harmonie zwischen Innen und Außen, zwischen Empfindung und Geste, nach jenem klassischen Einklang, den Rilke im griechischen Stelenbild von Orpheus, Eurydike und Hermes sah, wie es am Ende der Zweiten Elegie aus der Erinnerung aufsteigt; und die Seele sehnte sich nach solchem Glück und solcher Schönheit des Geistes, weil sie noch nicht eingeweiht war in das Geheimnis ihrer Trauer, und nicht in das Mysterium ihrer großen Aufgabe. Sie wollte Wurzeln fassen im »Fruchtland« der Wirklichkeit und fand zu ihrem Kummer, daß sie hilflos an allem vorübergehen und über alles hinausgehen mußte, was sie scheinbar – und leider nur scheinbar – in der äußeren Welt zum Verweilen lud. Sie suchte Liebe, und war verwitwet schon in der Umarmung, weil der Besitz nicht halten konnte, was der erste gemeinsame Gang durch den Garten versprochen; und mußte ehebrüchig werden schon in der Hochzeitsnacht, da das geliebte Gesicht »überging in Weltraum«, in dem es nicht mehr war; oder sie wollte das Können der Kunst, und verzweifelte an jenem »leeren Zuviel« der Virtuosität, in welches »das reine Zuwenig« ihres natürlichen Standes unbegreiflich überging. Und all die Zeit wußte sie nicht, daß ihr Mühen vergeblich bleiben mußte, weil der Welt, in der sie ihr Heim suchte, vom Geiste aufgekündigt war. Außerstande daher, die Seele zu beherbergen, wollte die Welt ihrerseits aufgenommen werden in der Seele unsichtbares Haus.

Höchst sonderbar und überraschend ist diese Bestätigung Hegels durch einen Dichter, der wohl keine Zeile von ihm gelesen hatte. Denn was die *Elegien* beklagen, ist genau das, was Hegel als die Pathologie der Kunst am Ende der romantischen Epoche voraussah: daß der Sinn und also auch die Poesie der Dinge Schiffbruch erleidet in den Untiefen, die im Abebben des Geistes um sie entstehen. Hätte Hegel nicht nur das Ereignis, sondern auch die dem Ereignis dennoch eignende Poesie vorweggenommen, so hätte er, wie der zurückblickende Betrachter sich vorzustellen versucht ist, selber die Zeilen der Siebenten Elegie schreiben können, in welchen Rilke den Abfall des Geistes von allen Dingen und aller Dinge vom Geist beklagt:

> ... Mehr als je
> fallen die Dinge dahin, die erlebbaren, denn,
> was sie drängend ersetzt, ist ein Tun ohne Bild.

Und Hegel schrieb sie fast, wenn auch in Prosa: »Denn auf der Stufe der romantischen Kunst weiß der Geist, daß seine Wahrheit nicht darin besteht, sich in die Leiblichkeit zu versenken; im Gegenteil, er wird sich seiner Wahrheit nur dadurch gewiß, daß er sich aus dem Äußeren in seine Innigkeit mit sich zurückführt und die äußere Realität als ein ihm nicht adäquates Dasein setzt ... Der wahre Inhalt des Romantischen ist die absolute Innerlichkeit ... In diesem Pantheon sind alle Götter entthront, die Flamme der Subjektivität hat sie zerstört ...«[68] Und Rilke in der Siebenten der *Duineser Elegien* und an der Schwelle der großen Einsicht in des Dichters neue Mission:

Nirgends, Geliebte, wird Welt sein, als innen ...

Es gibt zwei Fragen, mit welchen die *Duineser Elegien* selbst ihren geübten Leser zu beirren vermögen; und wenigstens eine scheint nun beantwortet zu sein. Nämlich diese: Will diese »ontologischste« aller Dichtungen den Stand des Menschen schlechthin beschreiben, oder nur die Verfassung unserer Menschlichkeit in einer bestimmten Phase ihrer Entwicklung? Ist der Mensch seit eh und je ein Vertriebener des Universums, unbrauchbar in seiner Seele für andere Menschen, für Tiere, für Engel, wie die Erste Elegie klagt? Oder gab es die Zeit, die Tage Tobiae, welche die Zweite beschwört, da es geschehen mochte, daß ein Menschenwesen über Land ging, freundschaftlich und »Jüngling dem Jüngling«, mit einem der Erzengel selber*? Auf diese Frage, die sich in den *Elegien* häufig

* Dies ist übrigens eine der zahlreichen Stellen, welche die Gewißheit, mit welcher Rilke im Brief an seinen polnischen Übersetzer behauptet, daß der Engel der *Elegien* nichts mit dem Engel des christlichen Himmels zu tun habe, in Frage stellen; und indem er hinzufügt, daß sein Engel eher noch mit den Engelsfiguren des Islam einiges gemeinsam habe, dilettiert er nur in der vergleichenden Religionswissenschaft. Für einen Dichter, der in Prag

verwischt, hat nur Hegel die befriedigende Antwort. Weil der Mensch ist, was er ist: das Gefäß des Geistes; und weil der Geist ist, was er ist: der Wanderer, der nur einmal im Land der Menschen heimisch war und sodann der Seele gebot, ihm an sein rein geistiges Reiseziel zu folgen –; weil dem so ist, *gab* es unter den Gezeiten des Geistes die Tage Tobiae, *gibt* es die Zeit der Ersten Elegie, die Zeit der schmerzlichsten Entfremdung des Menschen von Mensch und Kreatur und Engel, und *wird* es die Zeit der Neunten Elegie geben, da die Welt verwandelt »aufgehoben« sein wird in des Geistes ureigener Substanz. Freilich sind viele Wohnungen in Hegels Haus, und den *Duineser Elegien* mag nur des romantischen Dichters übliche Dachkammer zugeteilt sein. Die Philosophie wohnt nach Hegels Anweisungen in größerem Komfort. Was aber die Reise des Geistes betrifft, so ging Rilke nach der Landkarte Hegels so weit, wie ein Dichter nur gehen kann, wenn »die Kunst nach der Seite ihrer höchsten Bestimmung ... ein Vergangenes« ist.

Wie weit ging er also? Dies ist die andere und viel schwierigere Frage. Ging er so weit, oder auch nur in derselben Richtung wie so viele andere Künstler seiner Zeit, mit welchen er ohne jeden Zweifel den Ausgangspunkt gemeinsam hatte: jenen Punkt nämlich, an welchem sich der Geist von den wirklichen und konkreten Dingen abzuwenden beginnt? Ist sein »Erde! unsichtbar« die gleiche Parole, mit welcher etwa Picasso zu Beginn seiner kubistischen Phase Einlaß in eine Region der Kunst forderte,

geboren wurde, den größten Teil seines Lebens in Bayern, Frankreich und der Schweiz verbrachte, und der Erbe einer Sprache war, die ohne Luthers Bibelübersetzung nicht wäre, was sie ist, ist es so gut wie unmöglich, sich des Wortes »Engel« zu bedienen, ohne seinen Zoll an die jüdisch-christliche Tradition zu entrichten.

die jenseits der Reichweite und suggestiven Kraft der konkreten Gestalten der Wirklichkeit lag? Oder haben die konservativ-behutsamen Interpreten der *Elegien* recht, wenn sie davor warnen, Rilkes »Unsichtbares« auf radikal »abstrakte« oder »rein geistige« Art zu verstehen?

Rilke bewunderte Cézanne und gewiß den Picasso der *Saltimbanques*, ein Gemälde, dessen »Wächter« er sich nannte, als er es im Münchner Jahr 1915 monatelang ganz für sich allein hatte, und welches später in seine Fünfte Elegie eingehen sollte. Damit aber ist seiner Bejahung der »modernen« Kunst fast schon die Grenze gesetzt. Während seines Aufenthalts in Paris vor dem Ersten Weltkrieg hatte er mit Entsetzen und zorniger Hilflosigkeit auf die »abstrakten« und »kubistischen« Abenteuer reagiert, in welche sich die Malerei auf Geheiß von Matisse, Picasso selbst, und Braque stürzte. »Unfug und sinnlose Spielerei«, »Freiheit auf das armseligste mißbraucht«, »diese sogenannte Malerei«, die »unmittelbar zu den Kunsthändlern« strebt, »in den Handel hineingeboren« ist und »schon beim nächsten Händler überholt, überlebt, übertroffen« ist, »Gift, das reine Gift« – so machte er seinem Ärger Luft über den »Verrat an Cézanne« sowohl als an der »noch erkannten Gestalt« der erschaffenen Welt. In eine Betätigung, das Malen, so schrieb er, »in der selbst guter Wille wenig ist, ist purer schlechter Wille geraten«. Und selbst wenn in diesen Ausbrüchen die berühmtesten Meister der neuen Bewegung nicht genannt sind, so ist doch klar, daß die Methode selbst den Zorn provoziert hat: diese »subkutane« Art zu malen, die sich »unter der eigentlichen heilen Bildoberfläche« zu schaffen macht und nichts zustande bringt als »die Anarchie eines durch Mikroskope verdorbenen und durch die zunehmende Unsichtbarkeit so vieler Erlebnisse zum äußersten gereizten Blicks« [69]*.

Einmal jedoch räumte er ein, daß diese verhaßte »subkutane« Manier tiefer reichen mochte als nur unter die Haut – so tief vielleicht wie seine eigene Dritte Elegie, die, 1912 auf Duino begonnen und 1913 in Paris fortgesetzt, in das »Flußbett« unserer dunkelsten Herkunft hinabstieg, und eindrang in des »Inneren Wildnis«, in »diesen Urwald«, »auf dessen stummem Gestürztsein«, und inmitten von »würgendem Wachstum« und »tierhaft jagenden Formen«, »lichtgrün« wie das Blatt eines tropischen Sumpfgewächses das Herz des Liebenden stand. So sah es damals, ein Jahr ehe der Krieg ausbrach, in jenem noch ungeläuterten Inneren aus, dem zehn Jahre später die Erlösung der im Geist verwüsteten Welt anvertraut wurde. Und ein Jahr, nachdem der Urwald sich in Bewegung gesetzt hatte und seine »tierhaft jagenden

* Diese Zitate kommen aus Briefen im Rilke-Archiv. Sie wurden meines Wissens zum ersten Mal von Herman Meyer in seinem Essay »Die Verwandlung des Sichtbaren« veröffentlicht, der in seinem Buch *Zarte Empirie* (Stuttgart, 1963) enthalten ist. Die vortreffliche Arbeit, die sowohl durch sorgsamste Dokumentierung wie elegante Darbietung ausgezeichnet ist, lernte ich erst kennen, als mein eigener Essay so gut wie beendet war. Da sich aber Herman Meyers Thema so eng mit dem meinen berührt, beschloß ich dankbar, meinen Essay um einige Stellen zu erweitern, die seinen Anregungen und Anführungen aus sonst unveröffentlichten Briefen verpflichtet sind. Im übrigen unterscheidet sich meine Interpretation der Rilke'schen »Verwandlung des Sichtbaren« wesentlich von der seinen, und nicht nur deshalb, weil ich diesen zentralen Gedanken der *Elegien* in einem größeren Zusammenhang diskutierte. Es scheint mir, daß Herman Meyers Interpretation, wie auch jede andere, die mir bekannt ist, unter einem Mangel an Dialektik leidet, einer Denkmethode, der ich keineswegs mit Liebe anhänge, die jedoch, wie ich fürchte, allein imstande ist, mit Rilkes Duineser Botschaft zu Rande zu kommen. Auch ist es überraschend, daß, so weit ich weiß, niemand noch auf den so offensichtlichen Platz hingewiesen hat, welchen den *Elegien* in Hegels prophetischer Geschichte der romantischen Kunst einzunehmen bestimmt war.

Formen« Europa überzogen, Ende Juli 1915, schrieb er einen Brief über Picassos Bild *»La Mort d'Arlequin«*, in welchem er sich und der Empfängerin des Briefes im genauen Idiom der Dritten Elegie erklärt, warum Picasso nach dem Tod seines Pierrot nicht mehr imstande war, »die Gestalten wörtlich zu nehmen, als ob sie greifbar wie Puppen wären und nahrhaft wie schöne Äpfel, die man mit den Augen ißt –, während sie doch hinstürzen, durcheinander und aneinander vorüber und auch der Schauendste noch als ein immer Gestürzter ins Stürzende sieht«. Von nun an mag Ruhe nur noch »im Flußbett« des Lebens zu finden sein. Und was dem Dichter schon im Bild des sterbenden Pierrot den unvermeidlichen Verlust der heilen Gestalt ankündigt, das sind die vier Farbenflicken auf dem Ärmel, welche die fast farblose Blässe des Gemäldes mit einem ekstatischen Farbenquartett übertönen und mit ihrer auftrumpfenden Selbstgewißheit zu sagen scheinen, daß »nach Pierrots Tode die zerschlagene Welt nur noch in schönen Scherben« darstellbar ist[70].

Obgleich es trotz der offenkundigen Blutsverwandtschaft zwischen dem Vokabular des Briefes über Picasso und demjenigen der Dritten Elegie keinerlei *künstlerische* Ähnlichkeiten zwischen dieser und Picassos Kubismus gibt, und obgleich die »Scherben« der Kunst mit der Zeit immer weniger »schön« wurden, sind diese Sätze Rilkes, die zum Besten gehören, was je ein Dichter über ein Werk der Malerei schrieb und darin Goethes Beschreibung von Raffaels *»Transfigurazione«*[71] vergleichbar sind, doch überaus aufschlußreich in bezug auf die späteren Elegien und deren »Verwandlung der sichtbaren Welt«. Es ist Geratsam, diesen Brief im Zusammenhang mit einem Gedichtentwurf zu lesen, der bald nachher entstand. Ein

Teil dieses Entwurfes – »Die Worte des Herrn an Johannes auf Patmos« – begleitete eine Reproduktion von Dürers »Apokalypse«, die er im November 1915 seiner Frau zum Geschenk machte. Der ganze Entwurf aber enthält Verse, die nicht nur dem Brief, sondern auch auf höchst bemerkenswerte Art der Siebenten und Neunten Elegie verwandt sind und also den Sinn des »Unsichtbaren« zu erhellen vermögen, obwohl sie sieben Jahre vor Rilkes großer Muzot-Inspiration geschrieben wurden:

> Knechte hat der Satan, die mit Knütteln
> niederschlagen, was am zärtsten wächst,
> und so muß ich Menschen noch zunächst
> in dem eingesehnen Bild bestärken;
> doch ich will an meinen Tieren rütteln:
> denn es ist ein Drang in meinen Werken,
> der nach wachsender Verwandlung lechzt.

Das »zunächst« in der »Bestärkung« könnte wohl die denkbar eindeutigste Antwort auf die in der Interpretation der *Elegien* so oft gestellte Frage geben, wie sich denn die Zeilen der Siebenten Elegie

> Uns soll
> dies nicht verwirren; es stärke in uns die Bewahrung
> der noch erkannten Gestalt ...

zu den vorhergehenden

> Nirgends, Geliebte, wird Welt sein, als innen. Unser
> Leben geht hin mit Verwandlung. Und immer geringer
> schwindet das Außen ...

und zu denjenigen der Neunten verhalten, welche den »drängenden Auftrag« der Erde verkünden, daß wir sie verwandeln sollen ins Unsichtbare. Nur »zunächst« also will der Herr die Menschen »in dem eingesehnen Bild bestärken«, wofür »es stärke in uns die Bewahrung der noch erkannten Gestalt« wahrhaftig nur andere Worte sind. Nur zunächst; denn obgleich es Satanswerk ist – und nur dies kann die Logik dieser Patmos-Verse sein –, die Bilder, Formen und Gestalten der sichtbaren Welt brutal zu zerschlagen, weiß der Herr zugleich, daß der Teufel nur deshalb so tüchtig ist im Vollbringen des Teuflischen, weil Ihm selbst (und das wird in einer der folgenden Strophen des Entwurfs ausdrücklich gesagt) zuletzt an der Erhaltung der sichtbaren Welt nichts gelegen ist. Hat er doch allen seinen Werken den Trieb eingepflanzt, »der nach wachsender Verwandlung lechzt«. Verwandlung welcher Art? Der Entwurf gibt keine Auskunft; aber die folgende Strophe ist so offensichtlich eine andere Version oder sogar ein Kommentar der Klage der Ersten Elegie

> daß wir nicht sehr verläßlich zu Haus sind
> in der gedeuteten Welt ...,

daß es erlaubt scheint, die Frage mit der Frage-Antwort der Neunten Elegie zu beantworten:

> Erde, ist es nicht dies, was du willst: *unsichtbar*
> in uns erstehn? – ...
> Was, wenn Verwandlung nicht, ist dein drängender
> Auftrag?

Denn diese nächste Strophe des Entwurfs lautet so:

Menschen heften sich an die Begriffe,
fanden mühsam sich hinein.
Eine Zeit noch sollen Schiffe Schiffe
und ein Haus soll wie die Häuser sein.
Und der Stuhl, der Tisch, der Schrank, die Truhe
und der Hut, der Mantel und die Schuhe,
ohne daß man ihnen etwas tue –:
aber diese Formen sind nicht mein.

Dies ist einer der wenigen Fälle, da der Interpret (aber nur er, nicht der Dichter selbst) dem pedantischen Fanatismus der modernen Philologie, die jeden Mißton, den je ein Dichter in der Zurückgezogenheit seines Probierzimmers pfiff, ans öffentliche Ohr weitergibt, zu Dank verpflichtet ist: Dieser Hut, dieser Mantel, und diese miserablen Schuhe, denen des miserablen Reimes wegen niemand etwas tue, sind gewiß die schäbigste Konfektion in Rilkes lyrischer Garderobe und kompromittieren beklagenswerter, aber unerbittlicher Weise auch manche der eleganteren Kleider, die er zum Beispiel in den *Sonetten an Orpheus* trägt; und obgleich es nicht verwunderlich ist, daß der liebe Gott diese Schuhe nicht als die seinen beansprucht (wie viele gangbaren Dogmen über die Dichtung ließen sich doch zu Fall bringen durch einen Vergleich dieser katastrophalen Probe mit dem Gelingen der schließlichen Aufführung!), zeigen diese Verse doch – fast bis zur trivialen Offensichtlichkeit – den Gang von Rilkes Denken. Für eine kleine Weile noch werden die Begriffe, die sich der Mensch von seiner Welt gemacht, in Geltung bleiben: Schiffe werden Schiffe sein und Häuser werden nach dem Vorbild »Haus« gebaut werden. Aber »sehr verläßlich« sind weder diese Begriffe noch diese Vorbilder. Denn – mit den Worten der Neunten Elegie –

»mehr denn je fallen die Dinge dahin, die erlebbaren«; und also wäre es falsch, zu glauben, daß sie vom Herrn auf ewig bewilligt sind. Im absoluten Sinn sind dies nicht *Seine* Formen. Und allsogleich erscheinen die Engel, die unverwechselbar in derselben Engelszunge sprechen wie der Engel der *Elegien;* und die Engel sind besser vertraut mit den Plänen des Herrn als die Menschen:

> Wüßten Menschen, was der Engel Seele
> hinreißt, daß sie wie ein Katarakt
> über meine ältesten Befehle
> weiterstürzt . . .
> . . . .
>
> An der Bildung ist mir nichts gelegen,
> denn ich bin der Feuerregen
> und mein Blick ist wie der Blitz gezackt[72].

Es war eine armselig gereimte* Apokalypse, die da von der Dürer'schen angeregt wurde. Aber bei Patmos sollte es bleiben. Patmos war auch auf Muzot, wo Rilke, wie er es empfand, die Gnade ward, die *Elegien* zu vollenden.

Die *Duineser Elegien* sind ein apokalyptisches Werk. Als Rilke im Jahr 1915 den Herrn in manchmal unverzeihlichen Versen zu Johannes sprechen ließ, lag Europa im Krieg mit sich selbst; und Krieg war auch im Inneren

* Die von mir ausgelassenen einundeinhalb Zeilen des Entwurfs (nach »weiterstürzt«) lauten:

> . . . Ich hätte die Kameele
> längst zurückgenommen und zerhackt.

Es ist rührend und erschreckend zugleich, zu beobachten, was für imbezile Reime Rilke manchmal ausprobierte: Seele — Kameele, wobei die solch gewalttätigem Schicksal gerade noch entgehenden Kamele sich der Seele zuliebe wenigstens falsch buchstabieren lassen müssen.

des Dichters. Kaum hatte er erkannt, daß »Herz-Werk« zu tun war – und zwar in einem milderen Klima des Geistes als dem seines »hochmütigen« und »habgierigen« Umgangs mit den »Dingen« –, brannte die Welt im fabrizierten Feuer fabrizierter Feindseligkeiten. Auch die Phantasie des Dichters entzündete sich daran. Im November 1908, als er das »Requiem für Wolf Graf von Kalckreuth« schrieb, hatte er beklagt, »daß die großen Worte aus den Zeiten, da Geschehen noch sichtbar war«, nicht »für uns« seien[73]; jetzt aber, im August 1914, war er hingerissen von dem Anblick der »Ergriffenen«, die ins Knie sanken vor einem sich offenbarenden Gott: dem Gott des Krieges. Nach Jahren und Jahren, in welchen sichtbare Bilder nur von Dichtern »erfunden« wurden und inmitten der grauen Prosa der Welt keine Macht über die Menschen hatten, war »das Schauspiel« wieder »wahr«, »Geschehen« wieder »sichtbar«, und die »großen Worte«, so schien es, trafen nicht mehr ins Leere, sondern standen am rechten, an dem ihnen von alther zugedachten Platz[74]. Des Dichters fürchterliche Begeisterung aber, zu der es nie hätte kommen sollen (und zu welcher, wie vielleicht zum Krieg selbst und zu vielem, was nachher geschah, es nur kommen konnte, weil das blindgewordene Leben sichtbare Gesichte allein noch in den giftigsten Räuschen zu finden vermochte), war sehr kurzlebig: was Rilke soeben erst als die Epiphanie eines Gottes gefeiert hatte, wurde zur Invasion der Welt durch »Satansknechte«. Und im Jahr 1922 enthüllte sich ihm der apokalyptische Sinn einer langen Geschichte der Zerstörung, die sich im Frieden mit unauffälliger Heimtücke und im Krieg mit explosiver Gewaltsamkeit vollzog. Die Stimme, die er auf Duino im Sturm gehört hatte, sprach auf Muzot noch einmal zu ihm. Die atemlosen Briefe, mit welchen er im Februar 1922 verkündigte, daß es vollbracht und das Werk der *Elegien* beendet war[75], zeigen, daß er diesen Aufruhr des Geistes und diese gebieterische Inspiration fast so erlebt hatte, wie im Gedichtentwurf von 1915 sein Johannes auf Patmos den Auftrag des Herrn:

> Und sollst schreiben, ohne hin zu sehn;
> denn auch dieses ist von Nöten: schreibe.
> . . . .
> Und nun will ich [einmal] ganz geschehn.

Was Rilke auf Muzot aufschrieb, war die Sehnsucht der Erde, »die nach wachsender Verwandlung lechzt«, und das »ganze Geschehen« war die Metamorphose aller Dinge in die unsichtbare Substanz der menschlichen Innerlichkeit sowohl wie die Bereitschaft des Dichters, dem hohen Willen, der solches wollte, willfährig zu sein:

> denn ich bin der Feuerregen
> und mein Blick ist wie der Blitz gezackt.

Würden in dieser verzehrenden Innerlichkeit alle Dinge zunichte werden? Nein. Oder sich auf jene »Flußbett«-Abstraktionen reduzieren, die Rilke so mißliebig waren, wenn er ihnen in der Kunst seiner Zeitgenossen begegnete? Nein. Oder unter Bewahrung ihrer »noch erkannten Gestalt« sich einfach in Bilder der Dichtung verwandeln? Nein. Der Sinn dieser Verwandlung liegt in einer anderen Dimension der Erfahrung und in einer anderen Kategorie des Gedankens; und nur die theologische Prüderie des Zeitalters kann den Leser daran hindern, sich von der »Apokalypse« der *Duineser Elegien* quasi-theologische oder, was in diesem Fall dasselbe ist, hegelische Vorstellungen zu machen. Denn Worte wie »Auferstehung« oder »Transsubstantiation« sind dem eschatologischen Ereignis, in welchem die *Elegien* gipfeln, bei weitem angemessener als irgendein Wort aus dem Wortschatz der herkömmlichen Literaturkritik. Mögen auch die Knechte Satans die sichtbare Erde mit Vernichtung überziehen, so wird doch weder die Kathedrale von Chartres noch der blaue und gelbe Enzian der Alpen verloren sein. Rilke wollte, daß die Nachricht von Duino gute Nachricht sei: den Dingen wurde Rettung verheißen; Rettung aber nicht etwa in dem einfachen Sinn, in welchem Homer Achilles und Odysseus »rettete«, die ja auch allein in der »Unsichtbarkeit« der Imagination weiterleben, so wie es jedem Wesen und jedem Ding beschieden war, dessen sich je ein Dichter annahm, sei es Dantes Beatrice, Shakespeares Kleopatra, Wordsworths Osterblumen oder Goethes Flußlandschaft unterm Mond. Die Heilsbotschaft von Duino und Muzot wäre überflüssig gewesen, hätte Rilke nur dies gemeint. Nein, zwischen der »noch erkannten Gestalt« der Dinge und ihrem Eingehen ins Unsichtbare ist eine Dialektik von der Art der Hegel'schen am Werk: Rilke meinte, daß die sichtbare Welt »aufgehoben« sein würde in eben jenem doppelten oder sogar dreifachen Sinn, mit welchem die deutsche Sprache der Hegel'schen Dialektik so willig an die Hand ging. In diesem Wort, sagte der Philosoph, ist »der über das bloß verständige Entweder-Oder hinausschreitende spekulative Geist unserer Sprache zu erkennen«, weshalb denn »dieser sprachgebräuchliche Doppelsinn, wonach dasselbe Wort eine negative und eine positive Bedeutung hat, ... nicht als zufällig angesehen, noch etwa gar der Sprache zum Vorwurf gemacht« werden soll. Aufheben also heißt »einmal so viel als *hinwegräumen, negieren* ... Weiter heißt dann aber aufheben so viel als *aufbewahren* ...«[76] Und drittens heißt es auch noch so viel als etwas in die Höhe heben und auf ein höheres Niveau bringen. Auf diese Hegel'sche Weise rühren die *Duineser Elegien*, die der scheinbar paradoxen Aufgabe verschrieben sind, die sichtbare Welt in die Unsichtbarkeit des inneren Geistes zu *retten*, an das Mysterium, in welchem das verderbbare Brot noch in der unsichtbaren geistlichen Verwandlung seines Stoffes Brot bleibt, und der verweste Leib die Leiblichkeit wiedergewinnt in seiner Erhebung ins Unsichtbare. Hegel hat dieses theologische Geheimnis zur dialektischen Philosophie säkularisiert, und Rilke zur apokalyptischen Poesie einer menschlichen Innerlichkeit, die das göttliche Amt der Erlösung übernimmt: »Nirgends wird Welt sein, als innen.«

Nicht einmal dort! – ist dies die müde Antwort, zu der sich der müde skeptische Sinn bewogen fühlt? Selbst einem, den sowohl Hegels dialektische wie Rilkes poetische Heilsbotschaft mit mehr Zweifeln erfüllt, als er hier, wo ihm nur an der Erweisung einer erstaunlichen und erschrecklichen historischen Stimmigkeit gelegen war, zu äußern gewillt ist, will es scheinen, daß die mühsame Arbeit an einer anderen und besseren Antwort, wenn sie redlich sein soll, dort beginnen muß, wo diese Reise ins Innere endet.

VI

Über die Bedeutung Friedrich Nietzsches

Bald nachdem Bismarcks Preußen im Jahre 1871 Frankreich besiegt hatte, verfaßte ein junger Deutscher, der damals in der Schweiz lebte und in Basel klassische Philosophie dozierte, eine Streitschrift gegen den »deutschen Geist«. Inspiriert von pädagogischem Zorn und einer Verachtung, der es dennoch nicht ganz an Hoffnung gebrach, wandte sich dieses Pamphlet vor allem gegen den deutsch-eitlen Glauben an die »Kultur«, und gegen ein siegesstolzes Philistertum, das sich von seinen kräftigeren Kanonen den blauen Dunst kultureller Überlegenheit vormachen ließ. Einen unheilvollen Aberglauben nannte dies der Verfasser, eine Dummheit des Kopfes und des Herzens, die allein schon beweise, daß es um die Kultur seines Volkes aufs übelste bestellt sei. Das genaue Gegenteil, so sagte er, sei wahr: die Zivilisation des militärisch unterlegenen Frankreichs werde sich als der wirkliche Sieger erweisen über ein Volk, das seinen Geist an die Chimäre der politischen Machtgewinnung vergeudet hatte[1].

Man kennt den Namen dieses damals noch völlig unberühmten nationalen Häretikers: Friedrich Nietzsche. Was er vor fast hundert Jahren über das perverse Verhältnis zwischen militärischem Erfolg und intellektueller Dominanz schrieb, sollte sich erfüllen: wenn nicht damals, so doch jetzt; und zwar geschah es durch ihn, Nietzsche, durch seine prophetische Erkenntnis einer

Welt, die entschlossen war, immer mehr so zu werden, wie er sie sah, daß Deutschland weite Bereiche der Welt des Intellekts erobert hat – genau zu einer Zeit, da der politische Machtanspruch deutscher Wahnwitziger am politisch-militärischen Widerstand der Welt zuschanden wurde; und so ist denn auch Nietzsche unter allen Geistern des 19. Jahrhunderts der einzige, der nicht allzu erstaunt wäre über die erstaunliche Szene, auf welcher wir uns in trauriger, kläglicher, heroischer, stoischer oder auch grotesker Verwirrung bewegen. Vieles, viel zu vieles davon käme ihm vertraut vor, erschiene ihm als ein *déjà vu:* Ja, er hatte es vorausgesehen; und er verstünde fast jedes Wort und Unwort, das dieser lautsprecherischen Zeit verworren vom Munde geht. Denn der Geist der gegenwärtigen Welt spricht deutsch, nicht immer ein gutes Deutsch, aber ach, ein sehr fließendes. Mit nur scheinbarem Widerstand gegen die Lektion lernte dieser Geist in aller Welt mit Marx- und Engels-Zungen reden, und freute sich insgeheim gar sehr, die unerquickliche Bekanntschaft seiner eigenen Seele in der Sprache Sigmund Freuds zu machen. Man begann überall, die eigenen Lebenseinrichtungen und das eigene Wertbewußtsein als historisch geworden und also als keineswegs unabdingbar zu sehen und zu empfinden, wie man es von Herder, von den deutschen Romantikern, von Ranke vernommen hatte; man machte sich von Max Weber und Ernst Troeltsch eingeflüsterte soziologische Gedanken über Macht, Gott, Religion und Moral, zog aus Newtons feinsäuberlich geordnetem Universum aus, wie Einstein es befahl, und hörte, wie taub man sich auch stellen mochte, auf Oswald Spengler, indem man aus den Tiefen der spirituellen Depression klug ersonnene Maschinen hoch über den Mond hinaus exportierte. Ob man mit Heidegger die Wohnstatt der eigenen Existenz an den Grenzen des Nichts entdeckt oder über die Absurdität des menschlichen Bedürfnisses nach einem Sinn des Lebens spekuliert; ob man mit Wittgenstein die ganze Geschichte des Denkens als einen Irrweg durch das Labyrinth der Sprache sieht, oder – um des Zeitgeists fröhlicherer Zeitvertreibe zu gedenken – sich in London nihilistisch jung und profitabel zornig gebärdet, oder in San Franzisco buddhistisch lallt und debauchiert – gewiß doch, man spricht deutsch. Nietzsche wußte, daß alles so kommen werde.

Was nun die deutsche Literatur und das deutsche Denken des 20. Jahrhunderts betrifft, so wären sie nicht, was sie sind, hätte Nietzsche nie gelebt. Man nenne etwa Rilke, George, Kafka, Thomas Mann, Ernst Jünger, Musil, Benn, Heidegger oder Jaspers – und man nennt zugleich auch Nietzsche. Er ist für sie alle, was Thomas von Aquino für Dante war: der kategorische Deuter einer Welt, deren poetischer oder philosophischer Kontemplation sie obliegen, ohne je weit von den Pfaden abzuschweifen, von welchen einst Nietzsche deren Landschaftsbild erspäht hatte.

Nietzsche starb im Jahre 1900 nach zwölfjähriger Verfinsterung seines Geistes, wahnsinnig – und an der Schwelle dieses Jahrhunderts. Er hatte sich bis an die Grenze des Wahnsinns vorgedacht – und diese mit einigen seiner letzten Seiten sogar überschritten; und indem er die schwankende Temperatur seines eigenen Geistes las und deutete, zeichnete er die Fieberkurve einer Epoche. Was er schrieb, ist wie die Selbstdiagnose eines verzweifelten Arztes, der im voraus unsere Krankheit auf sich genommen hat und als Kur vorschreibt, daß wir uns einen neuen Begriff von Gesundheit bilden und danach leben.

Es würde mindestens fünfzig Jahre dauern, sagte er einmal, ehe einige wenige Menschen zu begreifen vermöchten, was er vollbracht hat[2]; und auch dann noch, so fürchtete er, würde man mißdeuten und mißbrauchen, was er gelehrt. In einem seiner Briefe spricht er von dem Entsetzen, das ihn ergreift, wenn er an die Sorte Mensch denkt, die sich eines Tages auf seine Autorität berufen wird. Jedoch ist dies nicht, so fragt er, die Qual eines jeden großen Lehrers? Ein solcher weiß, daß er unter Umständen der Menschheit zum Verhängnis werden kann, so gut als zum Segen[3]. Die Überzeugung, daß er ein großer Lehrer war, verließ ihn nicht mehr, seit er jene visionäre Begeisterung erlebt hatte, in welcher der erste Teil des *Zarathustra* entstand. Nachher verraten alle seine Sätze das äußerste Selbstvertrauen und den äußersten Schrecken, die das Kennzeichen eines Menschen sind, dem das Paradoxe zum Schicksal ward – das Paradoxe, welches zu nennen wir versuchen wollen und welches seit Nietzsche nie aufgehört hat, manche der feinsten und manche der gröbsten Geister in seinen gefährlichen Bann zu schlagen.

Haben wir also nach zwei Generationen einen Punkt erreicht, von welchem her es leichter ist, Nietzsche zu erfassen und das Mißverständnis, vor welchem er uns warnte, obgleich er es für unvermeidlich hielt, dennoch zu vermeiden – das Mißverständnis nämlich, er habe sich nur auf seine Art die religiösen, philosophischen und gesellschaftlichen Probleme angelegen sein lassen, die in seiner Zeit so üppig ins Kraut schossen? Und wenn das auf eine Mißdeutung seines Werks hinausläuft, welches ist die Deutung? Welcher Art ist die Erkenntnis, die er gewonnen und die ihn, wie er glaubte, hoch über das Niveau des zeitgenössischen Denkens emportrieb? Was ist die Entdeckung, die ihm als Hebel diente, mit welchem das ganze Gefüge überlieferter Werte aus den Angeln zu heben war?

Es gibt darauf eine Antwort von täuschender Einfachheit. Sie lautet: Gott ist tot.

Den Tod Gottes nannte er das größte Ereignis der neueren Geschichte und die Quelle unsäglicher Gefahren. Man beachte die paradoxe Natur dieser berühmten Botschaft. Nie sagte Nietzsche, es habe keinen Gott gegeben, sondern er sagte, daß das Ewige der Zeit zum Opfer gefallen sei und das Unsterbliche den Tod empfangen habe aus den Händen der Sterblichen: Gott ist tot. Es ist ein Skandal, dessen Verkündigung der ganzen Geschichte des Atheismus und Agnostizismus vor und auch noch nach ihm das Aussehen bleichsüchtiger Mittelmäßigkeit und gut-bürgerlicher Respektabilität verleiht. Nietzsches Werk aber ist der skandalöse Höhepunkt einer Weise des religiösen Denkens und Erlebens, das mit den Namen des Paulus, des Augustinus, Pascals, Kierkegaards und Dostojewskijs verbunden ist, den Namen von Männern also, für welche Gott nicht einfach der Schöpfer einer Natur- und Geistesordnung war, in welcher der Mensch seinen klar-vorbestimmten Platz hat; sondern Er kam zu ihnen als die große Herausforderung ihres natürlichen Wesens und ihres natürlichen Denkens und erhob Ansprüche, die absurd erschienen in den Augen der natürlichen Vernunft. Sie alle gehören zur Familie Jakobs: Sie haben mit Gott um seinen Segen gerungen und hinken von da an mit lahmer Hüfte durchs natürliche Leben. So rang auch Nietzsche; und tat er es auch im Schatten der Gotteskämpfer, so war es in seinem Fall doch der Schatten Jakobs nicht nur, sondern auch der Schatten des Prometheus. Wie Jakob glaubte auch Nietzsche, er habe den Kampf mit Gott bestanden und also einen neuen Namen gewonnen, den Namen Zarathustra; aber die Worte, die er zum Engel Gottes sprach, lauteten: »Ich lasse dich nicht, du verfluchtest mich denn.« Oder, um es in Worten zu sagen, die Nietzsche wirklich schrieb: »Ich habe den ganzen *Gegensatz* einer *religiösen Natur* absichtlich ausgelebt. Ich kenne den *Teufel* und seine *Perspektiven für Gott.*«[4]

»Gott ist tot« – das Wort trifft in die Mitte von Nietzsches spiritueller Existenz; was daraus folgt, ist lauter Unvereinbares: Verzweiflung, aber auch die Hoffnung auf eine neue Größe des Menschen; Schreckensbilder heraufkommender Katastrophen, aber auch Seligkeitsvisionen künftiger Verklärungen; die eiskalte Brillanz der analytischen Vernunft, die mit gespielter Unerschrockenheit sich böse in Tiefen wagt, welche bislang Ehrfurcht und Angst verborgen hielten; aber dann auch wieder die ekstatischen Beschwörungen des Priesterarztes und Medizinmannes.

Der junge Nietzsche liebte, was er von Hölderlins Dichtung kannte; und als er zwanzig Jahre alt war, wollte er, angeregt wahrscheinlich von Hölderlins dramatischem Gedicht *Empedokles*, ein Drama mit Empedokles als Helden schreiben. Seine entwerfenden Notizen zeigen, daß er den griechischen Philosophen damals als die tragische Personifikation seines Zeitalters sah, als einen Menschen, der sich der verborgenen Konflikte der Epoche bewußt und so zum lebenden und untergehenden Opfer unauflösbarer Spannungen wurde: geboren mit der Seele eines *homo religiosus*, eines Sehers, Propheten und Poeten, war ihm doch zugleich der Geist eines radikalen Skeptikers verliehen; und indem er seine Seele gegen seinen Geist in Schutz nahm, und dann wieder seinen Geist gegen seine Seele, brachte er seine Seele um ihre Ursprünglichkeit und schließlich seinen Geist um den Verstand. Eine Szene vor dem Pantempel war geplant. »Der große Pan ist tot!«, steht im Entwurf dazu. Hätte Nietzsche den Plan zum *Empedokles* ausgeführt, so wäre das Drama wohl zur unheimlichen Antizipation seiner eigenen Tragödie geworden[5].

Der Titel »Der tolle Mensch« steht prophetisch über der Stelle in Nietzsches *Fröhlicher Wissenschaft*, wo zum ersten Mal der Tod Gottes verkündigt wird. Sie könnte ebenso gut »Der neue Diogenes« überschrieben sein. Obgleich sie mehr »gedichtet« ist als alle späteren Verkündigungen des Ereignisses, enthüllt sie doch auf intimere Weise das Gepräge des Geistes, dem die Botschaft entstammt. Nietzsche schrieb sie zwei Jahre vor dem *Zarathustra* und nahm darin auch die Zarathustra-Lehre vom Übermenschen vorweg:

> »Habt ihr nicht von jenem tollen Menschen gehört, der am hellen Vormittage eine Laterne anzündete, auf den Markt lief und unaufhörlich schrie: ›Ich suche Gott! Ich suche Gott!‹ – – Da dort gerade viele von denen zusammen standen, welche nicht an Gott glaubten, so erregte er ein großes Gelächter ... Der tolle Mensch sprang mitten unter sie ... ›Wohin ist Gott‹, rief er, ›ich will es euch sagen! *Wir haben ihn getötet* – – ihr und ich! Wir alle sind seine Mörder! Aber wie haben wir dies gemacht? ... Wer gab uns den Schwamm, um den ganzen Horizont wegzuwischen? Was taten wir, als wir diese Erde von ihrer Sonne losketteten? Wohin bewegt sie sich nun? Wohin bewegen wir uns? ... Stürzen wir nicht fortwährend? ... Irren wir nicht wie durch ein unendliches Nichts?

> Haucht uns nicht der leere Raum an? Ist es nicht kälter geworden? Kommt nicht immerfort die Nacht und mehr Nacht? Müssen nicht Laternen am Vormittage angezündet werden? Hören wir noch nichts von dem Lärm der Totengräber, welche Gott begraben? ... Gott ist tot! ... Und wir haben ihn getötet! Wie trösten wir uns, die Mörder aller Mörder? Das Heiligste und Mächtigste, was die Welt bisher besaß, es ist unter unsern Messern verblutet – – wer wischt dies Blut von uns ab? Mit welchem Wasser könnten wir uns reinigen? Welche Sühnfeiern, welche heiligen Spiele werden wir erfinden müssen? Ist nicht die Größe dieser Tat zu groß für uns? Müssen wir nicht selber zu Göttern werden, um nur ihrer würdig zu erscheinen ...‹ – – Hier schwieg der tolle Mensch und sah wieder seine Zuhörer an ... Endlich warf er seine Laterne auf den Boden, daß sie in Stücke sprang und erlosch. ›Ich komme zu früh‹, sagte er dann, ›ich bin noch nicht an der Zeit. Dies ungeheure Ereignis ist noch unterwegs und wandert – es ist noch nicht bis zu den Ohren der Menschen gedrungen. Blitz und Donner brauchen Zeit, das Licht der Gestirne braucht Zeit, Taten brauchen Zeit, auch nachdem sie getan sind, um gesehn und gehört zu werden. Diese Tat ist ihnen immer noch ferner als die fernsten Gestirne – *und doch haben sie dieselbe getan*!«[6]

Und an anderer Stelle und in prosaischerer Stimmung sagte er: »Gott ist tot. Nur merken die Menschen noch nichts davon, daß sie nur von ererbten Werten zehren. Die allgemeine Nachlässigkeit und Vergeudung.«[7]

Hier zeigt sich der unermeßliche Abstand, der zwischen Nietzsche und aller herkömmlichen Gottesleugnerei liegt.

Er *ist* der tolle Mensch, der mit seiner düsteren Nachricht in die Markt- und Gemeinplatz-Selbstgefälligkeit der Pharisäer des Unglaubens einbricht. Sie haben Gott getötet, aber ihre Zeitungen haben des Ereignis noch nicht gebracht. Sie wissen nicht, was sie getan haben, aber Er, der ihnen die Schuld vergeben könnte, ist nicht mehr. Vieles, was Nietzsche nachher schrieb, ist die Wahrtraumdeuterei ihres Schicksals: »Was ich erzähle, ist die Geschichte der nächsten zwei Jahrhunderte, ich beschreibe, was kommt, was nicht mehr anders kommen kann: *die Heraufkunft des Nihilismus* ... unsere ganze europäische Kultur bewegt sich seit langem schon mit einer Tortur der Spannung, die von Jahrzehnt zu Jahrzehnt wächst, wie auf eine Katastrophe los: unruhig, gewaltsam, überstürzt: wie ein Strom, der *an's Ende* will, der sich nicht mehr besinnt, der Furcht davor hat, sich zu besinnen ... wo wir gehen, da wird bald niemand mehr gehen *können*!«[8] Denn die Menschen werden zu Feinden, und ein jeglicher zu seinem eigenen Feind. Von nun an, so glaubt Nietzsche, werden sie *hassen*, gerade indem sie sich mit nie noch erdachten Freundlichkeiten und Lebenserleichterungen überhäufen, und werden sich selber mit einem neuen Haß hassen, der, ihnen unbewußt, in den Tiefen ihrer Seele am Werke ist. Gewiß, gewiß, es wird immer bessere Gesellschaftsverbesserer geben, immer bessere Seelentherapeuten, Lebensversicherer und Freizeitgestalter, immer bessere Hospitäler, und eine stets sich steigernde Unduldsamkeit gegen das Leiden und die Armut und das Sterben, und ein immer fanatischeres Streben nach dem größten Glück der größten Zahl. Der tiefste Antrieb zu alledem aber wird nicht die Liebe sein und nicht das Erbarmen; nein, sondern sie werden getrieben sein von der panischen Entschlossenheit, die *eine* Frage zu vermeiden: Was ist der Sinn unseres Lebens?, die Frage, die sie an den Tod Gottes gemahnen wird, die unbequeme Frage, die geschrieben steht in den Zügen derer, die es nicht bequem im Leben haben, – die Frage, die wie nichts sonst das Leiden stellt, die Armut und das Sterben.

Sie werden sie nicht hören mögen, diese Frage, und sie werden alles und jedes tun, sie wegzuglätten vom Gesicht der Menschheit. Denn sie können sie nicht ertragen. Jedoch werden sie sich selbst verachten ob ihrer Unfähigkeit, sie zu ertragen, und hinter dem Rücken ihrer scheinbaren Menschenliebe wird ihr Selbsthaß sie verraten. Denn *dort* werden sie mit Fleiß und großer Erfindungsgabe die Werkzeuge schaffen zur Vernichtung der menschlichen Gattung. »Es wird Kriege geben«, schreibt Nietzsche, »wie es noch keine auf Erden gegeben hat.«[9] Und Schreckliches, so sagt er, stehe bevor: Chaos überall, und nichts mehr übrig, was noch Wert hat, nichts was befehlen könnte: »Du sollst!«[10] – Dies wäre wohl der Ausgangspunkt gewesen zu jenem letzten Werk, von welchem Nietzsche oft sprach und welches er niemals schrieb: des *Willens zur Macht*, der *Umwertung aller Werte*. Es hätte die systematische Diagnose der Krankheit enthalten, der er den Namen Nihilismus gab, jenes pathologischen Zustands einer Menschengesellschaft ohne den Glauben an höchste Werte.

Nietzsches Kampf gegen das Christentum ist nicht zu trennen von seinem Erlebnis und seiner Erforschung des Nihilismus; und nur in *diesem* Zusammenhang haben die Argumente, die dieser Anti-Christ mit immer größerer Hemmungslosigkeit gegen das Christentum vorbringt, Tiefe und Subtilität. Denn hier stellt Nietzsche die Frage (und variiert dieselbe Frage in jedem einzelnen seiner späteren Werke): Was ist das *spezifische* Gepräge, welches die christliche Tradition dem Menschengeist gegeben hat? Zwei Züge insbesondere hebt er hervor: Einerseits ist da ein mächtigerer Wahrheitssinn, als irgendeine andere geschichtlich bekannte Schulung des Geistes zur Folge hatte, ein unwiderstehliches Verlangen nach absoluter spiritueller und intellektueller Gewißheit; und andererseits der allgegenwärtige Verdacht, daß das Leben auf Erden an und für sich wertlos sei ohne eine höhere, transzendentale Rechtfertigung. Dies sei, so glaubt Nietzsche, eine zerstörerische, ja selbstzerstörerische Verbindung, welcher es von Anfang an bestimmt war, der christlichen Lehre, aus der sie kommt, auch wieder den Garaus zu machen. Denn derselbe Geist, dessen Wissens- und Gewißheitstrieb von der raffiniertesten, subtilsten und umfänglichsten Theologie, die es je in der Welt gab, geformt und gebildet war – von einer Theologie, die dank Thomas von Aquino das Genie des Aristoteles ihrem eigenen großartigen System einverleibt hatte –, dieser Geist war doch zugleich geführt und geleitet von dem unauslöschlichen christlichen Argwohn gegen die Dinge dieser Welt – und also auch gegen sich selbst. So mußte denn all sein Forschen und Trachten mit unausweichlicher Konsequenz auf die Entwertung aller wißbaren Wirklichkeit gerichtet sein. Zuletzt, so prophezeit Nietzsche, wird dieser Geist mit der Passion äußerster intellektueller Redlichkeit gerade das als Humbug und Lüge entlarven, was ihm von Anfang an als »die höheren Dinge«, als die höchsten Güter des Daseins erschien. Der grenzenlose Glaube an die Wahrheit – das einige Erbe des Christus und der Griechen – wird am Ende jeden möglichen Glauben an die Wahrheit irgendeines Glaubens zunichte machen. Seelen, erzogen in der

Schule der Unweltlichkeit und der Demut, werden darauf erpicht sein, das Schlimmste über sich selbst zu erfahren, ja werden nur das zu begreifen vermögen, was demütigend ist. Die Psychologie wird dem Schönen mehr und mehr von seiner Schönheit abhandeln, indem sie das Gewirr unschöner Triebe und Begierden bloßlegt, die sich im Schönen nur sublimieren; die Geschichte wird der Menschenrasse nichts als üble Nachrede halten, indem sie unter den ruhmgeschmückten Monumenten den Leichnam der Vergangenheit exhumiert und mit Fingern auf die Nichtswürdigkeit der geschichtlichen Beweggründe weist, auf das Menschliche, Allzumenschliche. Und die Naturwissenschaft wird nüchtern-frohlockend beweisen, daß diese längst schon verdächtige Welt nichts sei als eine mechanische Konstruktion von kalkulierbarem Rollen, Schieben und Drücken, eine sich selbst genügende Versammlung sinnloser Energien, – bis schließlich der wissenschaftliche Geist, seiner Erkenntnis überdrüssig, diese Erde, mit der es nichts ist, ins Nichts auflösen wird.

»Die nihilistischen Konsequenzen der jetzigen Naturwissenschaft« – so lautet eine von Nietzsches hingeworfenen Notizen: »Aus ihrem Betriebe *folgt* endlich eine Selbstzersetzung, eine Wendung gegen *sich*, eine Anti-Wissenschaftlichkeit« [11], die sich, so meint er, zuerst aus der wissenschaftlichen Unmöglichkeit ergeben wird, das Objekt der wissenschaftlichen Beobachtung und Untersuchung innerhalb *eines* Systems von logischem Zusammenhang, also im eigentlichen Sinn wissenschaftlich zu begreifen [12], und die bald zu einem extremen wissenschaftlichen Pessimismus führen muß, zu einer Art von analytisch-abstrakter Mystik, durch welche der Mensch dorthin gelangt, wohin er sich seit Kopernikus unaufhaltsam bewegte: »aus dem Zentrum ins X« [13].

Die außerordentliche Paradoxie Nietzsches liegt darin, daß er selbst unentwegt diese Entwertung der Welt durch die Erkenntnis betreibt, ja, sie wissentlich zu beschleunigen sucht – besonders als Psychologe; und als der Größenwahn einsetzt, nennt er sich ja »den ersten Psychologen Europas«[14], eine Selbstbeurteilung, die Sigmund Freud fast bestätigte, als er überraschend spät Nietzsches Schriften las. Nun, er hatte guten Grund, sich rückblickend in Nietzsche wiederzuerkennen. Man bedenke zum Beispiel den folgenden Absatz aus *Jenseits von Gut und Böse:*

> »... In der Welt der geschichtlichen Werte *herrscht* die Falschmünzerei. Diese großen Dichter zum Beispiel, diese Byron, Musset, Poe, Leopardi, Kleist, Gogol (ich wage es nicht, größere Namen zu nennen, aber ich meine sie) – ... mit Seelen, an denen gewöhnlich irgendein Bruch verhehlt werden soll, oft mit ihren Werken Rache nehmend für eine innere Besudelung, oft mit ihren Aufflügen Vergessenheit suchend vor einem allzutreuen Gedächtnis, oft in den Schlamm verirrt und beinahe verliebt, bis sie den Irrlichtern um die Sümpfe herum gleich werden und sich zu Sternen *verstellen* ..., welche Marter sind diese großen Künstler und überhaupt die höheren Menschen für den, der sie einmal erraten hat!«[15]

Das nimmt freilich so manche viel späteren Theorien über Traumata und Kompensationen vorweg, über Gelüste und Sublimierungen. Der erstaunliche Nietzsche aber – unbegreiflich, es sei denn als der gemeinsame Stratege *zweier* feindlichen Armeen, dessen Pläne es auf den Sieg einer geheimnisvoll dritten abgesehen haben –, der erstaunliche Nietzsche also nimmt das »martervolle Erraten« ein paar Seiten weiter wieder zurück, wobei es nicht ohne Selbstbezichtigung abgeht: »Woraus sich ergibt«, steht dort geschrieben, »daß es zur feineren Menschlichkeit gehört, Ehrfurcht ›vor der Maske‹ zu haben und nicht an falscher Stelle Psychologie und Neugierde zu treiben!«[16] Ja noch mehr: »Wer das Hohe eines Menschen nicht sehen *will*, blickt um so schärfer nach dem, was niedrig und Vordergrund an ihm ist, – und verrät sich selbst damit«[17].

Ist Nietzsche auch nicht der erste Psychologe Europas, so ist er doch ein großer Psychologe – und wohl wirklich der erste, der das begriff, was seine methodischeren Nachfolger in ihrer abergläubischen »Wissenschaftlichkeit« nicht zu sehen vermochten: die *Psychologie und Ethik der Erkenntnis selbst*; und die Psychologie und Ethik der Erkenntnis selbst ins Auge zu fassen, ist ja doch wohl von allergrößter Bedeutung, wenn die Erkenntnis, um die es sich handelt, vorgibt, die Erkenntnis der menschlichen Seele zu sein. Höchst sonderbar ist es, daß Nietzsche gerade dank seiner a-moralischen Metaphysik, dank seiner fragwürdigen, aber ungeheuer fruchtbaren Intuition vom *Willen zur Macht* als der letztgültigen Realität der Welt, zum ersten *Moralisten der Erkenntnis* wurde: zum ersten in seinem Jahrhundert – und bis zum heutigen Tag hat keiner ihn eingeholt. Alle seine wissenschaftlichen und gelehrten Zeitgenossen ließen sich's gut gehen im komfortablen Glauben an die »objektive« – und also sittlich neutrale – Erkenntnis; und ließen sich's noch besser gehen im noch komfortableren Glauben daran, daß alles, was »objektiv« wißbar ist, auch des Wissens wert sei. Nietzsche aber glaubte, daß alle Erkenntnis – oder doch wenigstens jene, die die Wissenszene seiner und unserer Welt beherrscht – nur eine der vielen Formen und Verhüllungen des Willens zur Macht sei, und unterstellte sie als *Manifestation des Willens dem moralischen Urteil.* Denn es gibt keine Erkenntnis ohne den Trieb, sie zu gewinnen; und das so gewonnene Wissen ist gezeichnet von dem Wesen des Impulses, dem der Intellekt gehorchte. Dieser Impuls teilt sich *schöpferisch* der geschaffenen Erkenntnis mit, und sein Anteil an ihr ist wahrhaft unermeßlich, wenn die Quelle des Impulses selbst zum Gegenstand der Erkenntnis wird: wenn der Intellekt die Seele erkennen will. Darum sind alle Deutungen der Seele in hohem Grade Selbstdeutungen: die Kranken deuten die Krankheit, die Träumer die Träume – oder, wie Karl Kraus mit jener bewußten Ungerechtigkeit, die das Vorrecht der Satire ist, einmal von einer gewissen psychologischen Lehre sagte: »Psychoanalyse ist jene Geisteskrankheit, für deren Therapie sie sich hält« [18].

Psychologie ist schlechte Psychologie, wenn sie die eigene Psychologie außer acht läßt. Nietzsche wußte das. Er war, wie es jene Stelle über »diese großen Dichter« verrät, ein äußerst argwöhnischer Psychologe; jedoch beargwöhnte er zugleich den Impuls des Argwohns, der der Vater seines Gedankens war. Homers Phantasie ging arglos mit ihren Helden um; Stendhals Phantasie war voll von psychologischem Verdacht. Heißt das, daß Homer weniger vom Heroischen wußte als Stendhal? Spräche man sinnvoll, wenn man sagte, daß Flauberts Emma Bovary das Erzeugnis einer Imagination ist, die sich besser auf die Seele der Frau versteht als diejenige, welche Dantes Beatrice hervorbrachte? Freilich, es stimmt schon, daß Homers Achilleus und Stendhals Julien Sorel verschieden geartete Helden sind, Dantes

Beatrice und Flauberts Emma Bovary verschieden geartete Frauen; aber es wäre naiv, zu glauben, daß sie sich einfach durch die »Tatsachen« ihres Charakters und ihrer Situation unterscheiden. Reine Tatsachen gibt es weder in der Kunst noch in der Psychologie; beide *deuten* die Seele, und beide erheben, ob sie es wollen oder nicht, Anspruch auf die *Allgemeingültigkeit* des von ihnen ergriffenen Besonderen. Jene Geschöpfe der schöpferischen Phantasie lassen sich gewiß nicht miteinander vergleichen, aber sie sind unvergleichbar vom Grunde des Erkenntniswillens her, der in jedem Fall auf unvergleichlich andere Art den Menschen kennen *will*, den Helden, die Frau, den Liebenden. Nicht bessere und erkenntnisreichere Geister waren es, die den suspekten Helden schufen, die der Liebe unwürdige Frau, den unechten Liebhaber, sondern Geister, ergriffen von einem anderen Affekt, der zu anderer Erkenntnis trieb, einem Affekt verschieden von der Bewunderung und dem Stolz, die Achilleus sahen, wie er war; von der Liebe, die Beatrice kannte; von dem Mitgefühl und der Mitleidenschaft, die von Romeo wußten. Da Hamlet von der Schwachheit des Weibes erfährt, kennt er Ophelia nicht besser als vorher, da er sie »unerfahren« liebte; er kennt sie anders und kennt sie schlechter; und – schlimmstes Wunder auch der Sprache, die das stets schon wußte und sagte – *macht* sie schlechter.

Alles *neue* Wissen über die Seele ist Wissen über eine *andere* Seele. Ist es denn überhaupt denkbar, daß der frei erkennende Intellekt zur Seele sagt: So und nicht anders bist du? Muß die Seele nicht als erste den Mund auftun? Ja schlimmer noch: hat sie erst einmal ihr Geheimnis enthüllt, ist sie schon nicht mehr die Seele, die im Geheimen lebte. Auch gibt es Geheimnisse, die überhaupt erst *erzeugt* werden durch die Enthüllung. Und noch schlimmer: hat man ihr ihre Geheimnisse ins Gesicht gesagt, hört die Seele am Ende gar auf, eine Seele zu sein. Der Schritt von der Psychologie zur Seelenlosigkeit ist so unmerklich wie derjenige von der Kernphysik zur Auflösung des Begriffs der Materie.

Dieser beunruhigende Stand der Dinge ist es, der Nietzsche die »Marter« beklagen ließ, die ihm das erratbare wahre Wesen der »höheren Menschen« bereitete, und ihm im Namen der »feineren Menschlichkeit« zugleich gebot, Ehrfurcht vor deren »Maske« zu haben. (Wie schade, daß jene Teile der *Umwertung*, welche, wie es nach den vorbereiteten Aufzeichnungen scheint, die Literatur des neunzehnten Jahrhunderts zum Gegenstand gehabt hätten, ungeschrieben blieben. Denn kein Kritiker der Epoche hatte einen schärferen Blick für den »nihilistischen« Charakter jenes absoluten Ästhetizismus, der seit Baudelaire die mächtigste Inspiration der europäischen Lyrik war, eines Ästhetizismus, dessen Kehrseite Nietzsche im »realistischen« Pessimismus des psychologischen Romans sah. Aufs Intimste war Nietzsche mit jenen ästhetischen Furien – oder furiosen Musen – vertraut, von denen Flaubert heimgesucht war und die ihn zu einem *oeuvre* begeisterten, in welchem absoluter Pessimismus, radikale Psychologie und extremer Ästhetizismus zur Kunstverschwörung gegen das Leben sich zusammenfanden.)[19]

Für Nietzsche aber haben *alle* Tätigkeiten des Bewußtseins teil an dem Mißstand der Psychologie. Es kann für ihn kein »reines« Wissen geben, sondern nur Befriedigungen – so subtil sie auch sein mögen – der stets sich verändernden Bedürfnisse des *Willens* zur Erkenntnis. Also fordert er, daß der Mensch die *sittliche Ver-*

antwortung auf sich nähme für die Art von Fragen, die er stellt, und daß er der Werte inne werde, die in den Antworten, die er sucht, beschlossen sind. Mit solcher Forderung war er unvergleichlich christlicher als das christliche Europa, dem seit dem siebzehnten Jahrhundert auch noch die giftigsten Früchte vom Baum der Erkenntnis nichts als ein Labsal waren. Er aber schrieb: »Das Verlangen nach Wahrheit bedarf selbst der Kritik. Dies sei die Definition meiner philosophischen Aufgabe. Versuchsweise will ich einmal den Wert der Wahrheit in Frage stellen.«[20] Und wie er das tut! Und er beteuert, daß in einer Zeit, die ihrer Werte so ungewiß ist wie die seine und unsrige, die Wahrheitsforschung entweder in Trivialitäten ausmünden muß – oder in Katastrophen[21]. Was er wohl zu der frommen Hoffnung unserer Zeit gesagt hätte, die so gern darauf vertrauen möchte, daß die Intelligenz und das Gewissen ihrer Politiker die Welt vor der Vernichtung durch die Produkte ihrer hemmungslosen Wissenschaft und Technik retten werde? Es zu erraten, ist nicht schwer. Denn Nietzsche kannte den fatalen Zusammenhang zwischen der moralischen Entschlossenheit der Wissenschaft, dem Geist und Gespenst der reinen Forschung Gefolgschaft zu leisten, wohin sie auch führen möge, und der moralischen Hinfälligkeit einer Gesellschaft, die willfährig genug ist, die Ergebnisse dieser reinen Forschung dann auch anzuwenden, und seien sie auch noch so katastrophal. Da er die verborgene Identität *aller* Äußerungen des Willens zur Macht sah, merkte er auch der Ethik unserer Wissenschaft ihren moralischen Nihilismus an: nämlich ihre resolute Weigerung, sich von »höheren Werten« *ihren* höchsten Wert in Frage stellen zu lassen: die Erkenntnis der Wahrheit, *wie sie sich ihr zu erkennen gibt,* – die Erkenntnis *um jeden*

Preis. Von eben dieser Erkenntnis sagte er, daß sie »zur Weltvernichtung führe«; und er sagte: »Die Menschheit hat an der Erkenntnis ein schönes Mittel zum Untergang.«[22]

»Gott ist tot!« – und der Mensch vermag es in seinem geheimsten Herzen nicht, sich zu verzeihen, daß er Ihn getötet hat, und ist darauf aus, sich selbst für diese seine »größte Tat« zu bestrafen. Fürs erste aber wird er Zuflucht suchen vor der Leere der Welt und der Schwere der Angst. Mit dem Instinkt des geborenen Jägers verfolgt ihn Nietzsche in all seine Verstecke und stellt ihn in allen. Moral ohne Religion? Gewiß nicht: »Jede rein *moralische* Wertsetzung«, sagt er, »endet mit dem Nihilismus.«[23] Was bleibt uns noch, die wir »im Innersten nicht wissen, wo hinaus«? Es bleibt uns vielleicht die Selbstbetäubung: »Versuch, mit Rausch darüber hinwegzukommen: Rausch als Musik, Rausch als Grausamkeit..., Rausch als blinde Schwärmerei ... Versuch, besinnungslos zu arbeiten, als Werkzeug der Wissenschaft; ... der wohllüstige Genuß der ewigen Leere; die Kunst ›um ihrer selber willen‹, das ›reine Erkennen‹ als Narkotikum des Ekels an *sich* selber; irgendwelche beständige Arbeit, *irgend* ein kleiner dummer Fanatismus ...«[24] – Aber keine dieser Drogen kann lange wirken. Die Zeit kommt schnell herauf, prophezeit Nietzsche, da weltpolitische Kreuzzügler, Werkzeuge des kollektiven Selbstmords der Menschheit, die Erde verwüsten werden. Sie werden gegeneinander zu Felde ziehen, um jeder auf seine Art die arme Menschheit zu entschädigen für den eingebüßten Glauben ans Himmelreich; und sie werden behaupten, daß es in ihrer Macht stünde, auf Erden schon das Reich der Liebe und der Gerechtigkeit zu gründen, und werden ihr Reich der Grausamkeit und der Sklaverei errichten, weil kein Caesar zu erben vermag, was des toten Gottes war. Der letzte Krieg um die Herrschaft über den Erdball wird, so schreibt Nietzsche, im Namen ideologischer Dogmen geführt werden[25].

Zur Zeit, da der *Zarathustra* entstand, schrieb Nietzsche in sein Notizbuch: »Wer das Große nicht mehr in Gott findet, findet es überhaupt nicht mehr – er muß es leugnen oder schaffen.«[26] Diese Worte führen ins Herz der Paradoxie, in welcher Nietzsches ganze Existenz gefangen ist. Nach der Struktur seines Geistes und seiner Seele ist er eine der religiösesten Naturen, die das neunzehnte Jahrhundert hervorgebracht; doch eignet ihm ein Intellekt, welcher mit der aggressiven Eifersucht eines Wachhundes ihm jeden Zugang zum Tempel verwehrt. Was gibt es für einen solchen Menschen noch zu *schaffen*, nachdem er Gott *geleugnet* hat? Seelen, die stark genug sind, die Hölle nicht nur zu ertragen, sondern ihre Qualen auch noch in übermenschliches Entzücken zu verwandeln; mit einem Wort: den Übermenschen. Nur *diese* Umwertung kann uns noch retten. Der Mensch muß immun werden gegen die Folgen seines zweiten Sündenfalls, seines endgültigen Abschieds von Gott; er muß lernen, in seiner zweiten Vertreibung die Verheißung eines neuen Paradieses zu finden. Denn, so sagt Nietzsche, der Teufel mag eifersüchtig werden auf den, der so tief leidet, und ihn hinauswerfen – in den Himmel[27].

Gibt es also eine Heilung? Ja, sagt Nietzsche: eine neue Art von seelischer Gesundheit. Und was ist Nietzsches Vorstellung davon? Wie sollen wir sie erlangen? Durch vollkommene Selbsterkenntnis *und* vollkommene Selbstüberwindung. Um dies näher zu erklären, bedürfte es freilich einer Sprache, verwirrend zusammengesetzt aus dem Wortschatz der Tiefenpsychologie und der heroischen Tragödie. Denn die Selbsterkenntnis, die Nietzsche im Sinn hat, wäre nur zu erreichen durch die radikalste analytische Selbstbefragung; die Selbstüberwindung aber liegt keineswegs in der Ausübung von Tugenden, zu welchen sich die eingeborenen Niedrigkeiten der Menschennatur sublimiert haben: sie zeigte sich allein in einer unbedingten, fast übernatürlichen *Erhabenheit.* Gäbe es eine christliche Tugend, sei es Güte, Unschuld, Keuschheit, Selbstaufopferung oder Heiligkeit, – gäbe es auch nur eine christliche Tugend, an welcher sogar der scharfsinnigste Versuch zerbräche, sie umzudeuten zu einem Manöver der Seele, die sich also schadlos hält für ihr Versagen und ihre Schwäche vor dem ›starken Leben‹ – gäbe es sie, so würde Nietzsche sie bejahen (wie er ja auch immer wieder versucht ist, den Christen Pascal zu preisen). Eine solche Tugend aber kann es nicht geben, denn wie alles andere nimmt auch die Tugend die Farbe des Geistes an, der sie betrachtet; und noch die reinste Tugend muß verdächtig werden einem Geist, der angefüllt ist mit Verdacht. Gedanken zu denken, die so unbefleckt sind, daß der Argwohn selber ihnen Vertrauen schenken muß; Taten zu tun aus Beweggründen, die so lauter sind, daß selbst die hinterlistigste Phantasie ihnen nichts anhaben kann – das ist, so will es scheinen, das unerreichbare Ideal dieses »ersten Psychologen Europas«. »Der römische Caesar mit Christi Seele!«[28] – so rief er einmal in der Heimlichkeit seines Tagebuchs. War dies vielleicht die geheime Formel für den Übermenschen, dieses Lieblingskind seiner Phantasie? Mag sein; aber diese erhabene Idee zwang ihn leider, den bösesten Gedanken zu denken: er sah im wirklichen Christus einen illegitimen Sohn des Willens zur Macht, einen vereitelten Rabbi, der darauf aus war, sich und den Pöbel von dem Druck des impotenten Ressentiments gegen die natürlichen Caesaren zu befreien: *nicht* Caesar zu sein, wurde da zu einer geistlichen Überlegenheit »umgewertet« und so zu einer neuen Form der Macht – zur Macht der Machtlosen[29].

Nietzsches Versuch, aus der Gußform der Gottes- und Menschenleugnung einen neuen Menschen zu schaffen, mußte tragisch scheitern. Ja, mit demselben Atemzug, mit welchem seine Einbildungskraft das Bild des Übermenschen belebte, blies er die Flamme auch wieder aus. Denn Zarathustra, der den Übermenschen lehrt, lehrt auch die Lehre von der ewigen Wiederkunft aller Dinge; und nach dieser Lehre kann nichts entstehen in dieser Welt, was nicht schon einmal dagewesen ist: »Niemals noch gab es einen Übermenschen.«[30] Und so ist es denn wieder nichts mit der Erwartung des Übermenschen, dieser erstmaligen majestätischen Prägung des menschlichen Daseins; und die Welt, auf immer gefangen im Kreislauf sich düster wiederholender Konfigurationen der gleichen Energie, ist verdammt zur schwarzen Ewigkeit.

Dennoch aber fehlt es dem metaphysischen Unsinn dieser einander aufhebenden Dogmen vom Übermenschen und der ewigen Wiederkunft nicht ganz an poetischer und dialektischer Methode. Die ewige Wiederkehr aller Dinge ist Nietzsches mythische Formel für eine sinnlose Welt, das Universum des Nihilismus; der Übermensch aber bedeutet die Überwindung dieses ewigen Nichts, die wunderbare Auferstehung des Werts und der Würde aus der Tiefe der totalen Verneinung. Alle Wunder Nietzsches sind Paradoxien, die Menschen aufzuscheuchen aus ihrem falschen Glauben, ehe es zu spät ist, ehe sie am Ende aller ihrer spirituellen Kräfte angelangt sind und ihnen die müden Augen aufgehen für nichts als das

Nichts der Vergeblichkeit. Die ewige Wiederkunft ist Nietzsches hohe Schule, die Kraft durch Verzweiflung lehrt. Sein Übermensch besteht sie *summa cum laude*. Er ist der gesundete Mensch, der ohne Glauben und ohne Wahrheit zu leben versteht und aus übermenschlichem Entzücken am Leben selbst recht eigentlich *will*, daß es ewig wiederkehre. Denn er lebt auf solche Weise, daß er nichts inniger begehrt, als dieses sein selbes Leben immer wieder zu leben[31]. Ein Leben wird das sein, das herrlich auf sich selbst beruht, keiner Rechtfertigung und keines Sinns von außen und draußen und jenseits bedarf, und dessen jeder Augenblick die Verlockung ist zur Ewigkeit. Wie wird er aber sein, dieser Mensch, der endlich das Leben wirklich erlernt hat? War Nietzsche nicht vertraut mit der menschlichen, allzu menschlichen Natur? Ahnte er nicht den Verlust aller guten menschlichen Substanz im Zusammenbruch der Werte? Konnte es nicht geschehen, daß der Übermensch erschien in der Gestalt eines Monstrums von Nihilismus, eines leeren Verwüsters der Erde, eines Herrn über Maschinen und Massen? Ja, Nietzsche fürchtete seinen Einzug in die Geschichte; und weil er zugleich auch fürchtete, daß die liberal dekadenten und agnostisch ungläubigen Erben der christlichen Moral, unter deren Händen das zivilisierte Dasein glanzlos und das Gute machtlos geworden, sich müde dreinschicken würden, rief er aus seiner Phantasie den Übermenschen herbei, die Besiegung des Menschen zu besiegen.

Glaubte Nietzsche selbst an die Wahrheit seiner Lehre vom Übermenschen und von der ewigen Wiederkunft? Eine seiner postum veröffentlichten Anmerkungen sagt das folgende: »Wir schufen den schwersten Gedanken (die ewige Wiederkehr aller Dinge) – *nun laßt uns das*

Wesen schaffen, dem er leicht und selig ist.«[32] Es ist klar, daß er zu Zeiten die ewige Wiederkehr nicht als eine »Wahrheit« sah, sondern als eine Art darwinistischer Prüfung, welche nur die spirituell Tauglichsten bestehen und überleben sollten. Es gibt eine Notiz von ihm, die genau das sagt: »Ich mache die große Probe: *wer hält den Gedanken der ewigen Wiederkunft aus?*«[33] Sie ist das Maß seiner eigenen Verzweiflung: der Angsttraum aller Angstträume war für ihn die Vorstellung, er müsse sein eigenes identisches Leben immer wieder und wieder leben; und eine noch tiefere Einsicht in die Anatomie seiner Verzweiflung gewinnen wir durch die folgenden Worte seines Tagebuchs: »Denken wir diesen Gedanken in seiner furchtbarsten Form: das Dasein, so wie es ist, ohne Sinn und Ziel, aber unvermeidlich wiederkehrend, ohne ein Finale ins Nichts: ›*die ewige Wiederkehr*‹: Wer zu vernichten ist mit dem Satze ›es gibt keine Erlösung‹, der soll aussterben.«[34] – Man sieht, Nietzsches Übermensch ist das Wesen, das stark genug ist, auf immer in der Verdammnis zu leben, ja diese in seinem Innern in die dionysische Freude tragischer Bejahung zu verwandeln. Zarathustra, so lautet eine nachgelassene Notiz, *»vergißt sich* und lehrt *aus dem Übermenschen heraus* die Wiederkehr: der Übermensch *hält sie aus* und *züchtigt damit«*[35].

Glaubte Nietzsche selber an den Übermenschen? So wie ein Dichter an die Wahrheit seiner Schöpfungen glaubt. Glaubte Nietzsche an die Wahrheit der dichterischen Schöpfungen? In jungen Jahren, als er *Die Geburt der Tragödie* schrieb, glaubte er an das Vermögen der Kunst, das Leben zu verklären, indem sie aus dem sinnlosen Dasein währende Bilder der wahren Schönheit schuf. Damals war sein Blick noch bezaubert von der wachen Erinnerung ans ferne Griechenland und der begeisternden Nachbarschaft Richard Wagners in Tribschen. Bald aber wandelte sich dieser tief romantische Glaube an die Kunst zur Skepsis, ja zum Zorn. »Nichtswürdig« nannte er die Philosophen, die die Trinität des Guten, Schönen und Wahren eingesetzt hatten. Wer es wiederholt, sagte er, den sollte man prügeln. Poetische Schönheit *und* Wahrheit? Nein. »Wir haben die *Kunst, damit wir nicht an der Wahrheit zu Grunde gehen.*«[36] Auch sagt Zarathustra: »daß die Dichter zu viel lügen«, und fügt hinzu: »Aber auch Zarathustra ist ein Dichter . . ., *wir* lügen zu viel.«[37] Und Nietzsche *ließ* ihn lügen, denn während sein Zarathustra die ewige Wiederkehr aller Dinge predigte – und Nietzsche merkte sich zu dieser Stelle vorbereitend an: »*Entscheidender Moment:* Zarathustra fragt die ganze Masse am Feste: ›Wollt ihr das alles noch einmal?‹ Alles sagt ›Ja‹. Zarathustra *stirbt vor Glück dabei*«[38] – vertraute Nietzsche seinem Tagebuch an: »Ich will das Leben nicht *wieder*. Wie habe ich's ertragen? Schaffend. Was macht mich den Anblick aushalten? Der Blick auf den Übermenschen, der das Leben *bejaht*. Ich habe versucht, es *selber* zu bejahen – ach!«[39]

War er, da ihm Gott gestorben war, fähig, irgend etwas wahrhaft zu glauben? »Wer das Große nicht mehr in Gott findet, findet es überhaupt nicht mehr – er muß es leugnen oder schaffen.« Nur das »oder« stimmt nicht. Sein Lebtag versuchte Nietzsche *beides*. Er hatte die Leidenschaft für die Wahrheit und glaubte nicht an sie. Er hatte die Liebe zum Leben und verzweifelte daran. Aus solchem Stoff sind Dämonen gemacht – und gerade der heimlichste und mächtigste Dämon, der am Herzen des modernen Geistes zehrt. Es war Nietzsches großes Schicksal, die extremste Geschichte dieses Geistes gelebt und geschrieben zu haben. Der »Don Juan der Erkenntnis« ist der Held einer Fabel, die Nietzsche schrieb. Die Identität dieses Don Juan steht wohl kaum im Zweifel:

»Der Don Juan der Erkenntnis: er ist von keinem Philosophen und Dichter entdeckt worden. Ihm fehlt die Liebe zu den Dingen, welche er erkennt, aber er hat Geist, Kitzel und Genuß an Jagd und Intrigue der Erkenntnis – bis an die höchsten und fernsten Sterne der Erkenntnis hinauf! – bis ihm zuletzt nichts mehr zu erjagen übrig bleibt als das absolut *Wehtuende* der Erkenntnis, gleich dem Trinker, der am Ende Absinth und Scheidewasser trinkt. So gelüstet es ihn am Ende nach der Hölle – es ist die letzte Erkenntnis, die ihn *verführt.* Vielleicht, daß auch sie ihn enttäuscht, wie alles Erkannte! Und dann müßte er in alle Ewigkeit stehen bleiben, an die Enttäuschung festgenagelt und selber zum steinernen Gast geworden, mit einem Verlangen nach einer Abendmahlzeit der Erkenntnis, die ihm nie mehr zu Teil wird! – Denn die ganze Welt der Dinge hat diesem Hungrigen keinen Bissen mehr zu reichen.« [40] –

Es ist ein deutscher Don Juan, dieser Don Juan der Erkenntnis; und es ist erstaunlich, daß Nietzsche sein Gesicht nicht erkannt hat: das Gesicht von Goethes Faust, da es ihm endlich gelungen ist, sich des Zudrangs der Erlösung doch noch zu erwehren. Als Nietzsche einst die Meinung las, daß Goethes Faust die tragischste Figur der Deutschen sei, rief er lästerlich aus: »Faust, die Tragödie der Erkenntnis? Wirklich? Ich *lache* über Faust.« [41] Denn er wußte von einem noch tragischeren Faust: dem ganz und gar unerlösbaren.

Dennoch enthält Nietzsches Werk, das uns mit Paradoxien ohnegleichen bedrängt und an den Rand des eben noch Begreiflichen führt (und oft über diesen Rand hinaus) – und doch enthält es Einsichten, die aus dem Herzen des integren Geistes kommen. Gewiß, dieser Geist ist stets gefährdet und gefährlich und ward zuletzt ja auch zerstört. Aber nur die äußerste Unempfindlichkeit gegen die Tragödie vermöchte unbewegt zu bleiben von dieses Geistes verborgener Güte und Trauer. Er hielt sich zum Trost das Bild Dantes und Spinozas vor Augen. Diese, sagte er, verstanden sich besser auf das Los der Einsamkeit als er selbst. Sie aber versagten ihm die Hilfe ihres Beispiels. Denn »zuletzt gab es für alle die, welche irgendwie einen ›Gott‹ zur Gesellschaft hatten, noch gar nicht das, was *ich* als ›Einsamkeit‹ kenne.« Und dann vertraute er dem Freund Overbeck seine erschütterndste Denker-Wahrheit an: »Mir besteht mein Leben jetzt in dem *Wunsche*, daß es mit allen Dingen *anders* stehn möge, als ich sie begreife; und daß mir jemand *meine* ›Wahrheiten‹ unglaubwürdig mache.«[42] Es klingt wie die Klage eines Herzens, dem der Geist Gewalt angetan. Daß er mit seinem Geist sein eigenes Herz züchtigte, wußte er. In der Vorrede zum zweiten Band von *Menschliches, Allzumenschliches* steht zu lesen: »Einsam nunmehr und schlimm mißtrauisch gegen mich, nahm ich, nicht ohne Ingrimm, dergestalt Partei *gegen* mich und *für* alles, was gerade *mir* wehe tat und hart fiel ...«[43]. Sein ganzes Leben lang hatte er *gegen sich selber gelehrt*. Warum? Weil er gepeinigt war von der Angst, daß alle guten Dinge des Lebens, als da sind die Redlichkeit der Erkenntnis, die Integrität des Charakters, die Großzügigkeit des Herzens, die Feinheit des ästhetischen Empfindens, der Verderbnis anheimfallen und schließlich vernichtet würden von einer neuen Barbarei, es sei denn, die Mildesten und Zartesten rüsteten sich zum Krieg, mit dem man sie überziehen wird: »Der römische Caesar mit Christi Seele«[44].

Immer wieder kommen Nietzsches Schriften an einen Punkt, da die schrillen Töne des Aufstands schweigen vor der leisen Stimme des Herbstes einer Welt, die in gelassener Heiterkeit auf ihren Winter wartet. Dann hängt dieser gequälte Geist dem »Rosengeruch des Unwiederbringlichen« nach, wendet sich ab von dem Aufruhr der Wagnerschen Musik und ist zu Tränen gerührt von Bach; oder er verläßt Zarathustras Bergeshöhle und ist entzückt von der großen, blauen Sanftmut des Mittelmeeres. Wenn er erstaunt ist von dem ruhigen Licht einer Landschaft von Claude Lorrain oder die Gesellschaft Goethes sucht, da dieser zu Eckermann spricht, oder Trost findet in der Gefaßtheit von Stifters *Nachsommer*, dann steht ein anderer Nietzsche vor uns als jener, der einst die wirren Köpfe teutonischer Schulknaben und, Gott seis geklagt, teutonischer Schulmeister bewohnte, ein Nietzsche, der das Überlieferte liebt mit verzweifelnder Liebe, ein Liebender, der seine Liebe züchtigt, weil er weiß, daß sie ihn und die Welt verlassen wird. Ein Nietzsche ist es, der mit einem Satz all die Dissonanzen seiner apokalyptischen Stimmen verstummen macht: »Seit ich das Meer im Sturm und über ihm einen reinen, leuchtenden Himmel sah, mag ich alle die sonnenlosen, umwölkten Leidenschaften nicht mehr, die kein anderes Licht kennen als den Blitz.«[45] Und dies schrieb einer, der von sich sagte, daß er »mit dem Hammer« philosophiere[46] und kein Mensch sei, sondern Dynamit[47].

In dieser Region seines widersprüchlichen Geistes wohnt der Schrecken vor seinem eigenen Werk. Dann fürchtet er sich. Vielleicht wird es den Menschen doch zum Verhängnis werden? Vielleicht wird es die besten zur Verzweiflung treiben, während die Allerschlimmsten sich seiner annehmen[48]? Und einmal legte er einem imaginären Titanen seine furchtbarsten prophetischen Worte in den Mund: »Ach, so gebt doch Wahnsinn, Ihr Himmlischen. Der Zweifel frißt mich auf. Ich habe das Gesetz getötet. Wenn ich nicht *mehr* bin als das Gesetz, so bin ich der Verworfenste von allen.«[49]

Was also ist, gibt es hier ein Zuguterletzt, zu guter Letzt die Bedeutung Nietzsches? Für einen seiner Leser liegt sie in seinem Beispiel, welches so erstaunlich, profund, verwirrend, verlockend und erschrecklich ist, daß beispielhaft es zu nennen, ein Unding wäre. Unzuträglich aber wäre, es zu verleugnen. Denn es ist dem Vorsatz dienlich, klaren Blickes in der dunklen Zeit zu leben, an welcher er so schöpferisch verzweifelte.

VII

Wittgenstein und Nietzsche

I

Was für eine Art Mensch war Ludwig Wittgenstein? Will man eine Antwort, die schnell bei der Hand ist, eine voluminöse, undeutliche und wahre: Ein Mann von seltenem Genie. Unter allen Worten, die sich der Definition entziehen – also wohl einfach unter allen Worten – tut dies das Wort »Genie« am hartnäckigsten. Wie anders aber soll man einen Mann bezeichnen, der ein Logiker von höchstem Rang war; ein Stilist, dessen Prosa schön ist durch intellektuelle Passion und disziplinierte Klarheit (vielleicht bedarf es nur großen Talents, um in irgendeiner anderen Sprache solche Prosa zu schreiben: im Deutschen aber bedarf es der Genialität); ein Ingenieur von vielversprechenden Fähigkeiten, der während der kurzen Zeit, in der er es war, nicht Unbeträchtliches leistete; der Architekt eines vorbildlichen Wohnhauses; ein begabter Bildhauer; ein Musiker, der, hätte er diesen Beruf gewählt, wahrscheinlich ein außerordentlicher Kapellmeister geworden wäre; ein Einsiedler, der monatelang die strengsten Übungen im Denken und in der Einsamkeit ertrug; ein Reicher, der die Armut wählte; ein Professor in Cambridge, der dachte und lehrte, aber weder dozierte noch dinierte.

Auch war er ein Österreicher, der sich die englische Philosophie untertänig machte. Dies aber war, wie es sich für österreichische Eroberungen ziemt, ein Mißverständnis. Er wenigstens glaubte dies. Als sich die Seiten von *Mind,* des fast offiziösen Journals der britischen Philosophie, mit Variationen auf seine philosophischen Themen füllten, pries er ein amerikanisches Magazin für Detektivgeschichten und wunderte sich darüber, wie denn, wo es solches zu lesen gab, »das impotente und bankrotte *Mind* auch nur einen Leser fände«[1], und als sein Einfluß in Oxford am stärksten war, sprach er von der dortigen Universität als dem »Influenza-Gebiet« und dem »philosophischen Ödland«[2]. Gewiß, dies waren ironische Übertreibungen, aber dennoch ernst gemeinte Äußerungen von Wittgensteins Mißvergnügen.

Warum mißfiel ihm die Rolle so sehr, die sein Denken in den zeitgenössischen philosophischen Kreisen spielte? Worauf stützte sich sein Verdacht, daß es ein bösartiges Mißverständnis war, was seine Meinungen und Methoden so rasch über die Akademien Englands und Amerikas verbreitete? Und war es ein Mißverständnis, ließ es sich vermeiden? Diese Fragen stellen ihrerseits eine größere: Was ist das Wesen einer philosophischen Meinung?

Es gibt Philosophien, die, so schwierig sie auch sein mögen, im Prinzip leicht zu lehren und zu lernen sind. Freilich, nicht jedermann kann Philosophie lehren oder lernen – so wenig wie höhere Mathematik; aber die Philosophien gewisser Philosophen haben eben dies mit der höheren Mathematik gemein, daß sie uns nur die Wahl lassen, sie entweder zu verstehen oder nicht zu verstehen. Genau betrachtet, gestatten sie kein *Miß*verstehen. Das gilt in hohem Maße von Aristoteles, von Thomas von Aquino, von Locke, von Kant. Solche Philosophien sind wie Berge: man erklettert sie oder man gibt's auf; oder wie Gewichte: man hebt sie oder sie sind zu schwer; und in jedem Fall weiß man, woran man ist. Anders ist es mit dem Denken Platons, oder des heiligen Augustinus, oder Pascals, oder Kierkegaards, oder Nietzsches. Deren Philosophien sind wie Menschenantlitze: in ihren Zügen spiegelt sich das Schicksal von Seelen; oder sie sind wie Städte, die eine lange Geschichte haben. Fragt uns einer, ob wir Kant verstehen, dann ist es so, als wären wir befragt, ob wir auf dem Gipfel des Mont Blanc gewesen seien. Die Antwort ist Ja oder Nein. Was aber sollen wir sagen, wenn einer wissen will, ob wir Nietzsche verstehen? Dann ist es, als hätte man uns gefragt, ob wir Rom kennen. Nur wenn wir niemals dort waren, ist die Antwort einfach. Im Falle Wittgensteins weiß man aufs erste so genau nicht, wie sich alles verhält: sein Philosophieren gibt sich zu Zeiten den Anschein, als sei es von der Art Descartes'; man glaubt, man könne es lernen, so wie man Logik lernt oder Mathematik. Jedoch ist es fast stets mehr von der Art Pascals: *so* ist es unerlernbar. Will man Wittgensteins Denken auf seinem eigenen Niveau verstehen, so kommt es auf Imagination und Charakter genau so an wie auf das »Denken«. Denn die Temperatur dieses Denkens gehört zu dessen Wesen, in der Leidenschaft liegt der Ernst, der Rhythmus der Sätze ist so vielsagend wie das, was sie sagen, und manchmal steht ein Semikolon da wie ein Grenzstein zwischen einem Gedanken und einer Trivialität. Trotz der grammatischen Simplizität eines jeden Satzes von Wittgenstein sind seine Schriften nur schwer übersetzbar; und er lehrte in einer fremden Sprache – schon hier ist eine Quelle der Mißverständnisse. Wie das?, mag man wohl fragen: sprechen wir von einem Künstler oder von einem Philosophen? Nun, wir sprechen von Ludwig Wittgenstein. »Der Philosoph behandelt eine Frage; wie eine Krankheit.« Es ist ein profundes Semikolon, und nicht einmal die treue Arbeit seiner Übersetzerin vermochte die Tiefe zu bewahren: »*The philosopher's treatment of a question is like the treatment of an illnes*«[3] wird im Vergleich zum flachen Aperçu.

Die Philosophie war für Wittgenstein kein Beruf; sie war eine verzehrende Leidenschaft; und nicht nur gerade »eine« Leidenschaft, sondern die einzig mögliche Form seines Daseins: der Gedanke, daß er die Fähigkeit zum Philosophieren verlieren könnte, war eins bei ihm mit dem Gedanken an Selbstmord. Er konnte gar nicht anders, als diejenigen Philosophen verachten, die Philosophie »trieben« und, nachdem sie es ein paar Stunden philosophisch getrieben hatten, an anderes dachten: an Geld, die Liste ihrer Veröffentlichungen, die Aussichten auf akademische Beförderung, Universitätsintriguen oder Liebesgeschichten – und an diese Dinge auf eine Weise dachten, die noch deutlicher als die Produkte ihres philosophischen Denkens zeigte, daß sie mit viel weniger als ihrer ganzen Person philosophiert hatten. Unfehlbar entdeckte Wittgenstein im Stil, in welchem sie dachten, disputierten und schrieben, die Korruption der Halbschlächtigkeit, das schmerzlose Spiel mit Wort und Sinn, das seichte Getändel mit der Tiefe, und das Ohr, das taub ist gegen das Gebot der Echtbürtigkeit. Denken war für ihn nicht ein Akt des reinen Intellekts: die Sittlichkeit hielt Gericht darüber. Darin bestand seine Verwandtschaft mit Otto Weininger, von dem er mit Verehrung sprach. Der Anblick eines Gedankens, der nicht von derselben Substanz war wie der Mensch, der ihn dachte, erfüllte ihn mit Widerwillen und mit einem Zorn, jenem gleich, mit welchem Rilke in der Vierten der *Duineser Elegien* durch das Bild des Tänzers das ewige Zweierlei von Darsteller und Dargestelltem verdammt:

> ...... Und wenn er auch so leicht tut,
> er ist verkleidet und er wird ein Bürger
> und geht durch seine Küche in die Wohnung.
> Ich will nicht diese halbgefüllten Masken ...

Hätte sich es Wittgenstein angelegen sein lassen, über sich selbst zu schreiben, so hätte dieser scheinbar »intellektuellste« aller Philosophen sagen können: »Ich habe meine Schriften jederzeit mit meinem ganzen Leib und Leben geschrieben: ich weiß nicht, was rein geistige Probleme sind ... Diese Dinge kennt ihr als Gedanken, aber eure Gedanken sind nicht eure Erlebnisse, sondern das Nachklingen von denen anderer: wie wenn euer Zimmer zittert, wenn ein Wagen vorüber fährt. Ich aber sitze im Wagen, und oft bin ich der Wagen selber.«[4] Dies jedoch schrieb Nietzsche. Aber wie Nietzsche (dem er auch in manchem anderen ähnlich war: in seiner Heimatlosigkeit, seinem ruhelosen Wandern, der unaufhörlichen Suche nach der dem Philosophieren zuträglichsten Umgebung, der Einsamkeit, der Askese, dem Verlangen nach Freundschaft und dem zögernden Vertrauen, der intellektuellen Radikalität, mit der er sich bis an die Grenze des Wahnsinns vordachte, der Liebe für die Musik, der Geschmeidigkeit seines Stils und, wie zu sehen sein wird, in einem philosophisch sehr wichtigen Bezug) – wie Nietzsche also wußte er, daß die Qualität einer philosophischen Meinung keineswegs bloß vom logisch erweisbaren Rechten oder Falschen abhing. Dieser sehr strenge Logiker war überzeugt, daß sie vor allem eine Frage der Authentizität sei – und daher gewissermaßen überhaupt keine Frage von mitteilsam übertragbaren Meinungen. Das, was ihm so oft den Anschein intellektuellen Hochmuts gab, war das bei allem Denken mitgedachte – und an sich selbst mehr noch als an andere gerichtete – Gebot der unbedingt authentischen Äußerung. Er fragte nicht nur, ob eine Meinung richtig oder falsch sei, sondern auch, ob *dieser* Mensch ein *Recht* habe auf *diese* Meinung. So eignete denn seiner Art zu debattieren oft der Tonfall von alttestamentarisch-prophetischem Grimm: plötzlich war er vom unwiderstehlichen Zwang besessen, intellektuelle Strafen auszuteilen. Dann begegnete er Mängeln des philosophischen Urteilsvermögens, als wären es Versündigungen des Herzens, und wehrte mit eiferndem Zorn Meinungen ab, welche »an sich« (hätte es diese Unterscheidung für ihn gegeben) harmlos genug, vielleicht sogar »korrekt« waren; und wehrte sie ab, weil sie unwahr waren in der Person, die sie äußerte: sie ermangelten des Siegels der Not, erlitten im Dienst der Wahrheit.

Wittgenstein sagte einmal im Gespräch, es sei beim Denken genau so wie beim Schwimmen: wir haben eine natürliche Neigung zur Oberfläche und müssen uns sehr anstrengen, um auf den Grund zu kommen. Und ein andermal, als die Rede war vom unterschiedlichen Rang von Philosophen, meinte er, das Maß der Größe eines Menschen sei die Mühe, die ihn sein Werk koste[5]. Das ist Kantische Ethik, auf den Bereich des Denkens angewandt: das sittlich Gute als der Sieg über die natürliche Neigung; und je kostspieliger der Kampf, desto besser das Gute. Auch Nietzsche war nach Charakter und Einsicht solch ein Kantischer Moralist des intellektuellen Lebens. Dieser aber, dem nie Besseres einfiel, als wenn es darum ging, das vernichtende Argument gegen sich selbst zu finden, vermochte zugleich zu sagen: »Für die Höhe der Berge ist die Mühsal ihrer Besteigung durchaus kein Maßstab. Und in der Wissenschaft soll es anders sein! – sagen uns einige, die für eingeweiht gelten wollen – die Mühsal um die Wahrheit soll gerade über den Wert der Wahrheit entscheiden! Diese tolle Moral geht von dem Gedanken aus, daß die ›Wahrheiten‹ eigentlich nichts weiter seien als Turngerätschaften, an denen wir uns wacker müde zu turnen hätten, – eine Moral für Athleten und Festturner des Geistes.«[6] Vielleicht ist es schade, daß Wittgenstein nicht der Mann war, manchmal auch so zu sprechen; vielleicht hätte es einige der kleineren Anhöhen in der philosophischen Landschaft Englands der beschwerlichen Pflicht enthoben, sich stets so zu gebärden, als wären sie kreißende Berge.

2

Eine hartnäckige optische Täuschung erschwert den Zugang zu Wittgenstein, dem Menschen und Denker (und wie irreführend ist allein schon dieses »und«!); denn das sittliche Pathos seines Lebens (ein Pathos, aus welchem an allen Orten, wo auf angelsächsisch philosophiert wird, bereits die Legenden sprießen) *scheint* auf den ersten Blick ohne Beziehung zu sein zu Gang und Richtung, Inhalt und Methode seines Denkens. Jede Seite von Pascal, Kierkegaard oder Nietzsche verrät sofort, daß hier nicht nur Gehirne denken, sondern die Leidenschaften leidenschaftlicher Geister; bei Wittgenstein aber ist es möglich, daß einer, er sei denn aufs sensitivste prädisponiert, Seite um Seite liest, ohne auch nur im geringsten zu vermuten, daß die erbarmungslose Präzision und manchmal exzentrische Virtuosität dieses Denkens, welches weder Vorbilder noch Parallelen in der Geschichte der Philosophie hat, etwas anderes sei als das Ergebnis der äußersten intellektuellen Distanzierung vom behandelten Problem. Ja, es mag den Leser zuerst einmal in einen Zustand unruhiger Betrübnis und exasperierter Schwermut versetzen, – eine Wirkung, wie sie Robert Musil, der nicht umsonst ein österreichischer Zeitgenosse Wittgensteins war, im *Mann ohne Eigenschaften* einem gewissen Denker zuschreibt, von welchem es heißt: »... er hatte die Vorhänge zugezogen und arbeitete im gedämpften Licht wie ein Akrobat, der in einem halbdunklen Zirkus, ehe noch die Zuschauer zugelassen sind, einem Parkett von Kennern gefährliche neue Sprünge vorführt«[7]. Dennoch ist Wittgensteins Werk von authentischem Pathos erfüllt; eines Tages wird man es wissen: es ist ein Teil von jener geistigen Kraft, mit welcher das europäische Denken auf seine tragische Erfüllung und Selbstzerstörung hindrängt.

Sollte aber ein Wunder geschehen und der europäischen Geschichte und ihrem Denken noch eine lange Zukunft bevorstehen, so wird der späte Historiker dieses Denkens nicht wenig erstaunt sein über Wittgenstein. Denn höchst sonderbar ist es, daß das Buch, welches sich wie kein anderes der zeitgenössischen angelsächsischen Philosophie eingeprägt hat, Wittgensteins *Philosophische Untersuchungen*, einen Satz von Nestroy zum Motto hat (»Überhaupt hat der Fortschritt das an sich, daß er viel größer ausschaut, als er wirklich ist«), oder daß dessen philosophischer Autor, wie er einem Freund gestand, eine Art von religiöser Erweckung erlebte – in einer Vorstellung von Anzengrubers *Kreuzelschreiber*[8]. Auch wird es zu einiger Verwunderung Anlaß geben, daß auf einmal von Lichtenberg die Rede ist in England: weil ein finnischer Professor ausfindig machte, daß Wittgensteins Denk- und Schreibstil demjenigen des deutschen Aphoristikers aus dem achtzehnten Jahrhundert verwandt ist. Noch gewichtiger aber wird die Entdeckung sein, daß der Name Wittgenstein den historischen Ort bezeichnet, an welchem auf ganz unerwartete Weise der kühle analytische Intellekt der britischen Philosophie jener Leidenschaftlichkeit von Geist und Phantasie begegnet, die Nietzsche besaß und nach ihm in mannigfachen Ausprägungen solche Österreicher wie Otto Weininger, Adolf Loos, Karl Kraus, Franz Kafka und Robert Musil.

Wie Weininger wußte auch Wittgenstein, daß Denken nur als Akt des sittlichen Handelns Geltung hat, und der Gedanke, der nicht eine Brücke ist vom Persönlichsten zum Überpersönlichsten, nur ein Schemen ist und schales Spiel; wie Adolf Loos verwarf er allen Zierat und alle Kostümfestlichkeiten des Geistes und forderte die Konzentration auf die reinsten Linien der intellektuellen Architektur; wie Karl Kraus glaubte er an die unauflösliche Verbundenheit aller Formen des Lebens, des Denkens und Fühlens mit den Formen der *Sprache* (»Ethik und Ästhetik sind Eins«[9], schrieb Wittgenstein im *Tractatus Logico-Philosophicus* – und es gibt keine bündigere Formel für das künstlerische Credo von Karl Kraus); und was Kafka und Musil betrifft, so wäre ein Vergleich zwischen ihrer Art zu schreiben (und also zu erkennen) und derjenigen Wittgensteins gewiß ebenso ergiebig wie der Vergleich zwischen ihm und Lichtenberg, und wäre um so aufschlußreicher, als da von »Einfluß« nicht die Rede sein kann, abgesehen von den anonymen und eigentümlich österreichischen Einflüsterungen jenes Zeitgeists, welcher sogar eine Familienähnlichkeit schuf zwischen den logischen Strukturen, Motiven und Intentionen von Wittgensteins *Tractatus* und Schönbergs Musiktheorie: denn es ist auch Schönbergs Überzeugung, daß die »Sprache« seines Mediums, der Musik, das höchste Niveau der logischen Notwendigkeit erreichen müsse, wo sie vor allen Zufällen und Willkürlichkeiten des Gefühls bewahrt bliebe. Wittgensteins Platz ist in einer solchen Konstellation der Geister; in der Geschichte der englischen Philosophie aber nimmt er nur »eine bedeutende Stellung« ein. So ließe sich allenfalls das Unbehagen deuten, das ihm das philosophische Klima Englands bereitete, und das Befremden, mit dem er sich auf einer philosophischen Szene bewegte, die auf so täuschende Weise von ihm selbst entworfen schien.

Was also sind die Motive und Intentionen von Wittgensteins Philosophie? Was ist – jenseits ihrer eigenen philosophischen Deklarationen – der Sinn jener »Revolution«, von welcher es allerorten heißt, sie habe das Gefüge der angelsächsischen Philosophie radikal verändert; und *ein* Mann habe sie ins Werk gesetzt: nämlich Wittgenstein, indem er die Prinzipien seines *Tractatus Logico-Philosophicus,* der im Jahre 1921 zuerst erschienen war, allmählich modifizierte, und schließlich preisgab in den *Philosophischen Untersuchungen*, die postum im Jahre 1949 veröffentlicht wurden? Sind diesem Ereignis irgendwelche Analogien mit den revolutionären Wirkungen anderer Philosophien abzugewinnen?

In seinem jüngsten Buch *My Philosophical Development* unternimmt Bertrand Russell eine scharfe Attacke auf den Autor der *Philosophischen Untersuchungen*, eine Kanonade, die, auch wenn sie keinen Schaden anrichtet, doch eine gewisse Helligkeit verbreitet. Der Mann, der als einer der ersten in Wittgensteins *Tractatus* ein Werk von philosophischer Genialität erkannte, sagt nun von den *Philosophischen Untersuchungen*, er habe darin »nichts von Interesse« gefunden: »Ich vermag es nicht zu verstehen, wie es eine ganze Schule anstellt, in diesem Buch bedeutende Weisheit zu finden.« Er verabscheut den Gedanken, der, wie er glaubt, Wittgensteins späterem Werk zugrunde liegt: »daß die Welt der Sprache vollkommen abtrennbar ist von der Welt der Tatsachen«, und ist überzeugt, daß eine solche Anschauung die philosophische Tätigkeit zu einer bloßen Trivialität erniedrigen muß (»bestenfalls wird sie so zum Handlangerdienst bei Lexikographen und schlimmstenfalls zum müßigen Gesellschaftspiel«), indem sie höchst schädlicherweise »der Sprache eine vorher nie denkbare, eine unbeschränkte Freiheit verleiht«. Zum radikalsten Widerspruch fühlt er sich von den Schülern Wittgensteins bewogen, wenn diese »das Verlangen, die Welt zu verstehen, als eine überholte Narrheit« betrachten – zum Unterschied, so scheint es, von ihrem eigenen Verlangen, das Funktionieren der Sprache zu begreifen [10].

Wenn Unverständnis je bedeutsam sein kann, so gilt dies von Lord Russells Einschätzung der *Philosophischen Untersuchungen*. Denn er verstand sehr wohl den Gegenstand seines Angriffs, als er in jungen Jahren F. H. Bradleys späthegelianischen Idealismus, der damals die englische Universitätsphilosophie beherrschte, aufs Haupt schlug, und wußte auch, was er willkommen hieß, als der unbekannte Wittgenstein ihm einst den *Tractatus* schickte (auch wenn er in diesem Werk allzu sehr die Kulmination seiner eigenen Doktrin des Logischen Atomismus sah); der spätere Wittgenstein aber ist ihm nach eigenem Geständnis »völlig unverständlich«. Dies zeigt deutlich, welche der beiden »Revolutionen«, die die jüngere Geschichte der englischen Philosophie erschütterten, profunder ist: Russels Aufstand gegen Bradley oder Wittgensteins Abfall – von Wittgenstein.

Bertrand Russell fühlte sich zu Hause bei Bradley sowohl wie beim Wittgenstein des *Tractatus*, weil beide wie er selbst Philosophen waren, welche *innerhalb* der metaphysischen Tradition der europäischen Philosophie sich bewegten. Das versteht sich von selbst im Falle des Idealisten Bradley; im Falle von Wittgensteins *Tractatus* mag diese Behauptung verwirrend wirken: denn hat sich dieses Buch nicht den Ruf erworben, das Hohelied des anti-metaphysischen logischen Positivismus zu sein? Dennoch aber stimmt es, daß der *Tractatus* auf seine Art – auf die Art der äußersten Subtilität – Teil hat an einem vor-Kantischen metaphysischen Glauben: dem Glauben nämlich, daß es, wenn auch nur in einem aufs genaueste definierten und eng begrenzten Bezirk des menschlichen Verstehens, eine in der Natur des Seins begründete Entsprechung zwischen der menschlichen Erkenntnisfähigkeit und dem Wesen der Welt gibt. Mit anderen Worten: was der Mensch über die Welt denkt und fühlt – und also *sagt* –, darf darauf hoffen, *metaphysisch* wahr zu sein. Zu einer Zeit, als Philosophen sich noch des vertrauteren Umgangs mit Gott erfreuten, fand dieser metaphysische Glaube sein luminös allumfassendes Dogma: Gott ist kein Betrüger. Er hat die Welt erschaffen und den Menschen mit dem Verlangen, sie zu verstehen; auch gab Er ihm Vernunft und Erkenntnisvermögen, Begabungen, in welchen Diener jenes Verlangens zu sehen der Mensch gar nicht umhin kann. Sollte es Gottes Absicht sein, diesen Erkenntnistrieb jeglicher Erfüllungsmöglichkeit zu berauben, indem er dem Menschen nichts anderes gewährte als die *Illusion* des Begreifens? Soll das Geschöpf, das er nach seinem Bilde schuf, auf ewig der Betrogene des Universums sein? Das einfache Vertrauen darauf, daß dies nicht sein kann, wohnt selbst noch den feinstgesponnenen philosophischen Systemen inne, die seit dem siebzehnten Jahrhundert die tiefste Wirkung auf das europäische Denken ausübten. Von diesem naiven Vertrauen ist noch die komplizierte scholastische Apparatur durchwirkt, die auf Leibniz' Prästabilierte Harmonie und Descartes' *Cogito ergo sum* hinausläuft, jene großartigen Versuche, logisch den integralen Einklang zu demonstrieren, der zwischen dem menschlichen Denken und der wahren Natur des Seins besteht. Derselbe Glaube an solche Gnade der Vernunft, die, wie Marlowe sie preist, »den wundersamen Bau der Welt zu fassen« vermag, hat jene Zeit auch zu ihren großen kosmischen Entdeckungen begeistert: »Dank sei Dir, mein Herr, mein Schöpfer ... Ich habe die Kräfte meines Geistes genutzt, die Du mir verliehen hast, und habe die Herrlichkeit Deiner Werke den Menschen geoffenbart ...« So spricht Kepler am Ende des neunten Kapitels des fünften Buches seiner *Harmonices mundi.*

Von Descartes zu Wittgensteins *Tractatus* führt ein langer und beschwerlicher Weg der Verluste; und dennoch gibt es einen Gesichtswinkel, aus welchem der *Tractatus* sich ausnimmt, als wäre er ein letzter Sieg des überlieferten metaphysischen Glaubens: ein Pyrrhus-Sieg. Verglichen mit den weiten Reichen, die das metaphysische Denken der Vergangenheit für seine Gründungen und Niederlassungen der Wahrheit beanspruchte, ist nun kaum mehr übrig geblieben als eine sehr kleine Provinz der »sinnvollen« Rede im ungeheuren Raum des Schweigens. Aber innerhalb dieses katastrophal verengten Gebiets darf der Mensch noch immer vertrauensvoll etliche Wahrheit über die Welt behaupten, darf Worte äußern, deren Sinn nicht wie ein Sprachgefangener allein in ihnen selbst liegt, und darf Sätze sprechen, deren Bedeutung sich nicht bloß im wechselvollen Sprachverkehr und in den veränderlichen Sprachkonventionen erschöpft. Nein, noch immer gibt es Sätze, die wahr sind in einem absoluten Sinn, die das ausdrücken, was »der Fall ist«, und die *Wirklichkeit spiegeln.* Freilich ist diese ideale Entsprechung zwischen Bild und Modell, Gedanke und Welt, Sprache und Wirklichkeit nicht leicht zu vollziehen. Sie ist an die Beobachtung der strengsten logischen Regeln gebunden und wird sich also fast niemals in der Aktualität des menschlichen Sprechens einstellen. Dennoch ist sie im *Wesen* der Sprache verwirklicht, ja, sie ist der Sprache *wahrer Sinn.* Viel freilich muß ungesagt bleiben, soll unsere Rede »wesentlich und sinnvoll« sein; haben wir es aber erst einmal gelernt, auf die »Sachverhalte«, die die Bausteine sind, aus denen die intelligible Welt besteht, mit »Elementarsätzen« und deren »Wahrheitsfunktionen« zu antworten (Begriffe, die Wittgenstein, nachdem er sie beträchtlich modifiziert und verfeinert hatte, von Russell übernahm), dann ist unsere Rede vollkommen auf die Tonart der Wirklichkeit gestimmt: denn »die Logik ist keine Lehre, sondern ein Spiegelbild der Welt« [11]: »Die logischen Sätze beschreiben das Gerüst der Welt, oder vielmehr, sie stellen es dar. Sie ›handeln‹ von nichts. Sie setzen voraus, daß Namen Bedeutung, und Elementarsätze Sinn haben ...« [12] Und obgleich Wittgenstein zuletzt mit kühner Konsequenz erklärt, daß seine eigenen Sätze, insofern sie nicht durch Elementarsätze die Welt sich selbst darstellen lassen, sondern eben von dem Verhältnis zwischen Sprache und Wirklichkeit »handeln«, den Bereich der sinnvollen

Aussagen verlassen und also »unsinnig« sind – »Meine Sätze erläutern dadurch, daß sie der, welcher mich versteht, am Ende als unsinnig erkennt, wenn er durch sie – auf ihnen – über sie hinausgestiegen ist. (Er muß sozusagen die Leiter wegwerfen, nachdem er auf ihr hinaufgestiegen ist)«[13], – so ist der *Tractatus* doch auf einem kleinen Grundstück errichtet, das bewahrt blieb vor dem Bankerott der einst reichen Hinterlassenschaft der Prästabilierten Harmonie.

Bald aber erwies sich selbst diese Parzelle als überschuldet; und als Wittgenstein sie räumte, sah Bertrand Russell nichts als Kollaps. Und wohl ist es wahr, daß sich Wittgenstein seit den *Blue Books* (Aufzeichnungen, die sich in der Zeit zwischen dem *Tractatus* und den *Philosophischen Untersuchungen* in den Kollegienheften seiner Schüler ansammelten und zusammen mit den ihnen folgenden Darlegungen, den *Brown Books*, im Jahre 1958 veröffentlicht wurden) auf ein philosophisches Unternehmen einließ, welches, stellt man es gegen die traditionellen Hoffnungen und Erwartungen der Philosophie, sich verzweifelt genug ausnimmt. Denn die ihm innewohnende Absicht ist, die Philosophen von einer Krankheit zu kurieren, deren Name, recht bedacht, Philosophie sein mag. Sein Aphorismus von dem Philosophen, der Fragen behandelt, als wären sie Patienten, ist mehr als ein Aphorismus: er ist wie ein Vorsatz.

3

Der Bruch zwischen dem *Tractatus* und den *Philosophischen Untersuchungen* ist von derselben Art wie derjenige zwischen Nietzsches *Geburt der Tragödie* (1871) und *Menschliches, Allzumenschliches* (1879). In beiden Fällen wurde er durch die Abkehr von der Metaphysik herbeigeführt, die Preisgabe des Glaubens an einen im Schöpfungsplan beschlossenen Einklang zwischen der Logik unseres Sprachdenkens und der »Logik« der Wirklichkeit. Während jener acht Jahre, die zwischen der *Geburt der Tragödie* und *Menschliches, Allzumenschliches* liegen, hatte sich Nietzsche, wie er meinte, von diesem »philosophischen Vorurteil«, an welchem nach seiner Diagnose die ganze bisherige Geschichte des Denkens laborierte, befreit, indem er – und es läßt sich in Wittgensteins unverkennbar autobiographische Worte fassen – seine »ganze Betrachtung drehte. (Man könnte sagen: Die Betrachtung muß gedreht werden, aber um unser eigentliches Bedürfnis als Angelpunkt)«[14]. Nietzsche könnte dies geschrieben haben; ja, es könnte als die genaue Beschreibung dessen dienen, worin er selbst seine große Leistung sah: den ganzen Horizont des Denkens um 180° rotiert zu haben, und zwar um den Angelpunkt unseres »eigentlichen Bedürfnisses«, welches eines neuen Gesichtsfeldes »bedurfte«, eines *Bedürfnisses* (und Nietzsche selbst unterstrich das Wort), radikal unterschieden von jenem, welches bei der »Bildung der [überlieferten] Vernunft, der Logik, der Kategorien« am Werke war. Denn dieses »Bedürfnis«, über dessen Natur sich die Denker aller Zeiten aufs schmeichelhafteste täuschten, war von altersher gerade *nicht* darauf gerichtet, zu »erkennen«,

> »sondern zu subsumieren, zu schematisieren, zum Zweck der Verständigung, der Berechnung ... Hier hat nicht eine präexistente ›Idee‹ gearbeitet: sondern die Nützlichkeit, daß nur, wenn wir grob und gleich-

> gemacht die Dinge sehen, sie für uns berechenbar und handlich werden... Die Kategorien sind ›Wahrheiten‹ nur in dem Sinne, als sie lebensbedingend für uns sind: wie der Euklidische Raum eine solche bedingende ›Wahrheit‹ ist... Die subjektive Nötigung, hier nicht widersprechen zu können, ... der Instinkt der Nützlichkeit, so zu schließen wie wir schließen, steckt uns im Leibe, wir *sind* beinahe dieser Instinkt... Welche Naivität aber, daraus einen Beweis zu ziehen, daß wir damit eine ›Wahrheit an sich‹ besäßen!... Das Nicht-widersprechen-können beweist ein Unvermögen, nicht eine ›Wahrheit‹.« [15]

Es war Nietzsches Entschluß, das große »instinktwidrige« Experiment anzustellen, jenem Instinkt die Gefolgschaft aufzukündigen und so die philosophische Krankheit der Jahrhunderte zu heilen – fast so, wie es Wittgensteins Unterfangen war, alle philosophischen Probleme zu lösen »durch eine Einsicht in das Arbeiten unserer Sprache..., und zwar so, daß dieses erkannt wird: *entgegen* einem Trieb, es mißzuverstehen« [16]. Für Nietzsche war die Wahrheit über den Menschen, daß er von nun ohne »Wahrheiten« leben müsse. Dies war das »eigentliche Bedürfnis«, durch welches sich die neue Zeit von aller Vergangenheit unterschied. Das Geschöpf, das ihm gerecht werden sollte, wurde von Nietzsche auf den Namen Übermensch getauft – und man stoße sich nicht allzu sehr an dem mißbrauchten Wort, das einem großen Geist von einer darwinistischen Epoche eingegeben wurde. In seinen Briefen bediente er sich oft weniger grandioser, obschon nicht weniger ehrgeiziger Worte, wenn er von seinem philosophischen Ziel sprach, Worte, die besagen sollten, daß es ihm zumute war, »als schriebe er für Menschen, die ganz anders denken und eine ganz andere Lebensluft atmen als die Menschen von heute«. So aber sprach Wittgenstein einmal von sich selbst[17].

Gewiß wäre es unsinnig, Wittgenstein als einen wiedererstandenen Nietzsche zu betrachten; und unser Vergleich beabsichtigt keineswegs, »die Dinge grob und gleichgemacht zu sehen«. Zwei Philosophen könnten kaum verschiedener sein im Blickfeld und in der Richtung, im Zugriff und in der Stimmung, in der Tonart und im Tempo ihres Philosophierens; und dennoch ist ihnen etwas gemeinsam, ein Etwas von größter Bedeutung: das schöpferische Mißtrauen gegen alle kategorischen Gewißheiten, denen es, gerade so als wären sie eine ererbte Anatomie, erlaubt war, das Corpus des überlieferten Denkens zu formen. Nietzsche und Wittgenstein schicken den gleichen Spürsinn-Zweifel in die verborgensten Schlupfwinkel von Irrtum und Täuschung: nämlich dorthin, wo, wie es bei Wittgenstein heißt, »alles offen daliegt«, wo alles einfach, alltäglich und vertraut scheint, wo man nichts bemerkt, »weil man es immer vor Augen hat«, bis einem gerade »*dies* einmal aufgefallen ist«[18]. Solches könnte an dem Tag geschehen, an welchem der Verdacht auf den Begriff von »Sinn« fällt, nämlich auf die Vorstellung, die, wie vage sie auch sein mag, sich darauf verläßt, daß durch irgendeine kosmische Einrichtung, von Gott getroffen, oder von der Logik, oder vom Geist der Sprache, ein unabdingbarer Sinn sich der Welt, dem Leben, den Tatsachen und den Worten auf ewig zugesellt hat. Als Nietzsche vom Tod Gottes erfuhr, begann jedes Ding wie nie vorher nach seinem Sinn zu fragen, jedes Ding und alles, was sich auf den transzendenten Glauben gestützt oder an ihn angelehnt hatte oder mit ihm verwachsen war: also, wie Nietzsche argwöhnte, *jedes Ding und alles*; und jedes Ding und alles verlangte von da an nach seiner Neubewertung.

Ein bescheideneres Ereignis war es, oder schien es zu sein, dem zuliebe Wittgenstein »die Betrachtung drehte« zwischen *Tractatus* und den *Philosophischen Untersuchungen:* der Verlust seines Glaubens an eine kategorische Logik der Sprache, und damit an ein kategorisch harmonisches Verhältnis zwischen Satz und Wirklichkeit. Jedoch war das Ereignis hinter dem Ereignis von so unbescheidener Art wie Nietzsches katastrophale Einsicht; es war ein Aspekt derselben metaphysischen Vertrauenskrise, die etliche metaphysisch fanatischere Deutsche und Franzosen zu der großen Perversion der Metaphysik bewog: wenn kein Verlaß mehr war auf die Vernunft im Umgang mit dem Sein, nun, so war es erwiesen, daß die intellektuelle Verfassung des Menschen recht eigentlich *im Widerspruch* stand zur Seinsverfassung der Welt. An die Stelle der Prästabilierten Harmonie trat die Prästabilierte Absurdität. Nietzsche war der erste, der es kommen sah; und in seiner Nachfolge konnte sich die europäische Kunst und Literatur nicht genug tun am tragischen oder melancholischen oder grotesken oder auch unheimlich lustigen »Unsinn«, den, als wäre es unter metaphysischem Zwang, Mensch und Welt miteinander treiben. Und in einem historischen Sinn ist es sogar möglich, in den beiden Extremen des zeitgenössischen Philosophierens, in Heideggers seinsgeplagtem Ontologisieren der Sprache und in Wittgensteins Versenkung in »Sprachspiele« (und viele seiner Erfindungen verraten einen Sinn fürs Absurde und Groteske, der an Kafka, Disney oder Thurber gemahnt) – in Heideggers und Wittgensteins Philosophien also die zwei Pole zu erkennen der einen Intention: die Absurditäten des menschlichen Bemühens um die Wahrheit auf die Verstrickung des Geistes in die Sprache zurückzuführen und dort zu korrigieren. Es ist eine Intention, die Nietzsche nicht fernlag. Sein universeller Verdacht machte gewiß vor der Sprache nicht halt; und was er zu diesem Gegenstand zu sagen hatte, ist zu Zeiten bis in den Wortlaut identisch mit Wittgensteins Äußerungen.

Ganz früh schon in seinem philosophischen Leben wußte Nietzsche, daß, »wer die Sprache an sich interessant findet, ein anderer ist, als wer in ihr nur das Medium interessanter Gedanken erkennt«; und ließ keinen Zweifel darüber, welchen der beiden er für den *philosophischeren* Geist hielt: »Die Sprache ist das Alleralltäglichste: es muß ein Philosoph sein, der sich mit ihr abgibt[19].« Es ist des sehr jungen Nietzsche Art, zu sagen, was auch Wittgenstein meinte, als er entdeckte, daß »die für uns wichtigsten Aspekte der Dinge durch ihre Einfachheit und Alltäglichkeit verborgen sind«[20] und dabei die Alltäglichkeit des Sprachgebrauchs im Sinne hatte. Und ein wenig später notierte Nietzsche: »Der Philosoph in den Netzen der *Sprache*, eingefangen«[21], und wieder bedeutet dies dasselbe wie Wittgensteins späteres Geständnis seiner eigenen frühen Gefangenschaft im *Tractatus*: »Ein *Bild* hielt uns gefangen. Und heraus konnten wir nicht, denn es lag in unserer Sprache, und sie schien es uns nur unerbittlich zu wiederholen.«[22] Und scheint es nicht fast, als spräche Nietzsche von der Metaphysik des *Tractatus* und von dessen subtilster metaphysischer Naivität, wenn er von einem »Friedenschluß« spricht, der

»nämlich *das* fixiert, was von nun an ›Wahrheit‹ sein soll, das heißt es wird eine gleichmäßig gültige und verbindliche Bezeichnung der Dinge erfunden und die Gesetzgebung der Sprache gibt auch die ersten Gesetze der Wahrheit ...«[23].

Es fällt schwer zu glauben, daß, als Nietzsche dies schrieb, es den *Tractatus* noch nicht gab, in dessen Mitte die These steht:

»Das Wesen des Satzes angeben, heißt, das Wesen aller Beschreibung angeben, also das Wesen der Welt«[24].

Aber, fragt Nietzsche (und Wittgenstein sollte seinen *Tractatus* später auf sehr ähnliche Art in Frage stellen),

»wie steht es mit jenen Konventionen der Sprache? Sind sie vielleicht Erzeugnisse der Erkenntnis, des Wahrheitssinnes, decken sich die Bezeichnungen und die Dinge? Ist die Sprache der adäquate Ausdruck aller Realitäten? – Nur durch Vergeßlichkeit kann der Mensch je dazu kommen zu wähnen, er besitze eine ›Wahrheit‹ in dem eben bezeichneten Grade«[25].

Immer weniger wollte sich Nietzsche solcher Vergeßlichkeit schuldig machen und stets von neuem wiederholte er, daß man sich vor der Logik und dem Wort als Erkenntnismittel, vor den »grammatischen Funktionen«, diesen noch immer »bestgeglaubten Dingen«, »nicht genug hüten kann«[26]. Und einmal rief er aus:

»Die ›Vernunft‹ in der Sprache: oh was für eine alte betrügerische Weibsperson! Ich fürchte, wir werden Gott nicht los, weil wir noch an die Grammatik glauben ...«[27].

Die grammatische und syntaktische Ordnung der Sprache, ihre Subjekte, Prädikate, Objekte, Kausal- und Konditionalbeziehungen – all dies, schrieb er, sei nichts als »Verführung« des Denkens durch die Sprache, nichts als die »versteinerten Grundirrtümer der Vernunft«[28].

> »Die Philosophie ist ein Kampf gegen die Verhexung unseres Verstandes durch die Mittel unserer Sprache.«

Dieser letzte Satz aber ist nicht mehr von Nietzsche. Er steht in Wittgensteins *Philosophischen Untersuchungen*[29]. Jedoch wer wollte erraten, wo Nietzsche aufhört und Wittgenstein beginnt?

4

Einer von Wittgensteins Aphorismen in den *Philosophischen Untersuchungen* lautet:

> »Die Ergebnisse der Philosophie sind die Entdeckung irgend eines schlichten Unsinns und Beulen, die sich der Verstand beim Anrennen an die Grenze der Sprache geholt hat. Sie, die Beulen, lassen uns den Wert jener Entdeckung erkennen«.*[30]

Und Nietzsche schrieb in einer Notiz aus den späteren Jahren unter der Überschrift *Grundlösung:*

* Und hier ist ein Aphorismus von Karl Kraus, der als Beispiel diene, wie verwandtschaftlich es zugeht in jener Sphäre: »Wenn ich nicht weiter komme, bin ich an die Sprachwand gestoßen. Dann ziehe ich mich mit blutigem Kopf zurück. Und möchte weiter.« *(Beim Wort genommen,* München, 1955, 326.)

»... Die Sprache ist auf die allernaivsten Vorurteile hin gebaut. – Nun lesen wir Disharmonien und Probleme in die Dinge hinein, weil wir *nur* in der sprachlichen Form *denken* ... *Wir hören auf zu denken, wenn wir es nicht in dem sprachlichen Zwange tun wollen,* wir langen gerade noch bei dem Zweifel an, hier eine Grenze als Grenze zu sehen. – *Das vernünftige Denken ist ein Interpretieren nach einem Schema, welches wir nicht abwerfen können.*«[31]

Weder Nietzsche noch Wittgenstein aber »hörten auf zu denken«. In Nietzsches Denken freilich war der hartnäckige Argwohn, daß die Formen der Sprache – und vor allem wohl die hergebrachten Konventionen der philosophischen Sprache – unserem »eigentlichen« intellektuellen Bedürfnis nicht dienlich seien, nur ein Teil des alles ergreifenden Verdachts: daß es seit Gottes Tod, seit dem Verstummen jenes Worts, das am Anfang war, mit *allen* Gewißheiten des Glaubens, der Vernunft, der Metaphysik, der Moral und der Erkenntnis dahin sei. Von nun an stand der Mensch unter dem schrecklichen Zwang der absoluten Freiheit: er hatte die Wahl, entweder mit der ganzen Schöpferkraft seines eigenen Herrseins seine eigene Welt zu erschaffen oder spirituell zugrunde zu gehen. Denn die Welt, *wie sie ist*, hat weder Sinn noch Wert. Sinn und Wert muß ihr *gegeben* werden: von Gott oder vom Menschen selbst. Wenn Gott tot ist und der Mensch versagt, dann ist *nichts* in dieser Welt von Wert, und Lug und Trug der Sprache ist alles, was über höheren Sinn und Bedeutung zu sagen sie uns gelehrt hat. »In der Welt ist alles wie es ist und geschieht alles wie es geschieht; es gibt *in* ihr keinen Wert – und wenn es ihn gäbe, so hätte er keinen Wert.«[32] Nietzsche hätte diesen Satz aus Wittgensteins *Tractatus* schreiben können und viele ihnen ähnliche Sätze hat er tatsächlich geschrieben, wann immer er wie ein inspirierter Schauspieler, ja wie ein tief Eingeweihter, dem Geist des europäischen Nihilismus, dessen Überwinder er sein wollte, die Worte aus dem Munde nahm. Versteht man nun die philosophische Lage, in welcher Wittgenstein sich fand, als ihm die logische Weltgewißheit des *Tractatus* abhanden kam; als ihm, der asketisches Schweigen über »die höheren Dinge« gebot, auch noch die bislang mit Gewißheit sagbaren Dinge fragwürdig erschienen, und im Verlust des metaphysischen Restbestands alles, das Höhere und das Niedrigere, unsäglich problematisch wurde?

Wittgensteins *Philosophische Untersuchungen* wären gewiß so trivial, wie Bertrand Russell sie einschätzt, wäre ihre unendliche Geduld im Aufspüren der kleinen und unauffälligen Fallen der Sprache nicht genährt von einem Gefühl der Dringlichkeit, demjenigen nicht ganz unähnlich, welches bei Nietzsche zum prophetischen Ungestüm wurde. Ein wenig Licht in die »Finsternis dieser Zeit« zu bringen – das war die zaghafte Hoffnung des Autors der *Philosophischen Untersuchungen*. Wie alle wahren Hoffnungen stützte sich auch diese auf das Paradox des Glaubens: den Glauben in der Bedrängnis durch den Zweifel. Es war für Wittgenstein, der Dennoch-Glaube an die Sprache; denn die Sprache behielt für ihn ihre Allbedeutsamkeit, auch nachdem sie aufgehört hatte, »der Spiegel der Wirklichkeit« zu sein. Er kannte die Gefahren, in die sie unser Denken bringt; die Macht, mit der ihre Metaphern unseren Geist beherrschen; die Hexenkünste, mit der sie unsere Intelligenz verwirrt – und dennoch vertraute er auf ihre schließliche Weisheit und ihre Kraft, unsere Krankheit zu heilen.

Wie er das anstellte? Nun, indem er, so will es scheinen, nicht von dem Verdachte ließ, daß sich die Sprache ihre eigenen Krankheiten im Umgang mit der Willkür, der intellektuellen Anmaßung, den Prätentionen der Philosophen geholt habe; daß es einen Naturzustand der Sprache gebe, einen unverdorbenen, an welchem sich erweisen muß, daß alle unlösbaren Probleme Scheinprobleme sind. Es gab eine Zeit, da Wittgenstein tief beeindruckt war von Tolstojs religiöser Lehre von der Tugend des einfachen Lebens; und was er sich bis zuletzt bewahrte, war der Glaube an die Heilkraft des einfachen Lebens der Sprache.

Nie sprach er diesen Glauben aus; aber er leuchtet dort am hellsten, wo die *Philosophischen Untersuchungen* am dunkelsten sind; und nichts in Wittgensteins Werk ist philosophisch verletzbarer als dieses Vertrauen – ja dessen intellektuelle Verletzbarkeit beweist fast, daß dies sein Glaube ist. Oft spricht er von der Sprache, die er meint, mit einer bei ihm äußerst seltenen Unbestimmtheit:

> »Wenn die Philosophen ein Wort gebrauchen – ›Wissen‹, ›Sein‹, ›Gegenstand‹, ›Ich‹, ›Satz‹, ›Name‹ – und das *Wesen* des Dings zu erfassen trachten, muß man sich immer fragen: Wird denn dieses Wort in der Sprache, in der es seine Heimat hat, je tatsächlich so gebraucht? –«[33]

Man mag wohl fragen: Da doch die Sprache in unseren Büchern, Dialekten, Gesellschaftsklassen und Zeitungen mit tausend Zungen spricht – wer ist es, der über den »tatsächlichen Gebrauch« entscheidet? Goethe? Kleist? der Große Duden? der Universitätspedell? der Bundestagsabgeordnete? das Abendblatt? Und wenn Wittgenstein sagt: »*Wir* führen die Wörter von ihrer metaphysischen wieder auf ihre alltägliche Verwendung zurück« [34] oder »Wenn ich über Sprache rede, muß ich die Sprache des Alltags reden« [35], so wundert man sich über die geringe Präzision dieses Programms und möchte gern wissen, warum er die Sprache nicht lieber auf diejenige Verwendung zurückführen wollte, die Lichtenberg oder Gottfried Keller für sie hatten, und warum er sich nicht, statt zu der Sprache des Alltags, zur Sprache Karl Kraus' bekannte; ist diese ja doch seiner eigenen unvergleichlich näher als die Rede, die ein Wiener oder Londoner Alltag im Munde führt. Auch sagt Wittgenstein dies: »Die Philosophie darf den tatsächlichen Gebrauch der Sprache in keiner Weise antasten, sie kann ihn am Ende also nur beschreiben ... Sie läßt alles wie es ist« [36] und »Alle *Erklärung* muß fort, und nur Beschreibung an ihre Stelle treten« [37]. Aber könnte es denn nicht sein, daß uns »ein Bild gefangen hält«, das die Sprache »tatsächlich gebraucht«? Und dürfen wir uns darauf verlassen, daß die »Alltagssprache« niemals »unsere Intelligenz verhext«? Und tut sie es, wie lösen wir den Bann, ohne zu »erklären«, wie wir darein gerieten? (Und ich verwende das Wort »erklären«, wie man es »tatsächlich gebraucht«.) Und ist Schopenhauer, der so zornig mit dem »Gebrauch der Sprache« verfuhr, den zu ihrem Verderb die Alltagssprecher und Alltagsschreiber von ihr machten, philosophischer Fehlurteile schuldig, *weil* er eine Prosa schrieb, geformt am Vorbild der reinsten klassischen Tradition und unberührt vom alltäglichen Wortkommerz? Und was ist denn dieses »alles«, welches die Philosophie »läßt wie es ist«? Doch gewiß nicht die Art zu denken und Gedanken zu äußern. Viele Philosophen haben so wie alle großen Dichter die Wahrnehmung der Dinge verändert, und also die Sprache, und also unsere Welt: Platon zum Beispiel, oder Descartes, oder Rousseau, oder Kant, oder Nietzsche, oder – Wittgenstein.

Wenn Wittgenstein »Alltagssprache« sagt, so meint er nicht, was wir nach der »alltäglichen Verwendung« dieses Wortes glauben müßten, daß er meine. Nein, er meint die Sprache schlechthin, eine hochbedeutsame Einrichtung der Welt, in der viel beschlossen liegt: alle menschliche Gemeinschaft, alles Verstehen und Wissen, alle Weisheit. Spricht er von »alltäglicher Verwendung« und der »Sprache des Alltags«, so ist das kaum mehr als der unbewußte Versuch, einen absoluten Glauben mit dem Bedürfnis nach einem empirischen Kriterium zu versöhnen; daneben aber ist es freilich auch Wittgensteins Art, den Raubbau an der Sprache zu verdammen, den philosophische Höhen- und Tiefenstapler in der Ausübung ihres unautorisierten Amtes betreiben. Zwei Aphorismen der *Philosophischen Untersuchungen* zeigen sehr deutlich, wie Wittgenstein mit der Scheu des Empirikers vor allem Rein-Geglaubten die offene Deklaration seines Glaubens an die Sprache vermeidet. Der erste dieser Aphorismen lautet:

> »Die Probleme, die durch ein Mißdeuten unserer Sprachformen entstehen, haben den Charakter der *Tiefe*. Es sind tiefe Beunruhigungen; sie wurzeln in uns wie die Formen unserer Sprache, und ihre Bedeutung ist so groß, wie die Wichtigkeit unserer Sprache. –« [38]

Wie wahr! Und dennoch: wie beunruhigend ist hier das Wort »Mißdeuten«! Was soll es heißen? Muß es nicht den Anschein erwecken, als versprächen uns Philosophie oder Philologie eine absolut verläßliche Regel, nach welcher sich entscheiden ließe, was im Falle einer jeden »Form der Sprache« die richtige oder die falsche »Deutung« sei? Aber es gibt diese Regel nicht und es kann sie nicht geben; denn die Sprache und alle ihre Formen haben teil an der Unausdeutbarkeit von Tanz und Geste, der rationalen Unfaßbarkeit der Musik, der ungrammatischen Extravaganz des Lebens selber. Haben wir erst einmal das Feld von Logik, Grammatik und Syntax verlassen (wo kein Fehler den »Charakter der Tiefe« hat), so sind wir auch schon in der Sphäre der Ästhetik – und nur dort gibt es tiefe Beunruhigungen; dort aber fragen wir nicht mehr, ob einer, sei es ein Sprecher oder Schreiber, die Formen der Sprache richtig oder falsch »gedeutet« habe, sondern ob er guten oder schlechten Gebrauch davon gemacht. Das hängt jedoch nicht von seinem Deutungsvermögen ab, sondern eher von seinem Sprachgefühl, einer Gabe, die in der Sensibilität oder im Genie gegründet und von der Tradition gebildet ist – nämlich in jener lang gelebten »Lebensform«, die allein der Sprache ihren »Sinn« verleiht: »eine Sprache vorstellen heißt, sich eine Lebensform vorstellen«[39]. *Daß* dies so ist, ist eine von Wittgensteins wichtigsten Erkenntnissen; und *weil* das so ist, hat man mit den bloßen *Denkformen* der Sprache, ihren logischen und syntaktischen Regeln, noch längst nicht die Sprache selbst erfaßt. In der Beschreibung der *Lebensformen* der Sprache aber sah Wittgenstein die einzige philosophische Aufgabe. Soll diese Aufgabe aber nicht eine bloß philologische oder anthropologische sein – und Wittgenstein wollte gewiß nicht, daß sie es sei –, so ist sie unbewältigbar: denn was ist *die* Lebensform, die in einer Sprache von

Goethe und Hitler, in einer anderen von Shakespeare und dem *Daily Mirror* geteilt wird? Und welche philosophischen Probleme sollten durch die Beschreibung der sprachlichen Lebensformen »verschwinden«? Doch wohl nur diejenigen, die sich erhoben, als Wittgenstein seinem *Tractatus* keinen Glauben mehr schenkte.

Das Wort »Mißdeuten« in jenem Aphorismus beunruhigt aber auch noch auf andere Weise: tief, so heißt es, sind die Beunruhigungen, die es erzeugt. Fast klingt das, als wäre Tiefe vor allem im Irrtum; wenn aber Worte wie Tiefe, Wahrheit, Irrtum überhaupt Bedeutung haben sollen, so ist das Wahre tiefer als das Falsche. Und es stimmt, daß der Aphorismus durch seine Sprachform und seinen Rhythmus sozusagen zurücknimmt, was sein Wortlaut zu suggerieren scheint: die Sprache jener Sätze sagt mehr als das Gesagte. Sie sagt, daß nicht nur ihr Mißdeuten, nein, daß sie selbst, die Sprache, den Charakter der Tiefe hat; daß die Beunruhigungen, die wir durch sie erleiden, nicht tiefer sind als die Ruhe, die sie uns manchmal bringt: durch einen großen Dichter und dann und wann sogar durch einen Philosophen, dessen Denken seine Wurzeln hat im Geheimnis der Worte, oder, um es so zu sagen wie der andere Aphorismus Wittgensteins, an den wir dachten, im »Grund der Sprache«. Und dieser zweite Aphorismus ist noch näher daran, Wittgensteins verborgenen Glauben zu enthüllen. »Woher nimmt die Betrachtung ihre Wichtigkeit«, fragt er da mit der Stimme eines imaginären Fragestellers, »da sie doch nur alles Interessante, d. h. alles Große und Wichtige, zu zerstören scheint? (Gleichsam alle Bauwerke; indem sie nur Steinbrocken und Schutt übrig läßt.)« Und er antwortet: »Aber es sind nur Luftgebäude, die wir zerstören, und wir legen den Grund der Sprache frei, auf dem sie standen.«[40] Der Grund der Sprache – es ist eine transparente Metapher; und was hindurchscheint, ist ein mystisches Licht – selbst wenn nichts mehr da ist, was es erleuchten könnte, es sei denn eine philosophische Landschaft, mit großer Geduld befreit von all den zerbrechlichen Behausungen, in welchen durch die Zeiten hindurch die Opfer der Sprachverführung wohnten, Platon, Spinoza oder Kant, jene »Uralten«, die überall, wo sie »ein Wort hinstellten«, glaubten, »eine Entdeckung gemacht zu haben. Wie anders stand es in Wahrheit! – sie hatten an ein Problem gerührt, und indem sie wähnten, es *gelöst* zu haben, hatten sie ein Hemmnis der Lösung geschaffen. – Jetzt muß man bei jeder Erkenntnis über steinharte verewigte Worte stolpern, und wird dabei eher ein Bein brechen als ein Wort.« Wittgenstein? Nein, Nietzsche[41].

Es ist ein Ende, ein wenig wie das von Goethes *Tasso*, wo ein Mensch, ein Dichter, dem alle Gewißheiten abhanden gekommen sind, sich an sein letztes Besitztum klammert: die Sprache; und es ist eine offene Frage der literarischen Deutung geblieben, ob da ein Sieg gefeiert oder eine Tragödie beschlossen wird. Was aber die Philosophie betrifft, so tritt sie mit Wittgenstein in jenes Stadium, das längst schon von mancher anderen schöpferischen Tätigkeit des menschlichen Geistes erreicht wurde – von der Dichtung zum Beispiel, oder von der Malerei –: das Stadium, wo jeder schöpferische Akt eins ist mit der Kritik seines Mediums, und jedes geschaffene Werk in seiner gebannten Selbstreflexion so aussieht, als wäre es der verkörperte Zweifel an seiner eigenen Möglichkeit. Es ist eine Not, die Nietzsche unheimlich vorwegnahm in einem »Fragment aus der Geschichte der Nachwelt«. Es handelt von dem »letzten Philosophen«[42]. Dieser hat den Glauben an eine erkennbare und mitteilbare Welt verloren und ist nun der Gefangene seines Bewußtseins von sich selbst. Nichts redet zu ihm, nur seine eigene Rede; und da er ohne jeglichen Zuspruch ist von einem göttlich geordneten Sein, ist es nur seine Sprache, über die seine Rede mit ein wenig philosophischem Vertrauen zu sprechen vermag.

Wittgenstein sagt in den *Philosophischen Untersuchungen:* »Was ist dein Ziel in der Philosophie? – Der Fliege den Ausweg aus dem Fliegenglas zu zeigen.«[43] Wer aber fragt? Wer antwortet? Und wer ist die Fliege? Es ist eine heillose Trinität: die drei sind eins. Hier gibt es keinen Ausweg. Hier gibt es nur Fliegengläser, und mehr und mehr Fliegengläser.

Quellennachweise

I

FAUSTS VERDAMMNIS

Die Ethik des Wissens

1 J. Scheible, *Das Kloster,* Stuttgart 1846, II, 943.
2 Ibid., 950.
3 Ibid., 951.
4 Ibid., 950 f.
5 Ibid., 1069.
6 Ibid., 943, und P. F., *Gent., The History of the Damnable Life and Deserved Death of Doctor John Faustus,* neu herausgegeben von William Rose, London 1925, 68.
7 Scheible, II, 964; und Rose, 92.
8 Rose, 125.
9 Christopher Marlowe, *The Tragical History of Doctor Faustus,* I, i, l. 64.
10 Christopher Marlowe, *The First Part of Tamburlaine the Great,* II, vii.
11 Christopher Marlowe, *The Second Part of Tamburlaine the Great,* II, ii.
12 *Doctor Faustus,* I, xx, l. 27.
13 Scheible, II, 973.
14 *Doctor Faustus,* I, iii, l. 52.
15 Leonardo da Vinci, *Manuscripts,* Codex of the Earl of Leicester, Mailand 1909, Folio 22.
16 A. N. Whitehead, *Science and the Modern World,* Cambridge 1946, 69.
17 Nietzsche, *Gesammelte Werke,* Musarion-Ausgabe, 23 Bände, München 1922–1929, XVII, 73.
18 Nicholas von Cusa, *Wichtigste Schriften,* hrsg. v. F. A. Scharpf, Freiburg 1862, 492.
19 Pascal, *Pensées,* No. 294. (in der Numerierung der Ausgabe von Léon Brunschvicq, Paris 1879.)
20 Scheible, II, 966.
21 Pascal, op. cit., No. 294.
22 Veröffentlicht im siebzehnten von Lessings *Briefen, die neueste Literatur betreffend,* 16. Februar 1759.
23 Brief an von Blankenburg, 14. Mai 1784.
24 R. Petsch, *Lessings Faustdichtung,* Heidelberg 1911, 45.
25 Brief an Wilhelm von Humboldt, 17. März 1832.

26 Goethe, *Tagebuch*, 24. Januar 1832.
27 Brief an Graf K. F. von Reinhard, 7. September 1831.
28 *Faust I*, ll. 1851–1852 und 1855.
29 Ibid., ll. 382–383.
30 *Faust II*, ll. 12082–12083 (in der beide Teile einschließenden Zeilennumerierung.)
31 Jubiläums-Ausgabe von *Goethes Werken*, 40 Bände, Stuttgart und Berlin, XXXIX, 72. (Abgekürzt J. A.)
32 Ibid., IV, 229.
33 Ibid., XIX, 138 f.
34 *Faust II*, 5. Akt, Szenen: »Offene Gegend«, »Palast«, »Tiefe Nacht« und »Mitternacht«.
35 J. A., IV, 225.
36 Ibid., 229.
37 Paul Valéry, *Oeuvres*, hrsg. v. Jean Hytier, Paris 1960, 304.
38 Ibid., 302 f.
39 Ibid., 295.
40 Ibid., 295.
41 Thomas Mann, *Doktor Faustus*, Stockholm 1947, 367.
42 Ibid., 377.
43 Scheible, II, 1068.

II

GETEILTER MEINUNG ÜBER SCHILLER

1 Brief an Körner, 21. Dezember 1792.
2 Vgl. Briefe an Körner, 25. Januar, 8., 18., 23., 28. Februar 1793.
3 Goethe, *Gedenkausgabe der Werke, Briefe und Gespräche*, hrsg. v. Ernst Beutler, Zürich 1950–1958, XVI, 865 ff.
4 *Schillers Gespräche*, Berichte seiner Zeitgenossen über ihn, hrsg. v. Julius Petersen, Leipzig 1911, 5 f.
5 Schiller, *Sämtliche Schriften*, hrsg. v. Karl Goedeke, Stuttgart 1867–1876, XV, ii, 511.
6 Ibid., 401.
7 Brief an Christian Otto, 20. Juni 1795.
8 Otto Ludwig, *Gesammelte Schriften*, hrsg. v. A. Stern, Leipzig 1891, V, 301.
9 Nietzsche, *Gesammelte Werke*, Musarion-Ausgabe, München 1926–1929, XVII, 107.
10 Ibid., IX, 253.
11 *Letters of S. T. Coleridge*, ed. E. H. Coleridge, London 1895, X, 96.
12 Brief an Goethe, 24. August 1798.
13 Goethe, op. cit. XXIV, 279.
14 Ibid., XXIII, 807.
15 Hecker-Petersen, *Schillers Persönlichkeit*, Urteile der Zeitgenossen und Dokumente, 1908–1909, X, 162.
16 Brief an Friedrich Scharffenstein, 1778(?), *Schillers Briefe*, hrsg. v. Fritz Jonas, Stuttgart, I, 2 ff.
17 Goethe, op. cit. XVI, 865 ff.
18 Brief an Körner, 2. Februar 1789.
19 Brief an Schiller, 6. April 1801.
20 Brief an Goethe, 27. März 1801.

21 Brief an Körner, 18. Januar 1788.
22 Brief an Körner, 10. Februar 1785.
23 Brief an Goethe, 28. November 1796, und vom gleichen Tage an Körner.
24 Vgl. Briefe an Körner, 5. Januar 1801, und an Göschen, 10. Februar 1802.
25 Brief an Schiller, 20. April 1801.
26 Goethe, *Tagebuch*, 27. Mai 1807.
27 Friedrich Hebbel, *Werke*, Säkular-Ausgabe, Reihe I, Band 11, 191 f.
28 Brief an Wilhelm v. Humboldt, 29. November 1795.

III

DIE ROMANTISCHE ERWARTUNG

1 Jakob Minor, *Friedrich Schlegel 1794–1802; seine prosaischen Jugendschriften*, Wien 1882, II, 220.
Friedrich Schlegel, *Kritische Schriften*, hrsg. v. Wolfdietrich Rasch, München 1956, S. 38.
2 Wackenroder, *Werke und Briefe*, Berlin 1938, S. 222.
3 Novalis, *Gesammelte Werke*, hrsg. v. Carl Seelig, Zürich 1945, III, 320.
4 Carl Gustav Carus, *Briefe über Landschaftsmalerei, 1815–1824*, zit. in *Caspar David Friedrich – Die romantische Landschaft*, hrsg. v. Otto Fischer, Stuttgart 1922, 19.
5 Ibid., 5.
6 Vgl. Carus' *Lebenserinnerungen*, zit. in Willi Wolfradt, *Caspar David Friedrich und die Landschaft der Romantik*, Berlin 1924, 210.
7 Biedermann, *Goethes Gespräche*, Leipzig 1909–1911, II, 337. (September 1815: Sulpiz Boisseree).
8 Ibid., 135 (Juli, erste Hälfte: K. L. v. Knebel).
9 Goethe, *Sämtliche Werke*, Jubiläums-Ausgabe, Stuttgart und Berlin, XXXVIII, 266.
10 Minor, II, 296.
11 F. W. J. v. Schelling, *Werke*, Auswahl in 3 Bänden, hrsg. v. Otto Weiss, Leipzig 1907, II, 302 ff.
12 Hegel, *Aesthetik*, hrsg. v. Friedrich Bassenge, Berlin 1955, 57.
13 Hegel, *Phänomenologie des Geistes*. Sämtliche Werke, hrsg. v. Georg Lasson, Leipzig 1911, II, 453 f.
14 Hegel, *Aesthetik*, 57.
15 Friedrich Schlegel, *Kritische Schriften*, hrsg. v. Wolfdietrich Rasch, München 1956, 98.
16 Ibid., 21.
17 Ibid., 37.
18 Ibid., 306 ff.
19 Ibid., 313.

IV

DIE REALISTISCHE TÄUSCHUNG

1 Vgl. Goethe, *Sämtliche Werke*, Jubiläums-Ausgabe, Stuttgart und Berlin, XXXIII, 263, u. *Goethes Gespräche*, hrsg. v. Biedermann, Leipzig 1909, I, 58.

2 Ortega y Gasset, *Buch des Betrachters*, Stuttgart und Berlin 1934, 207 ff.

3 Nietzsche, *Gesammelte Werke*, Musarion-Ausgabe, München 1922–1929, XVII, 150.

4 Vgl. Friedrich Schlegel, *Kritische Schriften*, hrsg. v. Wolfdietrich Rasch, München 1956, 37 f.

5 G. W. F. Hegel, *Aesthetik*, hrsg. v. Friedrich Bassenge, Berlin 1955, 103 ff.

6 Nietzsche, op. cit. XI, 80.

7 Ibid., X, 284 f.

8 Vgl. D. S. Minsky, *A History of Russian Literature*, hrsg. v. Francis J. Whitfield, London 1949, 296.

9 Nietzsche, op. cit. XIX, 384.

10 *Oeuvres completes de Gustave Flaubert. Correspondance*, Paris 1926–1954, V, 260.

11 Ibid., IV, 314.

12 Ibid., II, 345.

13 *Die Sonette an Orpheus*, I, III.

V

DIE REISE DER KUNST INS INNERE

Variationen auf das Hauptthema von Hegels Ästhetik

1 H. G. Hotho, *Vorstudien für Leben und Kunst*, Stuttgart und Tübingen 1835, 383.

2 Nietzsche, *Gesammelte Werke*, Musarion-Ausgabe, München 1926–1929, XVII, 340.

3 Ibid., IV, 369.

4 Alle Zitate aus Hegels *»Vorlesungen über die Ästhetik«* sind auf die einbändige Ausgabe der *Ästhetik* (hrsg. v. Friedrich Bassenge, eingeleitet von Georg Lukács, Berlin 1955) bezogen.

5 Nietzsche, op. cit. VI, 258 ff.

6 Ibid., XIX, 229.

7 Hegel, op. cit., 495.

8 Adam Müller, *Zwölf Reden über die Beredsamkeit und deren Verfall in Deutschland*, Leipzig 1816, 18.

9 Hegel, op. cit., 311.

10 Ibid., 57.

11 Vgl. Ibid., 82.

12 Vgl. Ibid., 97, 495 f., 567 f.

13 Brief Caroline Herders an ihren Mann, 20. März, 1789.

14 Goethe, *Torquato Tasso*, II, iv.

15 Hegel, op. cit., 139.

16 Ibid., 634–648.

17 Zitiert nach J. Huyzinga, *The Waning of the Middle Ages,* New York 1924, 265.
18 Hegel, op. cit., 802 ff.
19 Jacob Burckhardt, *Der Cicerone,* Leipzig 1924, 633.
20 Coleridge, *Notes and Lectures upon Shakespeare,* New York 1868, IV, 144.
21 Ibid.
22 Coleridge, *Seven Lectures on Shakespeare and Milton,* London 1865, 141 (meine Hervorhebungen) und *Notes and Lectures upon Shakespeare,* New York 1868, IV, 144.
23 *Hamlet,* IV, iv.
24 Ibid., II, ii.
25 Ibid., I, ii.
26 Caroline F. E. Spurgeon, *Leading Motives in the Imagery of Shakespeare's Tragedies* in *Shakespeare Criticism 1919–1935,* hrsg. v. Anne Bradby, Oxford 1945, 28 ff.
27 T. S. Eliot, *Selected Essays,* London 1932, 143.
28 Ibid., 145.
29 Ibid.
30 Hegel, op. cit., 117.
31 Friedrich Schlegel, *Kritische Schriften,* hrsg. v. Wolfdietrich Rasch, München 1956, 307.
32 Hegel, op. cit., 552.
33 T. S. Eliot, *The Use of Poetry and the Use of Criticism,* London 1932, 148 (meine Hervorhebungen).
34 Thomas Mann, *Doktor Faustus,* Stockholm 1947, 86.
35 *Hamlet,* II, ii.
36 Ibid., III, iv.
37 Ibid., III, iv.
38 Ibid., III, iv.
39 Ibid., III, iv.
40 *Thomas Lord Cromwell,* III, ii.
41 *Hamlet,* III, iv.
42 Ibid., IV, ii.
43 Vgl. Ibid., III, ii.
44 Coleridge, *Notes and Lectures upon Shakespeare,* New York 1868, IV, 144.
45 *Hamlet,* V, i.
46 Ibid., III, iv.
47 Ibid., III, iv.
48 Vgl. ibid., III, ii, und V, ii.
49 Ibid., IV, vi.
50 Ibid., III, iv.
51 Ibid., V, ii.
52 Ibid., V, ii.
53 *The Tempest,* V, i.
54 Ibid., V, i.
55 Ibid., V, i.
56 Hegel, op. cit., 496.
57 Ibid., 495.
58 Ibid., 496.
59 Brief an Witold Hulewicz, 13. November 1925.
60 Hegel, *Phänomenologie des Geistes, Sämtliche Werke,* hrsg. v. Georg Lasson, Leipzig 1911, II, 454.
61 Ibid., 453.
62 Hegel, *Ästhetik,* 57.
63 Brief an Witold Hulewicz, 13. November 1925.
64 Rilke, *Sämtliche Werke,* Wiesbaden 1955, I, 505.
65 Vgl. Brief an die Prinzessin Marie von Thurn und Taxis, 30. August 1910.
66 Rilke, *Sämtliche Werke,* I, 505 ff.
67 Ibid., I, 63.
68 Hegel, *Ästhetik,* 496 f.
69 Briefe an Clara Rilke, 5. April 1906; an Erica Hauptmann,

9. Juni 1913; an Elisabeth Schenk, Pfingstmontag 1911; an H. Tietze, Mitte Dezember 1916.

70 Brief an Marianne von Goldschmidt-Rothschild, 28. Juli 1915.

71 *Goethes Werke, Jubiläums-Ausgabe,* Stuttgart und Berlin, XXVII, 175.

72 Rilke, *Sämtliche Werke,* II, 441 f.

73 Ibid., I, 664.

74 Ibid., II, 87.

75 Vgl. Briefe an Anton Kippenberg, 9. Februar 1922; an die Prinzessin Marie von Thurn und Taxis und Lou Andreas-Salomé, 11. Februar 1922.

76 Hegel, *Sämtliche Werke, Jubiläums-Ausgabe,* hrsg. v. Hermann Glockner, Stuttgart 1958, IV, (Wissenschaft der Logik, erster Teil), 120, und VIII (System der Philosophie, erster Teil), 229.

VI

ÜBER DIE BEDEUTUNG FRIEDRICH NIETZSCHES

1 Nietzsche, *Gesammelte Werke,* Musarion-Ausgabe, München 1926—1929, IV, 133 ff.

2 Brief an Paneth, Mai 1884.

3 Brief an seine Schwester, Mitte Juni 1884.

4 Nietzsche, op. cit., XIV, 81.

5 Ibid., III, 260 ff.

6 Ibid., XII, 156 f.

7 Ibid., XIV, 193.

8 Ibid., XVIII, 3 und 52.

9 Ibid., XXI, 277.

10 Ibid., XIV, 121.

11 Ibid., XVIII, 8.

12 Ibid., XIX, 96 ff.

13 Ibid., XVIII, 8.

14 Ibid., XXI, 282.

15 Ibid., XV, 243 f.

16 Ibid., XV, 246.

17 Ibid., XV, 248.

18 Karl Kraus, *Beim Wort genommen,* München 1955, 351.

19 Cf. Nietzsche, op. cit., XVII, 29, 286, 351, 367; XIX, 384.

20 Ibid., XV, 437.

21 Cf. Ibid., VI, 8, 50, 51; X, 238; XI, 120; XVI, 50; XVII, 101; XIX, 80, 85, 225, 230, 263.

22 Ibid., VI, 50.

23 Ibid., XVIII, 20.

24 Ibid., XVIII, 24.

25 Ibid., XI, 309.

26 Ibid., XVI, 80.

27 Ibid., XVI, 44.

28 Ibid., XIX, 329.

29 Cf. Ibid., XV, 293 f.; XVI, 226 ff., 326; XVII, 47 f., 153 f., 199 f., 351.

30 Ibid., XIII, 118.

31 Ibid., XIV, 173 f.

32 Ibid., XIV, 179.

33 Ibid., XIV, 187.

34 Ibid., XVIII, 45 und XIV, 187.

35 Ibid., XIV, 176.

36 Ibid., XIX, 229.

37 Ibid., XIII, 166 f.

38 Ibid., XIV, 173 f.

39 Ibid., XIV, 121.

40 Ibid., X, 247 f.

41 Ibid., XIV, 11.

42 Brief an Overbeck, 2. Juli 1885.

43 Nietzsche, op. cit., IX, 7.
44 Ibid., XIV, 176.
45 Ibid., XIV, 62.
46 Ibid., XVII, 51.
47 Ibid., XXI, 276.
48 Ibid., XIV, 131.
49 Ibid., X, 22 f.

VII

WITTGENSTEIN UND NIETZSCHE

1 Norman Malcolm, *Ludwig Wittgenstein, A Memoir* with a Biographical Sketch by Georg Henrik von Wright, London 1958, 35 f.
2 Ibid., 98.
3 Ludwig Wittgenstein, *Philosophische Untersuchungen* 255, (in Ludwig Wittgenstein, *Schriften*, Frankfurt a. M. 1960).
4 Nietzsche, *Gesammelte Werke*, Musarion-Ausgabe, München 1926—1929, XXI, 81.
5 Malcolm, op. cit., 55.
6 Nietzsche, op. cit., IX, 183.
7 Robert Musil, *Der Mann ohne Eigenschaften*, Hamburg 1952, 114.
8 Malcolm, op. cit., 70.
9 Wittgenstein. *Tractatus Logico-Philosophicus*, 6, 421, (in Ludwig Wittgenstein, *Schriften*, Frankfurt a. M. 1960).
10 Bertrand Russell, *My Philosophical Development*, New York 1959, 216 ff.
11 Wittgenstein, *Tractatus*, 6, 13.
12 Ibid., 6, 124.
13 Ibid., 6, 54.
14 Wittgenstein, *Untersuchungen*, 108.
15 Nietzsche, op. cit., XIX, 27 f.
16 Wittgenstein, *Untersuchungen*, 109.
17 Malcolm, op. cit., 2.
18 Wittgenstein, *Untersuchungen*, 126, 129.
19 Nietzsche, op. cit., II, 29.
20 Wittgenstein, *Untersuchungen*, 129.
21 Nietzsche, op. cit., VI, 45.
22 Wittgenstein, *Untersuchungen*, 115.
23 Nietzsche, op. cit., VI, 78.
24 Wittgenstein, *Tractatus*, 5,4711.
25 Nietzsche, op. cit., VI, 78.
26 Ibid., XVI, 104.
27 Ibid., XVII, 73.
28 Ibid., XV, 304.
29 Wittgenstein, *Untersuchungen*, 109.
30 Ibid., 119.
31 Nietzsche, op. cit., XIX, 34.
32 Wittgenstein, *Tractatus*, 6, 41.
33 Wittgenstein, *Untersuchungen*, 116.
34 Ibid.
35 Ibid., 120.
36 Ibid., 124.
37 Ibid., 109.
38 Ibid., 111.
39 Ibid., 19.
40 Ibid., 118.
41 Nietzsche, op. cit., X, 49.
42 Ibid., VI, 36.
43 Wittgenstein, *Untersuchungen*, 309.

Register

Nachbemerkung

Die deutsche Übersetzung habe ich selbst besorgt.

Vier der in diesem Buch enthaltenen (und für dieses Buch überarbeiteten) Essays erschienen vormals im *Merkur,* und zwar

»Fausts Verdammnis« im Heft 179 (1963)

»Die Reise der Kunst ins Innere« in den Heften 200, 201 und 202 (1964/5)

»Über die Bedeutung Friedrich Nietzsches« im Heft 155 (1961)

»Wittgenstein und Nietzsche« (unter dem Titel »Ludwig Wittgenstein – Unphilosophische Betrachtungen«) im Heft 142 (1959)

Ich danke Hans Paeschke, dem Herausgeber des *Merkur,* nicht nur für die freundliche Bewilligung von Revision und Wiederabdruck, sondern auch für die vielen Jahre meiner freundschaftlichen und anregenden Verbindung mit ihm und seiner Zeitschrift – ein Dank, der zugleich und nicht minder dem Andenken von Joachim Moras gilt.

E. H.

Von Erich Heller erschienen im Suhrkamp Verlag

Enterbter Geist. *Essays über modernes Dichten und Denken*

Thomas Mann. *Der ironische Deutsche*

Studien zur modernen Literatur *(edition suhrkamp)*

Nietzsche. *Drei Essays (edition suhrkamp)*